陕西师范大学中国语言文学"世界一流学科建设"成果

性别批评丛书　总主编　屈雅君

屈雅君　主编

文化场域中的性别建构

The Construction of Gender Concepts in Cultural Field

中国社会科学出版社

图书在版编目（CIP）数据

文化场域中的性别建构/屈雅君主编.—北京：中国社会科学出版社，2019.12

（性别批评丛书）

ISBN 978-7-5203-5907-8

Ⅰ.①文… Ⅱ.①屈… Ⅲ.①性别差异—研究—中国 Ⅳ.①D669.1

中国版本图书馆 CIP 数据核字（2020）第 008940 号

出 版 人	赵剑英
责任编辑	顾世宝
责任校对	闫 萃
责任印制	戴 宽
出　　版	中国社会科学出版社
社　　址	北京鼓楼西大街甲 158 号
邮　　编	100720
网　　址	http://www.csspw.cn
发 行 部	010-84083685
门 市 部	010-84029450
经　　销	新华书店及其他书店
印　　刷	北京明恒达印务有限公司
装　　订	廊坊市广阳区广增装订厂
版　　次	2019 年 12 月第 1 版
印　　次	2019 年 12 月第 1 次印刷
开　　本	710×1000　1/16
印　　张	21.75
字　　数	293 千字
定　　价	119.00 元

凡购买中国社会科学出版社图书，如有质量问题请与本社营销中心联系调换
电话：010-84083683
版权所有　侵权必究

总　序

屈雅君

一　关于使用"性别批评"概念

20世纪60年代诞生于西方新女权运动的女权主义批评，立场鲜明，视角独到，话锋犀利，经过半个多世纪的发展，话语日益丰富，形态更加多样，方法越发成熟。

这套丛书的命名，并未沿用"女权主义文学批评"（或"女性主义文学批评"）等概念，而使用了"性别批评"，旨在强调以下两层含义。

（一）"性别"不是一个中立的概念

"性别"，或者说"社会性别"这个词[①]，和"阶级""种族"一样，一旦进入社会科学研究领域，就决定了它不可能是一个立场中立的概念。20世纪70年代，美国人类学家盖尔·卢宾首次在她的性别研究中使用这个词时，就试图探索人类历史上女人受压迫的根源。"社会性别是社会强加的两性区分，它是性的社会

[①] 英文gender一词，在中文中有"性别"和"社会性别"两种译法，此概念无论在何种语境中出现，都强调它自身与sex一词（sex也有与gender相对应的两种译法："生理性别"或"性别"）的区别。

关系的产物。"① 美国历史学家琼·W. 斯科特将性别划定为一个"分析域",一种"分析范畴",她在定义"性别"一词时,提出了两大核心命题:"性别是组成以性别差异为基础的社会关系的成分;性别是区分权力关系的基本方式。"② 虽然"性别"这个词在有些人看来,较之那些带有鲜明女性立场的"女权主义""女性""妇女"等词汇,貌似更趋向于客观、中立,然而事实是,它在妇女研究领域的广泛流行、被高频率使用,正是女性主义理论进一步深化的标志。

"性别"之所以成为女权主义理论中的一个关键词,在于它包含着一个清晰的逻辑命题,即:既然有别于"生理性别"的"社会性别"是由社会、历史、文化所形成的,那么,它就有可能随着社会、历史、文化的改变而改变。因此,无论是女权运动,还是女权主义理论,抑或是女权主义批评,都肩负着关注妇女命运、促进两性平等、推动社会进步的天赋使命。

(二)性别分析不可能依靠单一性别,它关乎两性,关乎社会整体结构

20世纪80年代以后,女权主义理论大多用"性别"研究取代以往的"妇女"研究。琼·W. 斯科特在她的论著中引述并认同一种看法:"将'性别'作为'妇女'的代名词,这表明,与妇女相关的信息亦与男子相关,对妇女的研究意味着对男子的研究。这种看法表明,女性世界是男性世界的一部分,它产生于男性世界,由男性世界所创造。""孤立地研究女性,会强化这样的信念,即男性的历史与女性的历史毫不相干。"③

---

① [美]盖尔·卢宾:《女性交易:性的"政治经济学"初探》,载[美]佩吉·麦克拉肯主编《女权主义理论读本》,广西师范大学出版社2007年版,第52页。
② [美]琼·W. 斯科特:《性别:历史分析中的一个有效范畴》,载李银河主编《妇女:最漫长的革命》,生活·读书·新知三联书店1997年版,第168页。
③ 同上书,第156页。

20世纪60年代,在新女权主义运动中产生的女权主义文学批评,其目光从一开始就不仅仅限于女性,女权批评家们最先是从男作家的文学作品入手,将男性中心社会所创造的整个文学世界作为观照对象。她们既剖析男作家笔下的男性形象,也剖析其笔下的女性形象,她们既关注男性批评家对女性形象的分析,也关注他们对男性形象的阐释,简言之,女权批评家们将两性作家、两性批评家、文学中的两性人物形象,以及两性的阅读群体全部纳入了她们的批评视野,从而构成一个宽广宏阔的比较平台。她们从性别入手重新阅读和评论文本,将文学和读者个人生活相联系,激烈地抨击传统文学对女性的刻画以及男性评论家带有性别偏见的评论,从而揭示文学中女性从属地位的历史、社会和文化根源。因此,全社会的男女两性,以及无论何种性别标记的人群(而不是其中任何一种单一的性别),才是妇女研究、女性研究、女性主义理念研究的应有视野。

二 关于"性别批评"研究对象

(一)性别批评作为文学批评

作为性别批评的另一种表述形式,"女性主义文学批评"不是一个仅仅与"女性文学"和"女性主义文学"相呼应的概念。但在中国高等教育中,虽然"女性文学""妇女文学"作为文学课程体系中一个边缘的、细小的分支,受到越来越普遍的关注。但是,在中国知识界以及高校文科学生中,仍然有相当一部分学生甚至学者将"女性主义文学批评"仅仅理解为"对于女作家作品的批评"。因此,这里重申女性主义文学批评的主要研究对象是必要的。

美国女性主义批评家爱莲·肖沃尔特(Elaine Showalter)曾就女性主义文学批评的研究对象或曰范围作了经典概括。她将其分为两大类,其一是女性主义评论(feminist critique)。这种批评是以女性读者的眼光来观照文学,它探究文学现象的种种意识形态的假设,这种研究也被称为"女性阅读"研究。其二是"女性批评家"(gynocritics)。它涉及作为作家的女性,即制造本文意义的女性。这种研究也是"女性写作"的研究。[1]

"女性阅读"研究可以概括为对迄今为止的文学史进行女性主义清理。具体包括:(1)梳理女性主义理论、社会性别理论,以及由这些理论所引申出的文学批评理论,其中包括那些与女性、妇女、性别相关的理论,也包括可为女性研究、性别研究运用和借鉴的理论;(2)阐述女性主义的批评原则,特别是在后现代主义思潮背景下,女性研究、性别研究、女性文学批评所采用的基本理念、研究方法、分析框架和批评策略;(3)对文学文本的主题或曰意指系统的性别研究;(4)文学体裁类别的文化认定及其中心/边缘结构的性别研究;(5)对于隐含在文学题材区分和划定背后的性别权力关系的研究;(6)文学文本的形式主义批评,诸如对文学叙事的诸要素,对文本的表层含义与深层含义,对文本的叙述者、叙述视角、叙述方法的性别分析等。在这些具体研究中,所有关于"本文"与"价值"的分析方法都可以进入女性主义批评家的视野,同时都可供她们有选择、有条件地借鉴。

"女性写作"的研究可以概括为探索和发掘一个被人遗忘的女性文学史,从而使整个人类文学的历史变得更加丰富。具体包括:(1)对于历史上女性文学家及其文学作品的发掘和梳理。文学史上曾有一些男性批评家和男性学者做过类似的工作,因此这种工作既包括了以新的性别眼光对这些已经梳理工作的再梳理,也包括了重新发现、找寻、拾遗、填补新的女作家作品;(2)女性创作能力的心理动力学,特别是与诸如"母爱"等女性独有的经验潜意识对女

---

[1] [美]埃莲·肖尔瓦特:《走向女性主义诗学》,载[美]埃莲·肖尔瓦特编选《新女性主义批评》(纽约,1985年),转引自康正果《女权主义与文学》,中国社会科学出版社1994年版,第84页。

性创作的影响的研究；（3）通过语言，特别是文学语言的性别研究，去发现、发掘由于各种原因已然形成的女性特有的言说方式；（4）女作家群研究；（5）女作家作品的个案研究；等等。同样，无论是对文学史料的整理，还是在作家作品研究中对"史"与"论"之关系的研究，都不应是任意的、无章可循的。女性主义在批评实践中尊重所有批评理论长期积淀的学术规范，同时以冷静敏锐的眼光审视这些规范中所潜藏的性别偏见，并逐渐尝试一些不同的原则和规范，这些原则和规范的存在使文学批评领域在性别视角的调整过程中逐渐变得更加丰富、多元、立体、深广。

（二）性别批评作为艺术批评

在中国，无论是在学术界、教科书里，还是在人们的日常生活中，一向是"文学"与"艺术"并提。并且在广义的艺术分类上，也一直将文学作为诸多艺术门类之一种——语言艺术。因而从逻辑上讲，"文学"与艺术中的其他门类（如音乐、绘画、舞蹈等）应该具有平等地位。但是，无论是在西方哲学史、文论史界还是在当代中国文艺理论界，"文学中心说"影响深远。已有学者对西方哲学史的相关理论作过详尽的梳理，归结起来主要有以下理论依据：第一，文学是艺术发展的最后阶段（谢林、黑格尔）。第二，文学是艺术最高样式或典型样式，文学是最偏重内容、在思想上最有力度的艺术（黑格尔、别林斯基）。第三，文学是各类艺术的基础。一些综合性艺术样式如戏剧、曲艺、电影、电视等都离不开文学（脚本）基础；各种艺术的思维、构思、创作以及对它们的理解、阐释、评价也离不开文学语言这一基础。第四，文学性或曰诗意精神是所有艺术的共同因素，也是艺术的真正生命和灵魂（马利坦等）。[①]

[①] 以上"文学中心说"中对西方哲学史相关观点的归纳和梳理详见李心峰《文学：作为一种艺术》，《文艺研究》1997年第4期。

就中国当代社会而言,"文学中心论"体现于学校教育的设置,语文课程(课本内容中绝大多数是文学作品)贯穿了从小学到高中的全过程。就其分量和地位而言,没有任何一门艺术课程(音乐、美术)可以与之相比;在大学教育中,非艺术类专业不再开设艺术课程,但所有专业学生都要学习"大学语文";在中国任何一所综合性大学里,中文专业(语言文字课程占据了绝对比重)一向独立,且地位绝对超过所有艺术专业之总和。也就是说,在一个人一生所接受的全部艺术教育中,"语言艺术"的教育自始至终占据着绝对中心的位置。

必须指出,"文学中心论"与女性主义消解二元对立的基本思维方法在本质上是冲突的。女性主义从诞生那天起,就作为一种边缘力量不断地向各种各样的"中心"发起挑战。就"文学中心论"而言,它的根本问题不是语言艺术与其他艺术门类之间的关系,而是语言的本体论意义。在逻各斯中心主义价值体系中,语言不是工具,不是手段,更不仅仅是艺术的一个分支,语言是目的,是人的存在方式,是人的本质。

上述"文学中心"的事实,是文学批评向艺术批评拓展的基础,也是"女性主义文学批评"向"女性主义艺术批评"拓展的前提。在批评实践中,正如文学批评的许多基本原则都适用于其他艺术一样,女性主义文学批评的一些基本原则和分析框架,如对于影视作品、流行音乐、绘画雕塑等艺术门类,还包括电视综艺、各种网络视频艺术等(甚至包括介于艺术与非艺术之间的各种新型的、另类的制作),无论就其主题的呈现,还是题材的选择、人物的设置等要素的性别分析都具有相当广阔的覆盖面和适应性。即使是偏重于形式材料的分析,女性主义文学批评理论也能够以它无可替代的概括力为其他艺术研究提供某些方法论启示。

(三)性别批评作为文化批评

按杰姆逊的说法:"文化从来就不是哲学性的,文化其实是讲故事。观念性的东西能取得的效果是很弱的,而文化中的叙事却具有很重要的作用和影响。小说是叙事,电影是叙事,甚至广告也是叙事,也含有小故事。"① 如此,叙事就不局限于文学,甚至不局限于各种艺术,而是充斥于全社会整个的文化空间之中。从批评形态上看,女性文学批评是一种对文学艺术的外部研究或曰社会学研究。它所关心的不只是妇女在文艺中的地位,更重要的是通过她们的文学地位来透视她们的社会地位和现实生存状态,并通过文学批评实践与整个女性主义运动相连接。在中国,由于马克思主义的阶级分析和社会解放理论对于女性文学批评的发展和建设起到了不同寻常的影响,这种从文学艺术出发而指向文学艺术以外的倾向更加突出。同时中国传统的"文以载道"观念也格外强调文艺的道德价值和社会功能。在这种现实背景下,中国的女性主义文学批评不仅可以是女性主义理论在文学领域,进而在艺术领域的延伸,同时也是一种对全社会的性别观念施加影响的力量。它的基本原则不仅可以用于其他艺术批评,而且可以用于社会批评和文化批评。比如对既存的流行时尚及公众审美标准的探讨和评判,对于大众传播媒介(如新闻、公益宣传、商业广告,以及从幼儿教育到大学教育中使用的教材,为各个年龄段量身定制的各类畅销读物,以及社会风尚,与大众日常息息相关的各类生活要素的流行趋势,等等)的性别分析和研究等。以广告为例,虽然它只是一种商业现象,但它同时又是一种艺术集成,几乎运用了所有的艺术手段:文学、绘画、摄影、音乐……因此对于商业广告的性别分析离不开最基本的文学批评方法。由于大众传媒内容普遍涉及思想倾向、审美趣味、内容与形式、语言风格、人物、叙述模式等专业问题,因此,对它们的分析不应是情

---

① [美]杰姆逊:《后现代主义与文化理论》,唐小兵译,北京大学出版社1997年版,第66页。

绪化的阅读反应，不应是纯道德的声讨，不应是独断的政治说教，也不应仅仅是一般社会学方法的借用或套用，而需要依据强有力的思想文化理论作为背景资源。女性主义文学批评的产生本身就是对那种拘泥于纯美学思考的形式主义批评理论（如新批评等）的突破和发展。作为后结构主义批评思潮的一个分支，它与西方当代文化思潮特别是后现代主义文化思潮一同生长发育，它借助语言哲学、文化人类学、精神分析学、现代阐释学、符号学等一系列学科作为理论背景。因此，女性主义文学批评有责任也有能力承担女性主义文化批评的使命。

女性文化批评的另一项使命是参与女性文化的建设与发展。比如，对被男性文化所轻视、忽略和埋没的民间妇女文化（织物、绣品和其他手工艺品）的发掘、整理和研究，这种研究不应只是知识的介绍、装饰感的展示与民俗学的说明，而应该是被女性主义文学批评方法论所照亮的，具有一定思想穿透力和理论高度的，充分融入了历史主义和人文主义的，对于世界的新的解释。

上述种种，是本套"性别批评丛书"孜孜以求的目标。它的面世，正是全体参与其间的作者共同努力的结果。

2019 年 5 月于西安

本卷主编　屈雅君

各章作者

第一章	中国传统"女性气质"的源头建构	王　颖
第二章	大众传媒女性身份建构及其解构策略	盛莉萍
第三章	当代中国电视广告中的女性形象	李有军
第四章	女性身份、历史、话语的博物馆再现	辛　田
第五章	被建构的女性:"米脂婆姨"形象探析	刘　媛
第六章	从女性人类学角度看中国内衣文化	秦小宁
第七章	电视亲子节目的性别分析	袁阿静
第八章	网络吐槽视频的性别分析	宋碧云

目　　录

第一章　中国传统"女性气质"的源头建构 ………………（1）

  第一节　从《论语》看中国传统文化中的理想
  　　　　人格气质观 ……………………………………（1）

   一　先秦儒家文化的人文特征 ………………………（3）

   二　《论语》中体现的理想人格气质观 ……………（4）

   三　《论语》对中国传统文化中理想人格
   　　气质观的影响 ……………………………………（7）

  第二节　先秦社会对理想女性气质的建构 …………（9）

   一　对建构理想女性气质的历史需求 ………………（10）

   二　对女性的社会规训与理想女性气质的内化 ……（14）

   三　理想女性气质是理想人格气质的一种缺失 ……（20）

  第三节　理想的反面：又一重建构 …………………（21）

   一　性别文化对女性气质的负面描述：妒卑狭浅 …（22）

   二　客观环境与话语建构：对女性气质的负面描述
   　　及其产生的原因 …………………………………（28）

   三　女性气质的负面建构及对两性的双重束缚 ……（34）

  第四节　先秦女性对"理想"女性气质的突破 ……（35）

   一　女性对理想女性气质的突围 ……………………（35）

   二　"熬成婆"——向理想人格气质的努力回归 …（41）

三　对男权的强烈依附……………………………………（43）

第二章　大众传媒女性身份建构及其解构策略……………（48）
　第一节　性别与大众媒介的关系………………………………（49）
　　一　社会性别理论………………………………………（49）
　　二　媒介与性别…………………………………………（50）
　第二节　大众媒介对女性性别身份的建构……………………（52）
　　一　女性在媒介中的形象显现——"被歪曲"…………（52）
　　二　女性在媒介中的权力地位——"被窥视"…………（60）
　第三节　女性对性别身份的抵抗与颠覆………………………（68）
　　一　女性的抵抗何以可能………………………………（68）
　　二　女性的抵抗方式……………………………………（71）
　　三　女性的抵抗领域与策略……………………………（76）
　结　语……………………………………………………………（83）

第三章　当代中国电视广告中的女性形象…………………（85）
　第一节　电视广告与女性形象…………………………………（85）
　　一　电视广告女性形象…………………………………（85）
　　二　"她"的故事："他者"的故事……………………（87）
　　三　消费文化语境………………………………………（92）
　第二节　当代中国电视广告中的女性形象：
　　　　　解构抑或建构？……………………………………（94）
　　一　女性形象之一：对于传统女性形象的解构………（94）
　　二　女性形象之二：建构——女性形象的
　　　　他者"陷阱"…………………………………………（98）
　第三节　意义的生成："他者"女性形象形成原因…………（107）
　　一　显性原因：媒介机制与话语权……………………（107）
　　二　隐性原因：经济联姻………………………………（110）

三　深层原因：消费文化与男权思想的合谋 …………… (111)
　第四节　电视广告女性形象受众分析 ………………………… (117)
　　一　"忠贞"的女性受众 ………………………………… (118)
　　二　消费文化观念再生产 ………………………………… (120)

第四章　女性身份、历史、话语的博物馆再现 …………… (125)
　第一节　关于女性博物馆 ……………………………………… (125)
　　一　博物馆的发展与功能 ………………………………… (125)
　　二　女性博物馆的界定与内涵 …………………………… (127)
　　三　女性博物馆的表征与意义 …………………………… (129)
　第二节　国内女性博物馆类型及划分 ………………………… (131)
　　一　研究女性博物馆类型的意义 ………………………… (131)
　　二　国内女性博物馆类型的划分 ………………………… (132)
　　三　国内女性博物馆现状分析 …………………………… (133)
　第三节　国外女性博物馆 ……………………………………… (151)
　　一　国外女性博物馆概况 ………………………………… (151)
　　二　国外特色女性博物馆 ………………………………… (153)
　　三　国外女性博物馆分析 ………………………………… (157)

第五章　被建构的女性："米脂婆姨"形象探析 …………… (160)
　第一节　主要概念的界定和理论解释 ………………………… (160)
　　一　"米脂婆姨"概念 …………………………………… (160)
　　二　理论解释 ……………………………………………… (162)
　第二节　"米脂婆姨"形象演变中的主流话语建构 ………… (167)
　　一　20世纪中上叶——文化话语对"米脂
　　　　婆姨"形象的建构 …………………………………… (168)
　　二　抗日战争至"文化大革命"结束——政治话语对
　　　　"米脂婆姨"形象的建构 …………………………… (173)

三　改革开放以来——经济话语对"米脂婆姨"
　　　　形象的建构 ……………………………………… (177)
第三节　"米脂婆姨"形象特质中的男权文化建构 ……… (181)
　　一　"米脂婆姨"形象的基本特质 ………………… (181)
　　二　解读"米脂婆姨"形象特质建构 ……………… (183)
第四节　"米脂婆姨"形象背后 ……………………………… (192)
　　一　当地男性眼中的米脂婆姨 ……………………… (193)
　　二　"盛名"之下的米脂婆姨 ……………………… (197)

第六章　从女性人类学角度看中国内衣文化 ………… (204)

第一节　中国古代内衣文化历史沿革 …………………… (204)
　　一　上古时期的内衣 ………………………………… (205)
　　二　秦汉时期的内衣 ………………………………… (207)
　　三　魏晋南北朝时期的内衣 ………………………… (209)
　　四　隋唐时期的内衣 ………………………………… (210)
　　五　宋辽金元时期的内衣 …………………………… (211)
　　六　明清时期的内衣 ………………………………… (213)
第二节　特定时期内衣文化的性别解读 ………………… (215)
　　一　民国的束胸及天乳运动 ………………………… (215)
　　二　"文化大革命"时期的"中性风" …………… (222)
　　三　改革开放后的"再解放" ……………………… (224)
第三节　当代女性内衣文化现象的性别解读 …………… (227)
　　一　对比基尼（Bikini）的文化透视 ……………… (227)
　　二　美体塑型内衣——女性自我的迷失 …………… (229)
　　三　"内衣外穿"等流行现象分析 ………………… (231)
第四节　内衣广告的性别解读 …………………………… (236)
　　一　品牌内衣广告分析 ……………………………… (237)
　　二　软广告的文本分析 ……………………………… (239)

三　内衣秀的流行 …………………………………………（241）

第七章　电视亲子节目的性别分析 ……………………（244）
　第一节　亲子节目概述 ………………………………………（244）
　　一　亲子节目的概念 ………………………………………（244）
　　二　国内亲子节目的发展 …………………………………（245）
　　三　亲子节目的分类 ………………………………………（246）
　　四　亲子节目的性别总述 …………………………………（249）
　第二节　对《爸爸去哪儿》的性别解读 ……………………（250）
　　一　父爱神话的打造 ………………………………………（250）
　　二　男性刻板印象的建构 …………………………………（260）
　　三　二元对立的叙事 ………………………………………（270）
　第三节　节目受众的性别解读 ………………………………（275）
　　一　女性受众的建构 ………………………………………（275）
　　二　对女性受众的影响 ……………………………………（280）
　结　语 …………………………………………………………（283）

第八章　网络吐槽视频的性别分析 ……………………（284）
　第一节　网络吐槽视频概述 …………………………………（285）
　　一　"吐槽"一词溯源 ……………………………………（285）
　　二　"网络吐槽视频"的界定 ……………………………（287）
　　三　网络吐槽视频的分类 …………………………………（289）
　第二节　对《唐唐Big笑工坊》的性别解读 ………………（292）
　　一　女性身体的审美泛化与审美暴力 ……………………（292）
　　二　对违背社会伦理行为的批判——父权制的维护 ……（301）
　　三　对商业化庸俗化的抵制与沦陷 ………………………（308）
　第三节　网络吐槽视频受众的性别解读 ……………………（312）
　　一　男性受众的建构 ………………………………………（312）

二　对男性受众的影响 …………………………………………（315）
结　语 ……………………………………………………………（320）

参考文献 ………………………………………………………（322）

第 一 章

中国传统"女性气质"的源头建构

性别不平等是一个世界性问题,世界上大部分文化中都存在着男权制的两性不平等现象,中国也不例外。虽然世界范围内的性别不平等有很多相似之处,但中国作为有几千年文明的古老国度,在社会性别的建构上有自己的文化特殊性,不能把西方的理论拿来套用。李小江教授曾说过:"无论今后的全球一体化到何等程度,历史的解释都不能不是本土的。"① 因此,要解决中国的性别问题,就必须自觉带有本土意识。

中国现存的性别问题其实是一个历史问题,是几千年来传统文化中性别不平等意识根深蒂固的无意识残留对现代社会的持续影响。本章运用社会性别理论,通过研究先秦意识形态对女性气质的设定,来探索和分析中国传统文化中"理想女性"的内涵及其对当代中国的影响。

第一节 从《论语》看中国传统文化中的理想人格气质观

女人首先是作为人而存在的。女性气质作为女性社会性别的外

---

① 李小江:《历史、史学与性别》,江苏人民出版社2002年版,第45页。

在标志，是被社会文化建构出来的一种女性区别于男性存在的外在特征，从来就没有一个能够独立存在的抽象的所谓女性气质。在研究先秦女性气质之前，我们有必要先探究一下中国传统文化精神中对理想人格气质的规定和追求，以期在这种对比中凸显出先秦女性气质的特殊性，在一个更为广阔的视野中分析先秦女性气质的独特之处。

通常认为，性别气质在社会性别理论中主要指不同的社会性别所具有的能够表现出来的外在气质，并以此来区分不同的社会性别。"在社会性别理论看来，性别是一种表演，它通过再现来表达"[①]，这种再现是人所能看到的，"女性气质是对女性行为和外表的一种规范"[②]。因此，男性气质可以说是人之所以成为男人所具有的个性特征，女性气质就是人之所以成为女人所具有的个性特征。在西方思维方式下的性别两极划分中，常常把人所可能具有的全部特性划分为对立的两组，对于男人统治世界和掌握权力有用的一组属于男性气质，另外一组则属于女性气质。例如，前者可以包括才智、理性、精神、强壮、客观、有原则的、独立的、自足的、自主的、支配的和抽象的等；相反，后者则主要是感情、激情、肉体、懦弱、主观、附随的、依赖的、缺乏的、依关系而定的、受支配的和具体的等。上述话语用中国人的文化观念可以概括为阳刚和阴柔，前者所谓的西方男性气质的种种属性正是中国传统文化中阳刚的内涵，后者则基本可以称为阴柔特性。本节以西方理论中这种男性气质和女性气质的二元划分作为参照系，认为理想人格气质是从性别气质的角度来看人之所以为人的理想状态中的个性特征。西方传统观念中的理想人格气质就是他们的理想男性气质，女性气质是作为人属性中的二等品存在的，是低于男性气质的；中国传统文化中的理想人格气

[①] 沈奕斐：《被建构的女性》，上海人民出版社2005年版，第150页。
[②] 苏红军、柏棣：《西方后学语境中的女权主义》，广西师范大学出版社2006年版，第216—217页。

质并不等同于西方文化中的理想人格气质,而是有着自己的特殊性,这将在后文中详细讨论。

虽然先秦是一个百家争鸣的自由时代,但作为中国哲学发端的儒家思想却在后世成了中国古代社会正统的统治思想,因此,儒家思想中的理想人格气质也就成为中国传统文化中理想人格的一个原型。下面管中窥豹,先从《论语》中略探先秦时期作为儒家学派创始人的孔子对理想人格气质的探索和界定。

一 先秦儒家文化的人文特征

孔子思想和中国的哲学传统无法分开,要想了解孔子思想中的理想人格气质观,就必须先了解中国哲学的特点。

中国文化的"轴心时代"在春秋战国时期,是积夏商周三代之功而成的文化思想的繁荣时期和自觉时期。劳思光说"孔子于周末创立儒学,方是中国最早的哲学"[1]。由此,我们可以说孔子是中国文化自觉的第一人。

在《论语·为政》里有"子曰:殷因于夏礼,所损益,可知也;周因于殷礼,所损益,可知也;其或继周者,虽百世,可知也"[2],这充分说明了孔子深知文化的发展不是一个不变的往复循环,而总是会有所"损益"。所以,孔子说"周监于二代,郁郁乎文哉。吾从周"[3],说明周代文化是在吸收了夏商两代文化成绩的基础上发展起来的,同时也表明了孔子的"吾从周"不是完全地照搬复古,而是在周文化的基础上再次有所"损益"。

中国上古的观念和习俗有浓烈的崇拜神权色彩,但周人曾经"绝地天通",限制人们过度信神的倾向,客观上透露出一种以人为本的思想。劳思光认为周代礼制在表面上加强中央统治的同时,更

---

[1] 劳思光:《新编中国哲学史》,广西师范大学出版社2005年版,第75页。
[2] 杨伯峻译注:《论语译注》,中华书局1980年版,第21—22页。
[3] 同上书,第28页。

深的内涵则是对"人之地位之肯定",而孔子学说则是"对周人之人文精神之自觉肯定"。① 因此,孔子学说中必然有对人的深切关注和对人伦的重视,对理想人格的阐述也自然成为孔子思想的题中应有之义。

二 《论语》中体现的理想人格气质观

如果套用西方的社会性别理论,就会想当然地以为,中国传统社会中的男尊女卑,是认为男性气质的"阳刚"绝对高于和优于女性气质的"阴柔"所造成的结果。但是,当我们用社会性别理论仔细考察《论语》中孔子思想所阐述的理想人格气质时,就会发现中国传统社会中的性别气质观有别于西方文化中的性别气质观,孔子的理想人格气质观中没有两性气质二元对立的内涵,因此也就不存在"阳刚"高于"阴柔"的观念,我们可以通过对《论语》中代表理想人格的"君子"进行社会性别气质的分析,来考察孔子思想中的理想人格气质不同于西方的特殊性。

通观《论语》可以看出,孔子将自己政治理想和抱负实现的希望寄托在"君子"身上,因此,"君子"形象便充分体现出了孔子思想中的理想人格气质观。

"君子"身上当然不缺乏我们通常认为的男性气质所应该拥有的阳刚之气。如在《论语·泰伯》篇中:

曾子曰:"士不可以不弘毅,任重而道远。仁以为己任,不亦重乎?死而后已,不亦远乎?"②

这里的弘毅就是强毅的意思,儒家学派认为只有刚强而有毅力

---

① 劳思光:《新编中国哲学史》,广西师范大学出版社 2005 年版,第 78 页。
② 杨伯峻译注:《论语译注》,中华书局 1980 年版,第 80 页。

的读书人才能实现仁德于天下,这是君子必须具备的品质。孔子说过"刚、毅、木、讷近于仁"①,认为具备了刚强、果决、朴质而言语不轻易出口这四种品德的人才算是接近仁德。

但是,孔子并不认为仅仅有了以"阳刚"为代表的特性,便可以成就一种理想中的君子人格,他同时还认为君子应具有现代意义上通常认为属于女性气质典型代表的"阴柔"特质,也就是"谦谦君子"。在《论语·里仁》篇中我们可以看到对孔子思想核心"仁"的具体阐释:

子曰:"参乎,吾道一以贯之哉!"曾子曰:"唯。"子出,门人问曰:"何谓也?"曾子曰:"夫子之道,忠恕而已矣。"②

据杨伯峻在《论语译注》里的解释,"忠"就是"己欲立而立人,己欲达而达人","恕"则是"己所不欲,勿施于人",前者突出了以人为核心的精神,后者则表达了对人的宽容和温厚,这也恰恰体现出"仁者爱人"的内涵。我们由此看出,这个"仁"中包含了很多现代女性气质内涵中的元素,如温和、慈爱、宽厚、富有同情心和感情等,这些在后世通常被认为是女性气质中才应包含的特征。这种对理想人格气质中所包含的"阴柔"特性的重要性的论述在《论语》中俯拾即是。如《论语·学而》篇中:

子曰:"弟子入则孝,出则悌,谨而信,泛爱众而亲仁。行有余力,则以学文。"③

在《论语·为政》篇中也有:

---

① 杨伯峻译注:《论语译注》,中华书局1980年版,第143页。
② 同上书,第39页。
③ 同上书,第4—5页。

季康子问："使民敬，忠以劝，如之何？"子曰："临之以庄，则敬；孝慈，则忠；举善而教不能，则劝。"①

这些都说明了孔子认为人应当富有感情，待人要有博爱之心，对父母要孝顺，对幼小的孩子要慈爱。与西方传统观念中的性别气质观相反，孔子并不认为君子动了感情，就会像女人一样，会有损于自己的阳刚气质和理智的特性；相反，自然流露的感情是人之常情，所以还有这样一个故事：

颜渊死，子哭之恸，从者曰："子恸矣。"子曰："有恸乎？非夫人之为恸而为谁恸？"②

可见，孔子认为自然的感情是合乎人情道理的。在当时的儒家学者看来，哭泣也并非专属于女人的行为和女人才有的女性气质特点，而是合乎人情之道的。

在《论语·八佾》篇中还有这样的话：

子曰："君子无所争，必也射乎？揖让而升，下而饮，其争也君子。"③

这句话也充分说明了君子还应具有不争与谦让的阴柔气质。同时，孔子进一步认为，作为理想状态中的君子气质，过度的阳刚之气反而有损于君子之气的修养，在《论语·公冶长》篇中孔子对子路的评价竟然是"由也好勇过我，无所取材"④，可见其对于太过好

---

① 杨伯峻译注：《论语译注》，中华书局1980年版，第20页。
② 同上书，第112页。
③ 同上书，第25页。
④ 同上书，第44页。

勇的过分阳刚之气是极不赞成的,这也从反面说明了阴柔气质对成为君子的重要性。

综上,孔子思想中的理想人格气质便显而易见了。这种理想人格气质既包含了后世以阳刚为代表属性的男性气质,也包含了以阴柔为代表属性的女性气质。

从上述阐述中,可以明显看出,孔子的理想人格气质包含了阳刚与阴柔两个方面,这与其"过犹不及"的中庸思想是分不开的。孔子说"中庸之为德也,其至矣乎!民鲜久矣"[1],这正是其思想中中庸观念的体现。因此,孔子思想中的理想人格气质观必然表现出不偏不倚的特点,既不过分强调阳刚的一面,也没有忘记其应有的阴柔一面,这是一种真正的人性中各种气质的完美融合,是一种完整的人格气质观。

"仁"作为孔子思想中的核心,也是其理想人格气质代表"君子"所应该和必须践行的标准,因此,可以说君子的人生理想就是成为一个"仁人"。冯友兰认为"仁人"即"全德之人",可以释为英文的"Perfect Virtue"。[2] 在孔子那里,"仁"是一种普遍的文化价值取向,能够在循礼的过程中被内化为行动者(仁者)的内在品性,指导与调整个人在社会中的行动。因此,从社会性别的角度来说,孔子思想中的理想人格气质是没有性别对立的,或者说并没有把人划分为男女两种不同性别的意识,这是一种理想意义上的完整的人,是一种在社会中存在的文化人意义上的完人。

三 《论语》对中国传统文化中理想人格气质观的影响

《论语》中所体现的儒家的理想人格气质观对中国古代传统社

---

[1] 杨伯峻译注:《论语译注》,中华书局1980年版,第64页。
[2] 冯友兰:《中国哲学简史》,北京大学出版社1985年版,第53页。

会，甚至今天的理想人格气质观都产生了强烈而深远的影响，这也使中国人观念中的理想人格气质不同于西方人观念中的理想人格气质。

在西方的文化传统中，"男性与女性的二元对立成为西方思维的中心：白与黑，弱与强，健康与疾病，正常与反常，正确与错误"，而"西方的两分大多是有高低等级之分的，比如，精神高于肉体，理性高于感情，文化高于自然，主人高于奴隶"。[①] 因此，如前所述，西方文化中男性气质和女性气质的区分，是把人所可能具有的全部气质特征划分为互不相容的两组，并认为男性气质所包含的那一组特征是绝对高于和优于女性气质的。这种二元论思想下的两种对象，是互相对立的二元，也是一种有重点的二元，必然是其中一方高于另一方。因此，西方近现代文化中的理想人格气质就是其理想的男性气质，而且是一种排除了所有属于女性气质特性的不完整的人格气质。而《论语》中体现出的理想人格气质相较于西方而言，则是一种完整的理想人格气质，它并没有排除掉似乎只应属于女性气质的那种阴柔特性。这种人格气质观是站在没有性别区分的"人"的立场上，对所有属于"人"的气质特征的一种客观承认，而非人为地贬低或排斥其中的某一部分，因此超越了西方二元对立思维下的性别气质观。《论语》对中国传统文化中理想人格气质的影响，正在于它给予了后世一种完整的理想人格气质观。因此，恪守"中庸之道"的"君子"成为一代代中国文人内心深处所追求的典范，这无疑是《论语》带来的一种深层文化心态。但《论语》对后世理想人格气质的影响不止于此，它还有负面的影响。

孔子没有也不可能脱离开他生活的那个时代正在形成和成熟定型中的"男尊女卑"观念，他有一句尽人皆知的名言："唯女子与

[①] 李银河：《两性关系》，华东师范大学出版社2005年版，第249页。

小人为难养也，近之则不逊，远之则怨。"① 孔子还反对武王自述时所说的"乱臣十人"，而是认为"有妇人焉，九人而已"②，这些言论都清楚表明了孔子对于女人的态度，他把女性排除在了他所规划的应具有理想人格气质的"仁人"之外，女人不能算作他为君子所设定的以"仁"为核心的文化人之列。

第二节　先秦社会对理想女性气质的建构

关于女性气质，女性主义的先驱穆勒有过精彩的论述：

> 对女性的天性形成的观念，纯属先验的概括，没有哲学和分析，它是建立在最初存在的一些事例上，其可笑的程度致使在不同国家流行的观点各有不同……一个东方人认为，女性天生的是特别耽于肉欲；在印度的作品中，可以看到基于此观点对女性的粗暴辱骂。一个英国人通常认为女性生来是冷漠的。关于女性多变的谚语大多起源于法国。在英国，普遍的评语是说女性比男人多么坚贞不屈。③

可见，女性气质是一个随着地域和文化不断改变内涵的概念，是由它所在的社会文化建构起来的。因此，在分析了以《论语》为代表的中国传统文化对人的理想人格气质的探索和规定后，本章将以此作为参照的背景，具体研究先秦时期女性气质是如何被建构出来的，以及它不同于现代和西方社会中女性气质的特殊性。

---

① 杨伯峻译注：《论语译注》，中华书局1980年版，第191页。
② 同上书，第84页。
③ 李银河：《两性关系》，华东师范大学出版社2005年版，第253页。

一　对建构理想女性气质的历史需求

大多数人们都认为"男尊女卑"的两性不平等关系是从古至今自然而然形成的天然秩序，但有许多人类学家和历史学家对此提出了质疑，并考证出远古时代人类先民生活的社会中，的确曾存在过男女两性平等的历史时期。中国历史上也曾经存在过男女两性平等的时期，即远古时代的中国母系氏族社会时期。先秦时期存在的大量"知母不知父"的神话传说，从一个侧面证明了中国母系氏族社会的存在。中国人类学家童恩正先生在其著作《摩尔根模式与中国的原始社会史研究》一书中对此问题有过一段经典的结论：

> 大量民族志的材料证明，在母系制社会中，权力这一概念的内涵还是比较丰富的，即使女性在某些方面具有某种权力，但也不像摩尔根所说的那样，社会的权力笼而统之地都归于女性。在很多母系社会中，尽管继嗣按母方计算，亲属关系、婚姻制度以及居住习惯均以母方为准，女性在社会上也受到尊重，在社会生活的某些领域具有一定的权力，但是在经济、宗教、军事等领域内的真正的权力，却归于男性，特别是母亲的年龄最大的兄弟……所以至少根据目前的资料，我们还难以断定历史上有一个完全由女性掌权的阶段存在。[①]

抛开那种非此即彼的二元对立思维方式，就可以很容易地想到母系社会的这种状态，其实是一种男女两性性别不分的状态，因此是一种两性平等的状态。先民们只是根据男女两性最初的由生物基础产生的生理和体质上的差异，开始了一系列各得其所的

[①] 李衡眉：《先秦史论集》，齐鲁书社1999年版，第52页。

分工，即马克思所说的"是在纯生理的基础上产生了一种自然分工"①。这时的人们并没有明显的或者自觉的男女两性区分的观念，据李衡眉先生所说，《山海经》中就有自为牝牡（雌雄）的鸟兽形象，中国古代还有一些关于两性神的神话传说②，这也可以从另一方面说明中国历史上存在过男女两性平等的时期。因为男女两性不分、合二为一的情况，正说明了当时先民的意识中没有两性区分的观念，也就不可能有一个性别整体压迫另一个性别的情形出现。③

那么，女性究竟是如何失去了自己本来与男性平等的地位，酿成了"女性的具有世界历史意义的失败"④呢？恩格斯说："根据唯物主义观点，历史中的决定因素归根结底是直接生活的生产和再生产。但是生产本身又有两种，一方面是生活资料即食物、衣服、住房以及为此所必需的工具的生产；另一方面是人类自身的生产，即种的繁衍，一定历史时代和一定地区的人们生活于其下的社会制度，受着两种生产的制约。"⑤毫无疑问，女性在一开始的最重要的生产活动便是人类自身的生产，以及基于女性的这种最基本的生育功能所造成的生理和体质上与男性的差异，形成了最初的自然分工：女性的劳动围绕着生育和由生育所带来的生理周期所决定的一些家务劳动、简单劳动和辅助性的生产劳动；男性则要利用自己身强力壮的先天优势负责抵御野兽等的袭击，保护族群的安全，并进行大量的重体力的物质生产活动，以确保本族群的成功繁衍和发展。

这种最初的完全合乎人体自然差异的、低生产力下的合理分工，并没有导致男女两性性别地位的不平等。因为，女性生儿育女的自

---

① 马克思：《资本论》，人民出版社1975年版，第389—390页。
② 李衡眉：《先秦史论集》，齐鲁书社1999年版，第76页。
③ 我们现在称为"两性同体"的这个概念本来就暗含着现代社会两性区分的观念，当时先民的观念中也许就是认为这种状态才是一种本来就应有的完整状态。
④ 李衡眉：《先秦史论集》，齐鲁书社1999年版，第48页。
⑤ 《马克思恩格斯选集》第4卷，人民出版社1995年版，第2页。

然功能对原始人类的族群来说，如果不是最重要的，至少也是不可或缺的。这是后世社会中少见的男女两性平等的历史时期。但是，当人类的观念中有了男女两性性别区分的概念时，这两个性别便不可能再平等起来，"所谓两性分化，其实质不过是男人战胜了女人"①，男性组成了他们自己的性别同盟，开始了一个性别主宰另一个性别的漫长的历史历程。

当男女两性最初的平等时期过去之后，由于两性的分化和利益上的冲突，性别的不平等才逐渐显露出来。男性由于在生理体质上的强势和最初自然分工时对物质生产活动权力的掌握，积累了自己的私有财产。在长期的历史过程中，和女性相关的劳动慢慢发展为家务劳动，和男性相关的劳动则成为生产劳动。当时社会的人们据此习惯性地把女性的活动范围划定在家庭之中，把男性的活动范围扩大到整个社会中去，从而有了"公""私"两个领域。恩格斯曾指出"两性的法律上的不平等"是因为在一夫一妻制家庭中，女性所从事的"家务的料理失去了自己的公共性质。它不再涉及社会了。它变成了一种私人的事物；妻子成为主要的家庭奴仆，被排斥在社会生产之外"。② 我们可以推测当时的情形是：最初，在生产力不发达的时期，男女两性的自然分工合乎了人类当时生存、繁衍和发展的需要；随着生产力的发展，当女性有了足够的条件可以离开紧紧围绕着生育活动所形成的家庭生活时，却发现家庭之外的社会上已经没有了自己的位置——男人们做主的社会，趁她们在家里的时候，偷偷地攫取了属于她们的大部分权力，只给女人剩下了家庭里的一丁点位置：妻子和母亲。

中国先秦时期的男女两性性别分化的情形也同上面所论述的相似。杜芳琴教授认为，中国的性别分化作为制度定下来，始于西周

---

① 李衡眉：《先秦史论集》，齐鲁书社 1999 年版，第 51 页。
② 马克思、恩格斯：《马克思恩格斯选集》第 4 卷，人民出版社 1995 年版，第 69—70 页。

第一章　中国传统"女性气质"的源头建构

初期周礼的制定。周礼第一次用条文的形式对两性的活动空间和工作范围进行了重新规范,将社会与家庭工作范围分为"公""私""内""外"四个领域。国家为公,家庭为私,在家庭(婚姻)的分工上又分为"内"和"外"。① 问题不在于公私领域的划分和对男女两性不同劳动的定义,关键是这套标准背后隐含的话语是社会将男性的标准看作客观标准:凡是与男性相关的公共领域和物质生产活动就是有重大意义的和不可或缺的,是对整个人类族群的生存发展至关重要的。本来仅仅是与男性相关的公共领域和物质生产活动就这样一跃而成为社会性活动,并且是更为重要和高于私人领域和家务劳动的社会活动。与此同时,女性在被局限于私人领域的同时,社会地位和权力也相应地丧失了,女性的生育职能和对人类发展所作出的贡献被有意地忽视了。人类最初不分等级的两性自然分工,这时也反过来成为男优女劣的一个证明。最终,人类历史开始了一个性别高于另一个性别的两性不平等时代。

中国古代社会是一个典型的农耕文明社会,"一农不耕,民有为之饥者;一女不织,民有为之寒者"②,女性的家务劳动对社会发展同样重要。先秦的女性甚至也要承担国家的经济赋税,《礼记·月令》中说:

　　蚕事毕,后妃献茧。乃收茧税,以桑为均,贵贱长幼如一,以给郊庙之服。③

这里说的就是女性的纳税。先秦的女性还必须是男性在家里的贤内助,《诗经·卫风·氓》中就有对这种贤内助的生动描写:

---

① 杜芳琴:《中国社会性别的历史文化寻踪》,天津社会科学出版社1998年版,第8页。
② 黎翔凤撰,梁运华整理:《管子校注》(下),中华书局2004年版,第1388页。
③ 王文锦译解:《礼记译解》,中华书局2016年版,第192页。

三岁为妇，靡室劳矣。夙兴夜寐，靡有朝矣。①

在这样的情况下，整个社会既需要女性劳动对社会经济发展的贡献，同时又要维护和加强男性在性别优势上的整体利益，这便需要广大的女性具备既适应家庭和社会的需要，又甘于为男性服务、不要求与男人同等权力的性格特征。于是，柔美恭顺的奉献特性成为男权社会造就贤妻良母式女性最合适的理想女性气质。有了具备这种所谓理想女性气质的女性，才能够让男人们有一个放心的"后院"去参与社会公共事务，并保证整个社会处于一种对男性有利的稳定状态。

二 对女性的社会规训与理想女性气质的内化

先秦社会对贤妻良母式女性的需要，迫使其必须想尽办法来建构出具有这种理想女性气质的女性社会角色来。最永恒和最安全的统治方式永远不是依靠强力让被统治者屈服，而是要让被统治者心甘情愿地接受自己被安排好的位置。先秦时期的整个男权社会深谙这个道理，因此他们必须动用自己已经掌握的社会权力来为所有的女性创造一个先天理想女性气质的神话，并通过种种社会规训手段的应用，让女性认为自身生来就是如此，从而甘于自己"第二性"的位置，成为男权社会需要的贤妻良母。

美国学者斯皮罗在《文化与人性》②一书中探讨了社会角色满足个性需要的功能理论，他将社会结构层层分解为系统、制度乃至角色，社会系统的运行最终取决于角色的扮演，如何使社会角色按照社会性预期得到适当的扮演是问题的关键。由于社会系统是个规范系统，因此在职责与愿望之间，文化规范与个性之间总是存在着

---

① 程俊英、蒋见元：《诗经注析》，中华书局1999年版，第175页。
② ［美］M. E. 斯皮罗：《文化与人性》，徐俊等译，社会科学文献出版社1999年版，第118—150页。

潜在的冲突，社会系统的运行要求个人的行为符合文化需要的形式而不是个人需要的形式。任何一个社会都不会仅依靠外在控制达到目的，而是竭力使外在规范内化为个人需要，这就是内在的控制，即个性与社会规范的统一，个性在社会系统中得到满足。先秦时期对贤妻良母式女性社会角色的需要，正是这样通过对理想女性气质的构建来实现的——理想女性气质先是社会的需要，接着成为女人自己的需要——先秦的女性在认同了强加给她们的性别特征之后，使理想女性气质内化为自己的本性，最终成为先秦男权社会需要的理想女性。

这种对先秦理想女性气质的社会建构大致可分为三个方面：首先是社会习俗和制度对理想女性气质的规范；其次是社会环境对理想女性气质的强化作用；最后是先秦女性对理想女性气质的自我认同。

社会习俗和制度对理想女性气质的规范体现了一种标准，即规定了什么才是先秦社会的理想女性气质。我们可以把先秦的理想女性气质分为两个方面：外在的柔美和内在的恭顺，这既是当时人们习俗观念中所公认的，也是后来的男权社会统治集团所提倡的。

在《诗经》里有许多关于女子美丽气质的诗篇和诗句，开篇就是"窈窕淑女，君子好逑"[1]，"静女其姝，俟我于城隅"[2]的那位姑娘也是温婉柔美、惹人怜爱。当时，社会上不但对女性美有整体的观念标准，而且这种美还表现在一些具体的细节上：柔美的女子还要"有美一人，硕大且卷"[3] "颜如舜华"[4]，同时"手如柔荑，肤如凝脂，领如蝤蛴，齿如瓠犀，螓首蛾眉，巧笑倩兮，美

---

[1] 程俊英、蒋见元：《诗经注析》，中华书局1999年版，第3页。
[2] 同上书，第115页。
[3] 同上书，第384页。
[4] 同上书，第239页。

目盼兮"①。这些外在的气质体现了先秦社会男性对理想伴侣女性气质的要求。

除了要有柔美的外在容貌和仪态，先秦理想女性气质中还包含恭顺的内在特征。《礼记·礼运》中对"何谓人义"的解答是"父慈、子孝、兄良、弟弟、夫义、妇听、长惠、幼顺、君仁、臣忠"②，明确规定了作为妻子女性最重要的就是要做到听从。同时，在《礼记·内则》中还对女性行为气质的教化和养成作了"女子十年不出，姆教婉娩听从"③的规定。对女孩子来说，从十岁开始便不能再随便出门，由女教师专门在家教导她说话和婉，举止柔顺，听从长辈的吩咐。这也是周礼对理想女性气质内在恭顺方面的明文规范。《左传·昭公二十六年》中也有相似的说法：

> 礼之可以为国也久矣，与天地并。君令臣共，父慈子孝，兄爱弟敬，夫和妻柔，姑慈妇听，礼也。君令而不违，臣共而不贰；父慈而教，子孝而箴；兄爱而友，弟敬而顺；夫和而义，妻柔而正；姑慈而从，妇听而婉：礼之善物也。④

这里面所说的姑、妻和妇，只是先秦女性具体身份的不同，作为女性来说，社会对她们的总体要求和期望都是慈柔温婉，体现在理想女性气质上就可以用"恭顺"一言以蔽之。

《礼记·昏义》中说：

> 是以古者妇人先嫁三月，祖庙未毁，教于公宫。祖庙既毁，

---

① 程俊英、蒋见元：《诗经注析》，中华书局1999年版，第165页。
② 王文锦译解：《礼记译解》，中华书局2016年版，第268页。
③ 同上书，第358页。
④ 郭丹、程小青、李彬源译注：《左传》下册，中华书局2012年版，第2009页。

教于宗室。教以妇德、妇言、妇容、妇功。教成，祭之，牲用鱼，笔之以萍藻，所以成妇顺也。①

这里，正是从妇德、妇言、妇容、妇功四个方面概括了先秦女性被期望具备的内在恭顺、外在柔美的理想气质。至此，先秦理想女性气质的含义已经明确，尽在"柔顺"二字。

"柔顺"实际上也意味着女人低了男人一等。先秦理想女性气质的外在表现是柔顺，本质却是男权社会要求女性甘心事人，在表面赞美女性理想气质的话语之下，隐藏着让女性承认自己不如男人、认可社会上"男尊女卑"规范的男权话语，这在后文将详细论述。

先秦理想女性气质的内涵在西周以前还只是存在于人们的习俗和观念之中，到周礼成为完备的制度，理想女性气质对于女性来说就成为明确的社会规范。这种社会规范作为一种高高在上的标准，悬在了广大女性的头顶上，成为先秦女性性别气质的一种典范。同时，周礼对于女性日常生活方方面面的详细规定，以及相关的男权社会形成的生活习俗，形成了一张对女性生存无时不在、无所不包的社会环境的巨网。这种社会环境也加深了理想女性气质在广大女性身上留下的强大烙印。

中国先秦时男子成年礼的年龄是"二十而冠，始学礼"②，对于男性来说，二十岁的年龄意味着成年；而对于女子来说，年龄并不是问题，是否"许嫁"③才是是否成人的关键。所以，《礼记·杂记下》对此也有印证："女虽未许嫁，年二十而笄，礼之。妇人执其礼。燕则鬈首。"④这是说女孩子若是还没有许嫁于人，那么要到二十岁才行笄礼，即使这样，平时在家中的时候，也仍然是未成年小

---

① 王文锦译解：《礼记译解》，中华书局2016年版，第823页。
② 同上书，第357页。
③ 同上书，第16页。
④ 同上书，第563页。

女孩的打扮。可见，许嫁才是女性真正的成人标志，她的命运完全和她的婚姻联系在一起。因此，先秦女子一生的大部分时间都在婚姻当中度过，夫家几乎可以说是她生活的全部环境。

《礼记·郊特牲》中详解了女人真正人生之始的婚礼，"出乎大门而先，男帅女，女从男，夫妇之义由此始也"①，还说："妇人，从人者也：幼从父兄，嫁从夫，夫死从子……夫也者，以知帅人者也。"② 这就奠定了女性在夫家应处的地位，即与丈夫一体的从属者身份。在有着这样观念和礼制的社会大环境中，女子必须恭顺才能生活下去。当女子嫁到夫家之后，她就必须按照妇德、妇言、妇容、妇功四个方面中所规定的理想女性气质来要求自己——一个恭敬顺从的媳妇形象就出现在我们眼前，她身上体现出的正是先秦时期的理想女性气质。

女子的一生基本上都是在家庭范围里度过，她的主要工作和事业空间只能在家庭中，侍奉公婆等日常活动和家庭责任便大多落在了她们的肩膀上。这种男女两性的社会分工内外分明，正所谓"礼始于谨夫妇。为宫室，辨外内，男子居外，女子居内。深宫固门，阍寺守之，男不入，女不出"③。女性生活在家庭这样一个狭小的环境空间中，左右内外全是夫家的人，周围没有一个自己从小熟识的娘家亲人。她的处境也不令人乐观，"为人妇而出，常也，其成居，幸也"（《韩非子·说林上》）④。因此，为了自己更好地生存，作为人妇的广大女性自然要选择谨言慎行，努力按照当时社会对理想女性气质的规定来要求自己，生怕一个不小心，便会被出，使娘家蒙羞，也使得自己失去立足之地。《韩非子》中所说的出妻之事在先秦时相当常见，当时不但作为丈夫的男性对妻子可出、可召，有着生

---

① 王文锦译解：《礼记译解》，中华书局2016年版，第317页。
② 同上。
③ 同上书，第348页。
④ （清）王先慎：《韩非子集解》，钟哲点校，中华书局1994年版，第183页。

杀大权，甚至公婆的权威更甚于丈夫，"子甚宜其妻，父母不说，出。子不宜其妻，父母曰'是善事我'，子行夫妇之礼焉，没身不衰"①。在这样的家庭中，儿媳的大部分时间又是和公婆待在一起，她又怎能不恭恭敬敬做一个社会上公认的好女人呢？因此，先秦女性生活所处的社会大环境和家庭小环境，都在客观上对其身上的理想女性气质起到了进一步的强化作用。

先秦男权社会对女性身上理想女性气质的建构，最成功的结果就是达到女性自己对这种气质的自我认同，也就是斯皮罗所认为的个性与社会规范的统一和个性在社会系统中得到满足。先秦时候，对男女两性的性别气质强化和认同的规训教化从婴儿刚出生时就已经开始。《礼记·内则》中说："子生，男子设弧于门左，女子设帨于门右。三日，始负子，男射，女否。"②弧是木弓，木弓是男人打猎、打仗的武器；帨是佩巾，佩巾是女人侍奉男人的物件。这种出生时就已定下的男女不同性别气质的基调，从此以后便一直在女人的一生中发挥着强大的作用："子能食食，教以右手；能言，男唯女俞。男鞶革，女鞶丝"③，"七年，男女不同席，不共食"④，再长大些，"女子十年不出，姆教婉娩听从"⑤，这样直到女子出嫁，女性一直接受着理想女性气质的培养和训练，几乎是完全按照这个模子来打造，最后好成长为男权社会所需要的理想女性。

当女性成人之后，随着自己人身从娘家到夫家的转移，女人身上的性别束缚不是有所松动，而是更为加强。"男不言内，女不言外……内言不出，外言不入"⑥的社会规范把女子的生活彻底封锁在家庭范围内，女人操持家务，不过问家外公事。这样，通过剥夺

---

① 王文锦译解：《礼记译解》，中华书局2016年版，第333页。
② 同上书，第350页。
③ 同上书，第356页。
④ 同上。
⑤ 同上书，第358页。
⑥ 同上书，第330—331页。

女性的社会活动空间、限制她们发展社会活动能力,让她们对家庭生活产生了深深的依附性;同时,这种社会规范不但把女人限定在家庭范围内活动,还给了她们种种作为主妇的好处:只要当儿媳的谨言慎行、恭顺有礼、孝敬公婆,那么她就会得到丈夫"行夫妇之礼焉,没身不衰"①的对待,"妻以夫贵""母以子贵"的社会习俗和礼制也给了女人获得尊重和分享一部分家庭权力的机会。因此,前者使女人如果离开了家庭的庇护,必将无处容身、无法生存;后者让女人得到家庭的一部分权力和荣耀,作为对她的激励,以便把女人一生奋斗的天地锁定在家庭之中。因此,她们身上被赋予的理想女性气质就成为女人从家庭和社会中获得地位和声誉的一条捷径。于是,这些女人自然就会认同对自己性别气质的社会规范,理想女性气质因而内化为她们与社会期望相符的个性。

因此,在先秦时就有了像孟母这样的贤妻良母的典型。不只孟母一人,在先秦时还有许多像孟母这样的女性,她们将先秦理想女性气质完全内化为了自己的个性特征,自觉按照社会构建出来的理想女性气质来约束自己,并理所当然地自我认为这是天经地义的事情,有些甚至达到了迂腐的程度。

当时社会所赞许的理想女性,不但自己照此行事,还将自己身上表现出来的这种理想女性气质悉数传给自己的女儿:平时教给女儿以事人之道,在女儿嫁为人妇之夕,还要对其反复叮嘱她们听从未来公婆的话,先秦的理想女性气质就这样通过母亲对女儿的言传身教一代代传承下去。最终,先秦社会成功地完成了理想女性气质在女性身上的塑造和建构。

三 理想女性气质是理想人格气质的一种缺失

先秦理想女性气质表面看起来似乎是对理想女性身上所具有的

---

① 王文锦译解:《礼记译解》,中华书局2016年版,第333页。

性别气质的一种赞美,也不可否认,在现实生活中确实有一些女性生来就是性格柔顺,同时也有着母性的奉献精神。但是,当男人一旦发现类似这样的女性气质十分有利于自己的性别统治时,便把它上升为全体女性都要遵守的一种规范,这时理想女性气质便暴露出它被用来束缚女性的本质。由此,理想女性气质成为一种人为建构的话语,它在赞美某种女性气质的时候,暗含着对女性精神和行为的规约。在赞美女人柔顺的话语背后,隐含的深层意义是为了将女性更彻底地禁锢在家庭之中,排斥在男性的社会活动之外,使其永远俯首在男性权威之下,从而保证男性权力的长治久安。这也正是先秦的男权社会建构理想女性气质的目的所要求的。

由此观之,我们可以说,在中国的先秦时代,理想男性气质是理想人格气质的一种完满表现,理想女性气质则是理想人格气质的一种缺失。先秦的男权社会正是想要借此剥夺掉女性身上作为人的主体性,使其非依附男权家庭则不能生存,以维持男性作为统治一方的整体利益。同时,这种对女性理想气质建构的不完整性,不但让广大女性由于依附性而丧失了自身的主体性,也显露出了想把女人从人的位置上拉下来的企图。在中国传统文化的观念中,具备了理想女性气质的女性跟具备了理想人格气质的男性相比,已经不是一个完整意义上的文化人,而是成了一个不完整的丧失了其文化性的"半人"。这就使女人们失去了同男人们一道让自己的人性得到完全发展的机会,再也无法与男人抗衡,从此失去了与男性同等的社会活动能力和相应的社会地位。

第三节 理想的反面:又一重建构

先秦的男权社会动用了全部的社会力量,想为自己后院的安稳打造出一个合乎理想女性气质要求的贤内助。先秦时期的女性们并非全都拥有所谓完美的理想女性气质,很多时候,她们身上所具有的女性气质还显露出大量无法掩饰的负面因素。这些负面因素被看作女人天生而独有的特征和属性，也是女人从古到今被歧视的重要原因之一。但这些负面因素是否真的是女人天生而独有的呢？这就需要先看看先秦女性是如何在现实环境中产生出种种负面女性气质来的。

一　性别文化对女性气质的负面描述：妒卑狭浅

先秦女性气质不仅有其柔顺的理想一面，在有关先秦的许多文献资料中还可以看到对当时女性的女性气质中关于嫉妒、卑贱、狭隘、浅薄等负面因素的记载和描述。这些负面的描述打破了男权社会对理想女性气质一厢情愿的幻想，并且成为对女性本身歧视的一大原因。

关于先秦女性嫉妒和由此争风吃醋的记载不胜枚举，其中最著名的就是《战国策·楚策四》中一场女人之间的"战争"：

> 魏王遗楚王美人，楚王说之。夫人郑袖知王之说新人也，甚爱新人。衣服玩好，择其所喜而为之；宫室卧具，择其所善而为之。爱之甚于王……郑袖知王以己为不妒也，因谓新人曰："王爱子美矣。虽然，恶子之鼻。子为见王，则必掩子鼻。"新人见王，因掩其鼻。王谓郑袖曰："夫新人见寡人，则掩其鼻，何也？"郑袖曰："妾知也。"王曰："虽恶必言之。"郑袖曰："其似恶闻君王之臭也。"王曰："悍哉！"令劓之，无使逆命。[①]

妻妾相争在西周末年乃至春秋以后，成为一种普遍的社会现象，尤其是上层贵族女性之间的女人战争，还会导致国家政治的大变动，

[①] （西汉）刘向：《战国策》，贺伟等点校，齐鲁书社2005年版，第173页。

周褒姒之乱和晋骊姬之乱都可以归因于此。因此，嫉妒被看作女人天生的不可改变的性情，也是男人们最为深恶痛绝的负面女性气质之一，各种版本的"七出"条目之中都能找到这一条。

对先秦女性气质的负面描述还包括女人的卑贱，这也被认为是女人天生的本性之一。女性的卑贱从女婴时期便显露出来，如果生在贵族之家，女婴与男婴的待遇从小便大不相同，《诗经·小雅·斯干》中这样说道：

> 乃生男子，载寝之床，载衣之裳，载弄之璋。其泣喤喤，朱芾斯皇，室家君王。
> 乃生女子，载寝之地，载衣之裼，载弄之瓦。无非无仪，唯酒食是议。无父母诒罹。①

男孩和女孩自出生之时起，便有了严格的尊卑区别。女孩不但平时的衣食日用不如男孩子的，就是父母在女孩身上也没有寄予什么厚望，对她的期望仅仅是长大之后能够"唯酒食是议"就行了。但这样的女婴已经算是十分幸运了；如果不是生在贵族之家，平常人家的女婴更是被认为天生卑贱，甚至不值得父母将她养大成人。在《韩非子·六反》记录有关于杀女婴的习俗观念：

> 父母之于子也，产男则相贺，产女则杀之。此俱出父母之怀衽，然男子受贺，女子杀之者，虑其后便，计长利也。②

由此我们也可以看出，女性在出生时身上便被烙上了卑贱的印记，一部分人还成为男权社会的牺牲品。

---

① 程俊英、蒋见元：《诗经注析》，中华书局1999年版，第547—548页。
② （清）王先慎：《韩非子集解》，钟哲点校，中华书局1994年版，第417页。

即使有幸长大成人的女孩,也脱离不了生来带着的卑贱标签,她们可以被任意买卖、赠送,如同一件器物用品,丝毫不见作为人的尊严。在有关先秦的史料中也常见将女子与器物并列的说法,如"车骑美女恣荆轲所欲"①,"宫中积珍宝,狗马实外厩,美人充下陈"②等。从这些习惯说法中我们可以感受到,女人的地位不能同身为一个社会文化人的男人相比,她们总是作为男性的附庸出现。女子未嫁居家的时候,父亲甚至可以将自己的亲生女儿当作殉葬品来使用,《左传·昭公十三年》记载楚灵王"缢于芋尹申亥氏。申亥以其二女殉而葬之"③。当父亲的既然可以把女儿作为殉葬品来用,那么把女儿作为礼物献给君主或送给别人更是不足为奇。在先秦时期,几乎没有女性可以完全为自己的婚姻做主,尤其是在上层社会,贵族女子更是经常被用作政治交往的工具;在下层社会的普通人家里,买卖妻女的现象也很常见,家里的小妾也常常是从街上买来的,如《战国策·秦策一》中就有"卖仆妾售乎闾巷者,良仆妾也"④的说法;而对于丈夫犯了罪或因天灾人祸而沦为底层的女性来说,被卖或被收为奴隶更是不可改变的命运,就像《国语·吴语》中所说的一个例子:

> 王乃命有司大徇于军曰:"谓二三子归而不归,处而不处,进而不进,退而不退,左而不左,右而不右,身斩,妻子鬻。"⑤

《韩非子·六反》中也有类似的话:

---

① (汉) 司马迁:《史记》,中华书局 1959 年版,第 2531 页。
② (西汉) 刘向:《战国策》,贺伟等点校,齐鲁书社 2005 年版,第 121 页。
③ 郭丹、程小青、李彬源译注:《左传》下册,中华书局 2012 年版,第 1776 页。
④ (西汉) 刘向:《战国策》,贺伟等点校,齐鲁书社 2005 年版,第 35 页。
⑤ 徐元诰:《国语集解》,王树民等点校,中华书局 2002 年版,第 560 页。

相怜以衣食，相惠以佚乐。天饥岁荒，嫁妻卖子者，必是家也。①

以上这些例子表现出的是，先秦女性在男权社会中丧失了自身的主体性，被彻底物化为了一个客体，以致卑贱到了与物同类的地步。

由于整个社会的观念中都认为女性的卑贱是天生的，因此也就有了关于女子不祥的看法。既然女性是卑贱的，那么如果让她们接近或参与了"尊贵的男人"的事业，便会连累男人无法获得成功甚至遭受到失败的打击。先秦时期是"国之大事，在祀与戎"②，因此，当"郑文夫人芈氏、姜氏劳楚子于柯泽。楚子使师缙示之俘馘"，作者也忍不住说了一句："君子曰：'非礼也。妇人送迎不出门，见兄弟不逾阈，戎事不迩女器。'"③ 可见，在战争期间，不但要远离女人，就连接触女人使用的器物都是不吉利的，这种关于女子不祥的观念甚至还上升成为礼。《左传·襄公二十五年》里也记载了一件关于女人不祥的事情：

陈侯扶其大子偃师奔墓，遇司马桓子，曰："载余！"曰："将巡城。"遇贾获，载其母妻，下之，而授公车。公曰："舍而母。"辞曰："不详。"与其妻扶其母以奔墓，亦免。④

除了国之大事不能让女人参与以防不利外，在日常生活中也可以看出关于女子卑贱的观念在人们脑海中根深蒂固。如《左传·宣公十七年》中：

---

① （清）王先慎：《韩非子集解》，钟哲点校，中华书局1994年版，第418—419页。
② 郭丹、程小青、李彬源译注：《左传》中册，中华书局2012年版，第974页。
③ 郭丹、程小青、李彬源译注：《左传》上册，中华书局2012年版，第447页。
④ 郭丹、程小青、李彬源译注：《左传》中册，中华书局2012年版，第1354页。

十七年春，晋侯使郤克征会于齐。齐顷公帷妇人使观之。郤子登，妇人笑于房。献子怒，出而誓曰："所不此报，无能涉河！"①

《史记·晋世家》曾记载"郤克偻"②，按理说被人嘲笑一下似乎不至于恼怒至此，但《左传·成公三年》道出了个中缘由：

齐侯朝于晋，将授玉。郤克趋进曰："此行也，君为妇人之笑辱也，寡君未之敢任。"③

原来，郤克的恼怒不仅是因为自己被人嘲笑，更重要的是因为嘲笑他的是妇人。因为女性的卑贱在当时的社会上深入人心，被妇人嘲笑也就成了奇耻大辱。这样的情形并非偶然事件，在《左传·庄公二十一年》中也有一个与此性质相同的故事：

郑伯之享王也，王以后之鞶鉴予之。虢公请器，王予之爵。郑伯由是始恶于王。④

由于女性被认为是卑贱的，连带着女性所用的器物也被男人视为一种低贱的东西，可见卑贱确实是当时人们公认的对女性气质的一大负面描述。

在现实生活中，先秦时期的人们不但认为嫉妒和卑贱是当时女性天生特质，同时，人们还认为狭隘与浅薄也是女人专有的气质特点。武王伐纣时曾列举商纣的几大罪状，其中之一竟然这样说道：

---

① 郭丹、程小青、李彬源译注：《左传》中册，中华书局2012年版，第854页。
② （西汉）司马迁：《史记》，中华书局1959年版，第1677页。
③ 郭丹、程小青、李彬源译注：《左传》中册，中华书局2012年版，第909页。
④ 郭丹、程小青、李彬源译注：《左传》上册，中华书局2012年版，第250页。

古人有言曰:"牝鸡无晨。牝鸡之晨,惟家之索。"今商王受,惟妇言是用。①

"用妇人之言"竟然成为商纣遭受讨伐的一大罪状,这也说明了在当时人们的观念中,普遍认为女人见识浅薄、不识大体,无论是智力还是能力都不如男人,所以办不了大事。如果女人一旦参与了男人们的社会政治大事,必定会导致不幸的后果。《左传·桓公十五年》记载了这样一个故事:

祭仲专,郑伯患之,使其婿雍纠杀之。将享诸郊。雍姬知之,谓其母曰:"父与夫孰亲?"其母曰:"人尽夫也,父一而已,胡可比也?"遂告祭仲曰:"雍氏舍其室而将享子于郊,吾惑之,以告。"祭仲杀雍纠,尸诸周氏之汪。公载以出,曰:"谋及妇人,宜其死也。"②

郑伯的话可以说代表整个男权社会表达了对女性的公然蔑视,因此《礼记·郊特牲》中才会说"男帅女,女从男,夫妇之义由此始也"③。社会公认的男性气质是见多识广,那么女性跟男性相比自然只能是见闻狭隘、知识浅陋了。因此,"妇人之见"这四个字中所包含的浓重的贬义色彩也就成为先秦女性气质中狭与浅的最好注解了。

由上述分析我们可以看出,先秦男权社会想要构建的理想女性气质并没有完全实现。对先秦女性气质还存在着种种负面描述,这些负面描述又通通被归于女性气质。在男权社会千方百计构建理想女性气质的大环境中,究竟是什么原因造成了先秦女性身上这些负

---

① 顾颉刚、刘起釪:《尚书校释译论》,中华书局2005年版,第1098页。
② 郭丹、程小青、李彬源译注:《左传》上册,中华书局2012年版,第170页。
③ 王文锦译解:《礼记译解》,中华书局2016年版,第317页。

面的女性气质呢？这是一个值得深究的问题。

二 客观环境与话语建构：对女性气质的负面描述及其产生的原因

先秦女性作为一个群体被人为地局限在一个特殊的环境中，她们身上必定会产生只有在这种特殊环境中才能产生的相似特性——大多恰恰是被社会公认为女性劣根性的相同之处。这种相同之处导致了当时社会对先秦女性气质的负面描述，因为它们大多出现在女性身上而被认定是女性的先天气质。那么，先秦女性是处在一个什么样的具体环境中，才产生了妒、卑、狭、浅这些负面的女性气质呢？这可以分两个方面来说，一是当时女性生活的具体环境，二是男权社会有意的话语建构。

首先来看客观环境是如何对先秦女性的负面女性气质的产生发生作用的。女性的嫉妒可谓是最令男性社会深恶痛绝的女性气质。周代有"七出"之说，《大戴礼记·本命》篇有："妇有七去：不顺父母去，无子去，淫去，妒去，有恶疾去，多言去，窃盗去。不顺父母者，为其逆德也；无子，为其绝世也；淫，为其乱族也；妒，为其乱家也；有恶疾，为其不可与共粢盛也；口多言，为其离亲也；盗窃，为其反义也。"[①] 这是"七出"的名目，嫉妒赫然名列其中。而且在各种版本的七出条目中，其他各项或许还稍有变动，但嫉妒这条却从未被去除过。事实上，不嫉妒也是先秦理想女性气质的内容之一，《礼记》中就多有涉及。《晏子春秋》中也这样的话："妻专其夫，谓之嫉……为妻之道，使其众妾皆得欢忻于其夫，谓之不嫉。"[②] 在这样正面引导和反面恐吓的双重夹击下，先秦女性中为什么还会产生那么多的妒妇呢？这就要从先秦女性生活的家庭环境

---

① 高明注译：《大戴礼记今注今译》，台湾商务印书馆1989年版，第469页。
② 卢守助译注：《晏子春秋译注》，上海古籍出版社2006年版，第76页。

说起。

  一夫多妻在先秦社会是一种很常见的现象,甚至成为一种有明文规定的礼法制度。《礼记·曲礼下》中说"天子有后,有夫人,有世妇,有嫔,有妻,有妾"①,"公侯有夫人,有世妇,有妻,有妾"②,《礼记·昏义》中甚至记载"古者天子后立六宫,三夫人,九嫔,二十七世妇,八十一御妻"③,这加起来一共就有一百二十个之多。不管当时的具体数字究竟是多少,但西周时已有了完整的后妃制度和媵妾制度却是毋庸置疑的。《左传·僖公十七年》中就记载了齐桓公一共有九个老婆,他先娶了王姬、徐嬴、蔡姬三人,都没有生儿子;然后又相继娶了长卫姬、少卫姬、郑姬、葛嬴、密姬、宋华子六人,又都生了儿子。④ 上层贵族的一夫多妻成为定制,下层的百姓也不例外。《孟子》中也有"齐人一妻一妾"⑤ 的说法,而经济条件好些的人家一般也会买妾回家。

  这种多妻的婚姻现象一般被解释为夫家希望能够多子多福、广续香火,但在许多地方却未必说得通。即使在有子或多子的家庭里,男人也并不因为自己已经有了继承人而只娶一个妻子。《韩非子·备内》中是这样解释多妻现象的:

    丈夫年五十而好色未解,女子年三十而美色衰矣。以衰美之妇人事好色之丈夫,则身死见疏贱,而子疑不为后。⑥

  这更是一个可笑但却常常被男人认可的一个借口。先秦的广大女性生活在这样一个妻妾并存的大家庭中,还被公然要求必须"以

---

① 王文锦译解:《礼记译解》,中华书局 2016 年版,第 43 页。
② 同上书,第 46—47 页。
③ 王文锦译解:《礼记译解》,中华书局 2016 年版,第 824 页。
④ 郭丹、程小青、李彬源译注:《左传》上册,中华书局 2012 年版,第 421 页。
⑤ (清)焦循:《孟子正义》,沈文倬点校,中华书局 1987 年版,第 605 页。
⑥ (清)王先慎:《韩非子集解》,钟哲点校,中华书局 1994 年版,第 115 页。

色事人",用自己的尊严来换取同许多人对一个丈夫的分享,这在任何时候都是"是可忍,孰不可忍"的事情。嫉妒之心由此而生,也因而导致了许多妻妾易位的家庭悲剧甚至国家的动乱。

更为重要的是,嫉妒往往不单是由夫妻感情之间的独占特性所引起的,先秦时期妻尊妾卑的社会制度和母以子贵的宗法制继承习俗,也对生活在这种环境下的女性嫉妒的产生起到了强烈的催化作用。《礼记·昏义》中说道:"昏礼者,将合二姓之好,上以事宗庙,而下以继后世也,故君子重之。"① 当时婚姻最重要的目的是有嗣子可以继承男方家的血脉。因此,为了保证家族血脉的延续和家庭内部的稳定,宗法制下的家庭不但鼓励一夫多妻,而且还确立了嫡长子继承制。这就要求必须承认嫡妻的地位和权力,并确保妻尊妾卑原则的贯彻执行,"妻妾的主要区别在于夫与妻或妾结合的方式和妻妾的不同身份及权利"②。而"宗法制的一个关键内容是严嫡庶之辨,实行嫡长子继承制"③,否则便可能会有乱家祸国的变故发生。这种先是"子以母贵"、继而"母以子贵"的宗法继承制,给了一个女人在她所能行动的家庭范围内获取地位和权力的可能性;嫡妻是一个女人作为妻子所能得到的最高地位;嫡母则是她继续保持自己已有地位并进而得到更大家庭权力的保证。当女性完全被排除在社会公共活动之外后,便预示着她能够发挥自己能力、争取自己权力的战场只能在家庭中了。在这个本已狭小的空间中,为了能使自己的儿子成为家族继承人,女人们上演了一幕幕妻妾易位的悲剧,褒姒、骊姬之所以被人们认为是祸国的根源,也在于她们的夺嫡立后。嫉妒由此也成为最令男人们所痛恨的负面女性气质。

不仅如此,"三从"的习俗观念和礼制也将女性牢牢地绑在了男性附庸的位置上,她们不再是一个个具有主体性的人,而是"父亲

---

① 王文锦译解:《礼记译解》,中华书局2016年版,第820页。
② 王子今:《古史性别研究丛稿》,社会科学文献出版社2004年版,第256页。
③ 晁福林:《夏商西周的社会变迁》,北京师范大学出版社1996年版,第362页。

第一章　中国传统"女性气质"的源头建构

的女儿，丈夫的妻子，儿子的母亲"，她们是礼物，是商品，是一个个用男人给自己标记身份的物品，却唯独不是她自己。在先秦的上层贵族社会中，政治联姻是一种常见的现象，甚至成为周代贵族婚姻的主要形式。《左传·桓公十一年》中记载：

> 郑昭公之败北戎也，齐人将妻之，昭公辞。祭仲曰："必取之。君多内宠，子无大援，将不立。三公子皆君也。"①

这里祭仲劝说郑昭公娶妻的主要目的就是获得齐国的"大援"，而昭公最后"弗从"，以致落了个"奔卫"的下场。历史上有名的"秦晋之好"目的大抵也是如此，这也成为秦晋两国多次通婚的明证。《国语·鲁语上》中直说：

> 夫为四邻之援，结诸侯之信，重之以婚姻，申之以盟誓，固国之艰急是为。②

在这里，女性成为国家政治联系的一种手段，婚姻也不再是一种个人的行为。正如恩格斯说的，"结婚是一种政治的行为，是一种借新的联姻来扩大自己势力的机会，起作用的是家世的利益，而绝不是个人的意愿"③。在下层社会中，一般的老百姓娶妻也不是男女二人两相情愿的事情，基本上是男方家庭同女方家庭协商的结果；小妾地位不如妻子，更是摆在市场上可以自由买卖的商品。当女人被物化后，她们便不再拥有像男人一样发展自己全部人性的空间和机遇。先秦女性作为一个整体，她们的这种处境，必然使她们产生

---

① 郭丹、程小青、李彬源译注：《左传》上册，中华书局2012年版，第155页。
② 徐元诰：《国语集解》，王树民等点校，中华书局2002年版，第148页。
③ 马克思、恩格斯：《马克思恩格斯选集》第21卷，人民出版社1995年版，第91页。

卑贱、狭隘和浅薄的负面女性气质。

一方面,先秦时期女性生活的客观环境的确造成其负面女性气质的出现——任何人在这种处境下都会产生的正常反应,被有意地妖魔化,成为所谓的负面女性气质;另一方面,先秦社会的男性还用自己掌握的政治和文化话语权,有意用男权意识形态的话语建构和强化了女性气质的负面因素,以此来让女性彻底臣服于自己的脚下,从而巩固男性统治的长治久安。

先秦诸子中就有许多贬低女性的言论,如孔子的"唯女子与小人为难养也,近之则不逊,远之则怨",这句著名的论断为此后两千多年中国女性身上所谓的负面女性气质定下了基调。《韩非子·八奸》篇中甚至直接将与君主"同床"的女性斥之为八奸之一:

> 凡人臣之所道成奸者有八术:一曰在同床。何谓同床?曰:贵夫人,爱孺子,便僻好色,此人主之所惑也。托于燕处之虞,乘醉饱之时,而求其所欲,必听之术也。为人臣者内事之以金玉,使惑其主,此之谓"同床"。①

既然先秦女性身上有如此恶劣的女性气质存在,那么把女性看作万恶之源便是顺理成章的事情了。《荀子·大略》中有:

> 汤旱而祷曰:"……妇谒盛与?何以不雨至斯极也!"②

连天不下雨这种事情都要和女人联系在一起,似乎要把这笔账算在女人的头上。

在这种情形下,"女祸说"可说是这种男权话语有意建构负面女

---

① (清)王先慎:《韩非子集解》,钟哲点校,中华书局1994年版,第112—113页。
② (清)王先谦:《荀子集解》,沈啸寰等点校,中华书局1997年版,第504页。

性气质的一个极致。《诗经·小雅·正月》说:"赫赫宗周,褒姒灭之。"①《国语·晋语一》中还有这样一段话:

> 昔夏桀伐有施,有施人以妹喜女焉,妹喜有宠,于是乎与伊尹比而亡夏。殷辛伐有苏,有苏氏以妲己女焉,妲己有宠,于是乎与胶鬲比而亡殷。周幽王伐有褒,有褒人以褒姒女焉,褒姒有宠,生伯服,于是乎与虢石甫比,逐太子宜臼,而立伯服。太子出奔申,申人、鄫人召西戎以伐周,周于是乎亡。②

本来毫无人生自主权的女子们只是被当作战败求和的礼物送出去的,却要在这里独自承担亡国的罪责。男人们似乎只能眼睁睁地看着女人亡掉自己的国家:在当时不能有所作为,选择了集体沉默;之后却大放厥词,说什么"哲夫成城,哲妇倾城。懿厥哲妇,为枭为鸱。妇有长舌,维厉之阶。乱匪降自天,生自妇人"③,把一切罪责推在一个个女子身上——"桀蔽于妹喜、斯观而不知关龙逄,以惑其心而乱其行;纣蔽于妲己、飞廉而不知微子启,以惑其心而乱其行……此其所以丧九牧之地而虚宗庙之固也"④——让天下人都认为正是女人造成了这一切恶果,而女人身上这种强大的破坏力恰恰源于她们生而有之的负面女性气质。这种有意歪曲、颠倒是非的男权话语对女性负面气质的建构可谓登峰造极,在女性几乎集体失语的先秦时代,女人们也只能听任这种说法,而无从为自己辩解。

先秦男权社会以负面女性气质为理由,一方面让女性承认自己的低劣,甘于处在男人之下的位置;另一方面,又可以动员全社会的力量来防范可能出现的"女祸"后果,把女性更好地关在家门之

---

① 程俊英、蒋见元:《诗经注析》,中华书局1999年版,第568页。
② 徐元诰:《国语集解》,王树民等点校,中华书局2002年版,第250页。
③ 程俊英、蒋见元:《诗经注析》,中华书局1999年版,第923页。
④ (清)王先谦:《荀子集解》,沈啸寰等点校,中华书局1997年版,第388页。

内，彻底剥夺她们对社会公共事务的发言权和处置权。这与构建先秦理想女性气质的目的不谋而合，是同一事物的两个方面。但是，先秦女性身上所体现出的负面女性气质却并非生而有之，它的产生与女性所处的受到限制的客观环境密切相关，男权意识形态的话语又强化社会认可了这种负面女性气质的存在，并且反过来认为负面女性气质导致了女性生来不如男人、应该为男人服务的自然现实。这只是一种因果倒置的说法。

三 女性气质的负面建构及对两性的双重束缚

先秦负面女性气质的出现是当时男权社会对女性气质的又一重建构，它不仅是理想的反面，而且严重损害了女性的形象，也成为男权社会对女人"妖魔化"并由此形成"女祸说"的重要依据。先秦女性因此生活在一个受男性歧视的环境中，被重重大门禁锢在深深庭院中，彻底丧失了进入社会参与公共事务活动的机会和权利，同时也被剥夺了同男性一样发展自我的机会和途径。在先秦社会中，女性不复作为一个社会人存在，毋宁说她们是被男性社会集体看护的婴儿——失去了男人的庇护，没有自立能力的女人便无法生存下去——而这，也正是先秦男权社会想要达到的目的。

先秦负面女性气质不但限制了女性的发展，而且对男性的生活也产生了严重束缚。一方面，女性身上这些负面的女性气质本身会造成男性生活的混乱，如妒妇的飞短流长不但使得家国不宁，妻妾易位的后果也常常是乱政亡国的开始；另一方面，先秦负面女性气质的存在，让女性在一定程度上成为其负面女性气质的代名词，女性因而受到整个社会的歧视。在这种对女性歧视的整体环境下，先秦的男性们为了使自己在这场两性相争的战争中得到最大化的利益，就要尽可能地将自己同女性区分开来，因此只能主动或被动地摒弃自身所有或可能会被认为是女性气质的东西，其中当然也包括了理想女性气质中符合人的全面发展的那部分理想人格气质的属性。男人因此被迫只能是孔武有力的、英勇好战的，但凡流露出一些自然的感情，或者对儿女表现出温柔的疼爱，甚至只是外表好看一些都会被讥笑为像妇人。在这样的社会生活环境中，理想男性气质的内涵也渐渐发生了变化，男人们也不再朝着《论语》所体现出的理想人格气质方向努力。先秦的男权社会没有料到，在他们束缚和禁锢女人的同时，男人们也一步步失去了自己自由发展为全面的人的机会。

第四节　先秦女性对"理想"女性气质的突破

先秦理想女性气质和负面女性气质，都可以说是女性的外部环境客观上对女性气质有意或无意建构的结果——它们是同一件事物的两面，是同一种处境中所产生的两种并存的结果。但是先秦的女性们并非任人揉搓的橡皮泥，她们毕竟也是一个个有血有肉的活生生的人。"人类有机体的内部存在着某种主动发展的趋向，这种趋向从内部促使其发展，直至本人的才能得到充分发挥"[1]，凡是人，就总会具有人的这种主动积极寻求发展的主体性。当这种主体性被强行剥夺的时候，人就会表现出自己的反抗性，甚至可以说，有些负面女性气质的产生本身就是女性反抗理想女性气质束缚的结果。先秦女性作为人类一员，并不愿意接受这种社会强加给她们的命运，也不甘心低男人一等、任人歧视。因此，她们充分发挥了自己的主观能动性，选择了从正面突破男权社会强加给自己的理想女性气质限制，并在这种突破中努力寻找自身的主体性。

一　女性对理想女性气质的突围

在当时人们的观念中，具有理想女性气质的女子在男女双方的

---

[1]　[美]贝蒂·弗里丹：《女性的奥秘》，巫漪云、丁兆敏、林无畏译，江苏人民出版社1988年版，第369页。

婚恋关系中，都应该是处于被动等待追求的位置，无论结婚还是离婚，主动权和优先权都掌握在男人的手中，女人只有接受的权力。如《墨子·公孟》中说的：

> 譬若美女，处而不出，人争求之。行而自炫，人莫之取。①

这是在告诫女孩子们，作为一个女子，她只有耐心在家中等候命运之神的垂青，才会最终赢得男人们的心，得到美满的姻缘；如果女孩子太主动了，先去追求男子或是想要通过炫耀自己的美丽来引诱男子追求自己，就会吓跑所有的男人，而落得一个"人莫之取"的悲惨下场。

但即使在这样的社会大环境下，依然有许多女子不甘心自己的终身大事被人摆弄、只能听凭"父母之命""媒妁之言"的被动命运，她们竭力挣扎，直接对自己所处的不利处境发起了抗争。这种主动性的抗争表现在婚恋问题上就是女性的"来奔"和对丈夫的主动离弃。如《左传·昭公十九年》中：

> 楚子之在蔡地，郧阳封人之女奔之，生太子建。②

《国语·周语上》中也有相似的记载：

> 恭王游于泾上，密康公从，有三女奔之。③

《左传·昭公十一年》中更是详细记载了一个女子如何主动追求自己婚姻幸福的故事：

---

① 孙诒让：《墨子闲诂》，孙启治点校，中华书局2001年版，第450页。
② 郭丹、程小青、李彬源译注：《左传》下册，中华书局2012年版，第1868页。
③ 徐元诰：《国语集解》，王树民等点校，中华书局2002年版，第9页。

孟僖子会郑庄公，盟于祲祥，修好，礼也。

泉丘人有女，梦以其帷幕孟氏之庙，遂奔僖子，其僚从之。盟于清丘之社，曰："有子，无相弃也。"僖子使助薳氏之簉。反自祲祥，宿于薳氏，生懿子及南宫敬叔于泉丘人。其僚无子，使字敬叔。①

以上这些女子的相同点都是渴望把命运抓在自己的手中，获得一份自己可以争取到的幸福生活。但是在那个"聘则为妻，奔则为妾"② 观念已渐渐深入人心的时代，这些主动追求幸福的女子因为违背了理想女性气质所应具有的被动性，常常会陷入悲惨的境遇，并被周围舆论所唾弃。上文里那三个主动奔向密康公的女子，就因此遭到了未来婆婆的强烈反感，她们最后虽然被密康公留下了，相信等待她们的也必将是"卑妾"的命运。而那位即使在今天看来也颇为大胆的泉丘女，深知自己这种做法有着极大的风险性，竟不得不利用社会上"母以子贵"的观念，以"有子"为盟。这是泉丘女聪明的体现，但更多的则是当时这个社会中身为女子的悲哀与无奈。

先秦女性在婚姻问题上的主动性还表现在她们对丈夫的主动离弃。如果说女性对幸福生活的主动追求会遭到当时人们的鄙夷，最后也不过是落个"奔则为妾"的下场；那么，女性对丈夫的主动离弃却在根本上为当时的社会所不容。在当时，人们承认的是丈夫可以对妻子行使"出""召"的权力，做妻子的只能被动接受；一旦有哪位妻子胆敢冒天下之大不韪主动离弃丈夫，往往会带来不可预知的后果。如《左传·隐公二年》中就有这样的例子：

---

① 郭丹、程小青、李彬源译注：《左传》下册，中华书局2012年版，第1740页。
② 王文锦译解：《礼记译解》，中华书局2016年版，第358页。

> 莒子娶于向，向姜不安莒而归。夏，莒人入向，以姜氏还。①

当时贵族女性的主动离弃常常会带来两国的交战，最后这种离弃还是不得成功。丈夫的权力至高无上，妻子在这种单方面的强权压迫之下，往往会爆发出极大的反抗性来。如《左传·成公十一年》中记载的这样一个故事：

> 声伯之母不聘，穆姜曰："吾不以妾为姒。"生声伯而出之，嫁于齐管于奚，生二子而寡，以归声伯。声伯以其外弟为大夫，而嫁其外妹于施孝叔，郤犨来聘，求妇于声伯。声伯夺施氏妇以与之。妇人曰："鸟兽犹不失俪，子将若何？"曰："吾不能死亡。"妇人遂行。生二子于郤氏。郤氏亡，晋人归之施氏。施氏逆诸河，沈其二子。妇人怒曰："己不能庇其伉俪而亡之，又不能字人之孤而杀之，将何以终？"遂誓施氏。②

声伯之妹这种对不幸命运的抗争，是在环境的逼迫下最后忍无可忍才爆发出来的。她的满腔悲愤既是对男权社会任意压迫女性的控诉，又是其自身主动性气质的一次展现。

先秦女性对理想女性气质的突围，不仅表现在她们中的一部分在婚姻离合上的由被动变主动，还表现在一些女性突破了理想女性气质加在她们身上的恭顺和柔弱的一面，展现出了自己身上被压抑的好强和勇武的气质。这是向男性理想气质的靠拢，也是对自身存在的理想人格气质的全面发掘。这一部分女性想要通过努力改变套在自己身上的既定社会性别角色，以此为突破口，从

---

① 郭丹、程小青、李彬源译注：《左传》上册，中华书局2012年版，第22页。
② 郭丹、程小青、李彬源译注：《左传》中册，中华书局2012年版，第961页。

而改变自己被动无权的处境，达到对男权社会的反抗和使自身处境得到改善的目的。在这个过程中，她们充分显示出女性身上完整人性气质被压抑的那一面，表现出与理想女性气质完全不同的好强与勇武一面。这具体表现在上层贵族女性的干政以及女性入伍当兵之中。

在先秦时期，虽然并没有出现过一个如武则天和慈禧那样完全把握国家政权的女性，但反对"牝鸡司晨"的男性呼声却不绝于耳。这也从一个侧面反映出，上层贵族女性们利用自身所处的有利地位试图干预国政的企图从未间断过。当然，这时女性的干政大多集中在为自己儿子夺取继承权的宫廷斗争中。

这些女性不但在干政的过程中表现出自己好强争胜的类于男性气质的一面，而且还充分发挥出非凡智慧和杰出政治才能，打破了女子智不如男的迷信。如《左传·成公十四年》载：

> 十四年春，卫侯如晋，晋侯强见孙林父焉。定公不可。夏，卫侯既归，晋侯使郤犨送孙林父而见之。卫侯欲辞，定姜曰："不可。是先君宗卿之嗣也；大国又以为请，不许，将亡。虽恶之，不犹愈于亡乎？君其忍之！安民而宥宗卿，不亦可乎？"卫侯见而复之。①

先秦女性在参军入伍的军事行动中，同样表现出了同男性气质相类的勇武一面。最著名的先秦女将当属商王武丁的妻子妇好，近代学者的研究表明她当时拥有很大的兵权，可见女性在军事领域并非如后世所言的一无是处。但是，在妇好之后，先秦时期便鲜闻女性军事将领，女性即便入伍，也基本只是作为普通士卒。如《墨子·号令》篇中说：

---

① 郭丹、程小青、李彬源译注：《左传》中册，中华书局2012年版，第985页。

丁女子，老少人一矛。①

这里的女性身为女兵也和男兵一样直接参与了战争。随着先秦社会中男女两性性别区分的成熟定型，女性参战的主要作用也渐渐与男性兵卒分开，《墨子·旗帜》篇中说：

守城之法：……女子为梯末之旗。②

《史记·田单列传》中也说道：

田单知士卒之可用，乃身操版插，与士卒分功，妻妾编于行伍之间，尽散饮食飨士；令甲卒皆伏，使老弱女子乘城。③

这充分说明了女性的入伍当兵不但不再担当作为统帅的重要职责，而且其具体的军事任务也逐渐脱离冲锋陷阵，而是转入了诸如守城、飨士之类的后勤工作，这也符合社会对她们的理想女性气质所适合工作的期望。但无论如何，女性的入伍参军还是在客观上表现出了她们身上的勇武气质，这也在一定程度上打破了女性天生柔弱的男权话语。

总之，先秦女性在上述行动中表现出了她们对先秦理想女性气质的突破，这使得女性天生柔弱被动的说法不攻自破。当然，我们也必须看到，先秦女性对其理想女性气质的突破并非都是主动和有意识的自觉行为，一部分是由于先秦时期原始遗风的延续，另一部分是客观环境的逼迫所引起的。但不管怎样，她们在这个过程中所表现出的主动争强的勇武气质，客观上形成了对先秦理想女性气质

---

① 孙诒让：《墨子闲诂》，孙启治点校，中华书局2001年版，第592页。
② 同上书，第579—580页。
③ （汉）司马迁：《史记》，中华书局1959年版，第2455页。

的突围。

二 "熬成婆"——向理想人格气质的努力回归

如果说女性的干政和入伍在某种程度上是受到社会环境和自身处境的影响，客观上表现出了对先秦理想女性气质的突破；那么，"多年的媳妇熬成婆"则是所有先秦女性的梦想，这也是她们能够发挥主观能动性、自觉突破理想女性气质桎梏的最好行动。在这场行动中，家庭是她们的根据地，儿子是每一位母亲手中的王牌。先秦女性主动追求"婆权"，想要通过对这种真正属于女人的权力的掌握，达到向完满的理想人格气质回归的自我价值实现。

先秦时期，女性被一步步有预谋地排斥在社会公共活动之外，禁锢在家庭生活之中。她们无力与强大的整个男权社会抗衡，却又不甘心忍受理想女性气质的社会规范对其人性全面发展的压抑和束缚。先秦时期特殊的男外女内的分工原则和家国同构式社会稳定的需要，使家庭内政也成为社会稳定和发展不可或缺的一环。这就让家庭成为女性的地盘，这是先秦女性唯一有可能享有权力并在一定程度上把男性排斥在外的地方，正所谓"外言不入，内言不出"。《国语·吴语》中就记载了越王勾践与夫人内外分治、各掌分内之事的明确分工：

> 王乃入命夫人。王背屏而立，夫人向屏。王曰："自今日以后，内政无出，外政无入。内有辱，是子也。外有辱，是我也。吾见子于此止矣。"王遂出，夫人送王，不出屏。①

《左传·昭公二十五年》中也说：

---

① 徐元诰：《国语集解》，王树民等点校，中华书局2002年版，第558页。

为君臣上下，以则地义；为夫妇外内，以经二物。①

这种内外明确的夫妇分工，以及先秦时期家庭内部事务对社会经济政治稳定发展的重大作用，给了女性在家庭中重要的地位，所以男子娶妻的重要性才会一再被强调。《礼记·昏义》中说：

昏礼者，将合二姓之好，上以事宗庙，而下以继后世也。②

并对此进行了详细的阐述：

敬慎重正而后亲之，礼之大体，而所以成男女之别，而立夫妇之义也。男女有别而后夫妇有义，夫妇有义而后父子有亲，父子有亲而后君臣有正。故曰：昏礼者，礼之本也。③

对婚礼的重视也突出了一家之主妇的重要地位，所以孔子才会说：

昔三代明王之政，必敬其妻子也有道。妻也者，亲之主也，敢不敬舆？④

因此，先秦女性能够充分发挥主体性突破理想女性气质束缚，并努力追寻自我价值实现的理想场所非家庭莫属。由于女性受着"未嫁从父，既嫁从夫，夫死从子"的礼制约束，先秦女性在家庭中的权力总是以自己对父亲、丈夫和公婆的恭敬孝顺为先决条件的。

---

① 郭丹、程小青、李彬源译注：《左传》下册，中华书局2012年版，第1967页。
② 王文锦译解：《礼记译解》，中华书局2016年版，第820页。
③ 同上书，821页。
④ 同上书，第658页。

但是宗法社会和家庭中所提倡的以孝为核心的母子关系,使身为母亲的女性能够以此为突破口,用孝的名义获得自己儿子的最大支持,从而把持家政大权。《诗经·小雅·蓼莪》中说:

> 哀哀父母,生我劬劳……哀哀父母,生我劳瘁……父兮生我,母兮鞠我,拊我畜我,长我育我,顾我复我,出入腹我,欲报之德,昊天无极。①

这种要求对母亲报恩和孝顺的提倡,让母亲的奉献最终以儿子所能带给她的荣誉和权力,作为对母亲的最高报酬和补偿。这样,婆婆就成为先秦女性所能获得的光明正大的最高身份,"媳妇熬成婆"也成为众多女性的共同追求。

由此看来,母亲今后地位的高低和权力的大小完全与自己儿子的地位成正比。因此,为了自己的将来和后半生,上至宫廷下至家族才上演了一幕幕为儿子争夺继承权的大大小小的家庭纷争。母亲通过儿子家长的关系,能够掌握家族内部所有女眷的命运。可以看出,这种婆权对家族内部媳妇辈女性的统治与有着严格上下尊卑秩序的国家统治结构相仿。在这种对婆权的运用和对家政的治理上,先秦女性得以展露出她们被压抑的那一部分理想人格气质,可以充分发挥着被认为是只有男人才具有的才干和智慧。因此,先秦女性在对婆婆地位的追求中所作出的所有努力,都是对先秦理想女性气质的挑战;她们在行使婆权的过程中所展现出的主动进取精神和聪明才智,都是向理想人格气质的回归,并且是一种为达到自身人生完满的不懈努力;在相对独立的家庭中,家政成为女人的真正事业。

三 对男权的强烈依附

从前文的论述可知,先秦女性在现实生活中,可以部分的突破

---

① 程俊英、蒋见元:《诗经注析》,中华书局1999年版,第626—627页。

先秦理想女性气质对自身的束缚,以反抗男权社会对自己的压制。在这个过程中,她们充分显示了自己的主观能动性,并积极追求同男性平等的发展机会和社会环境。但是,我们必须看到,在当时的具体条件下,女性对社会理想女性气质的主动突破是通过依靠男性的权力来实现的,或者说女性获得的权力只是分享了身边男性尊者的部分权威。这主要是由当时社会环境中女性对男性的依附性造成的。先秦女性在习俗与礼制中都没有自己的独立地位,她们的命运是与周围的男性紧紧联系在一起的。

先秦女性没有自己独立的人身权:在家她属于父亲;出嫁后属于丈夫;在丈夫死后又归属于儿子。《仪礼·丧服》中把这种女性对男性的依附关系说得十分清楚:

> 其夫属乎父道者,妻皆母道也;其夫属乎子道者,妻皆妇道也。[1]

女性的地位同丈夫的地位相对应,可谓"一荣俱荣,一损俱损"。正因为女性的尊卑与丈夫的尊卑同等,所以才有了"天子之妃曰'后',诸侯曰'夫人',大夫曰'孺人',士曰'妇人',庶人曰'妻'"[2]的不同,不同的地位有着不同的称呼。所以女性自己本无尊贵的身份,她们必须作为丈夫社会地位和身份的附庸来给自己定位。《礼记·郊特牲》中有"故妇人无爵,从夫之爵,坐以夫之齿"[3]的说法,《礼记·杂记》中也谈道:"凡妇人,从其夫之爵位。"[4] 当丈夫不幸亡故后,女性就要丧失由丈夫带

---

[1] 《周礼·仪礼》,崔高维点校,辽宁教育出版社1997年版,第70页。
[2] 王文锦译解:《礼记译解》,中华书局2016年版,第46页。
[3] 同上书,第318页。
[4] 同上书,第522页。

给她的一切权力，所谓"舅没则姑老"①，这时她们便只能依靠自己的儿子了。

所以前文中所述先秦女性对理想女性气质束缚的成功突破，无不依靠着分享男性的权力来实现。妇好能够掌握军权是由于武丁对她的宠爱；太后们能够干政是凭借丈夫或儿子的君主地位；而那些成功升任为一家之女主的婆婆们，则无不倚仗着自己儿子的家长身份。因此，总的说来，先秦时期能够主动而又成功突破理想女性气质束缚的女性只占极少的一部分，即使这一部分女性还必须依靠父权的支持，否则便不能实现自己的权力。

对于绝大多数的女性来说，其自身对男权的强烈依附不仅仅是让她们分享到了男人的荣耀和地位，她们经常还要承担着丈夫无能所带来的不幸。《孟子·离娄下》中就有这样一个故事：

> 齐人有一妻一妾而处室者，其良人出，则必餍酒肉而后反。其妻问所与饮食者，则尽富贵也。其妻告其妾曰："良人出，则必餍酒肉而后反；问其与饮食者，尽富贵也，而未尝有显者来，吾将瞷良人之所之也。"蚤起，施从良人之所之，遍国中无与立谈者。卒之东郭墦间，之祭者，乞余食；不足，又顾而之他——此其为餍足之道也。其妻归，告其妾，曰："良人者，所仰望而终身也，今若此……"与其妾讪其良人，而相泣于中庭……②

即使如文中这样无用的男子，也是妻子所仰望终身的。可见当时女性对男性的人身依附到了怎样一种程度。对于不幸遇到这种丈夫的女性来说，既不能凭借丈夫的力量来支持自己，便也失去了寻

---

① 王文锦译解：《礼记译解》，中华书局2016年版，第334页。
② （清）焦循：《孟子正义》，沈文倬点校，中华书局1987年版，第607页。

求自身人格气质完满的出路。

因此，我们可以说，归根到底，先秦女性对理想女性气质的突破离不开对男权的强烈依附。同时，也应当看到，无论是太后干政还是婆婆掌权，这些女性在成功获取权力之后，她们身上所表现出来的那种不同于理想女性气质的特性，并不是真正的对理想人格气质完整性的自觉追求。她们更多的是以家族的身份来代男人行事，甚至刻意地压抑自身原有的女性气质来向男性积极地靠拢，以此来证明自己也具有同男人一样的能力。这也是男权大行其道之时所不可避免的。但是，我们不能因此便否认先秦女性在突破自身性别气质桎梏中所作出的个人努力。因为，她们的这种努力不但在客观上形成了对先秦理想女性气质的突围，也为后世一代代不满自身第二性地位的广大女性寻求性别解放之路开了先河，成为女性追求自身主体性的榜样。

综上，在漫长的先秦时期，中国女性身上所具有的传统女性气质萌芽、发展并最终定型，影响了中国后世数千年乃至如今。我们可以得出这样一个结论，作为后世中国传统女性气质源头的先秦女性气质，是在当时男权社会所建构的理想女性气质，以及由女性所处的现实处境所产生的负面女性气质两个方面的共同作用和影响下形成的。正如波伏娃在其名著《第二性》中所说的那样："女人并不是生就的，而宁可说是逐渐形成的。"[1] 中国女人也是被所谓的女性气质塑造成了一个女人，而不是生来就是一个女人。中国女人身上所谓的女性气质，也是由中国传统社会文化建构出来的。

但中国的广大女性并非如人们常常想的那样，是全然被动的第二性和一个只能受压迫的可怜角色。从先秦开始，中国女性身上便存在着一种主动积极的追求自我的精神和气质。虽然在当时的社会

---

[1] ［法］西蒙娜·德·波伏娃：《第二性》，陶铁柱译，中国书籍出版社1998年版，第1页。

现实下，这种精神显得渺小和不引人注目，但它却一直存在着，并时刻寻求着自己发展壮大的契机。这也成为我国广大女性今天解决性别问题的一个重要资源和传统。

同西方的女性解放相比，我们还有着自己的特殊优势。中国的传统文化提供了一个现成的完美人性范式，更为重要的是在这个范式中没有把所谓的女性气质排除在外，所以中国女性不需要再创造一个完美的标准来抵制男性气质的标准，中国女性所要做的，只是争取一个让她们可以像中国男性一样自由发展自己完满个性的环境和世界。

但有一点不容忽视，先秦时期中国女性的女性气质的成熟和确立过程，也是中国传统文化中理想人格气质分裂的过程。在这个过程中，不但女性的人格发展受到压抑和束缚，被剥夺了发展理想人格气质中阳刚主动的那一面；男性的理想气质内涵也因此发生了变化，不再等同于"君子"的完满理想人格气质。在先秦女性气质的逼迫下，不但女性成为一个缺失的人，男性也渐渐地变成了缺失了另一半的人：女性被排斥在社会文化之外，男性的发展则受到严重的限制。

因此，中国女性追求男女两性性别平等的道路应该是男女两性的双重解放过程。男人和女人的目标在这里达成了一致，即成为孔子思想中所论述的具有理想人格气质的完整的社会文化人——尽性之人，最终达到马克思所说的"全面发展的人"。

第 二 章

大众传媒女性身份建构及其解构策略

西蒙娜·德·波伏娃在其女性主义名著《第二性》中指出：女人不是天生就是女人的，而是变成女人的。这个提法代表了女性主义对生物决定论的传统性别观念的反省。

人类基于生理差异形成了性别，这是生物学上的区分。传统观念正是以男女两性的生物特性决定生存状态的本质论以及传统哲学对事物采取二分法的分析方法，造成了女性与男性的二元对立，以及男性对女性长达数千年的统治。生物决定论和二元体系的划分表现在人类社会的各个领域。亚里士多德就认为，在所有生物中，"雄性更高贵，而雌性则低贱一些，一者统治，一者被统治，这一原则可以适用于所有人类"[1]。这种衡量标准可以在更加广阔的社会中发现的性别歧视的结构中再现。据此，我们可以列出一组互相对立的观念，如男性特征常常被归结为"精神的、理性的、勇猛的、富于攻击性的、独立的、理智的、客观的、擅长抽象分析思辨的"，而女性特征则被归结为"肉体的、非理性的、温柔的、母性的、依赖的、感情型的、主观的、缺乏抽象思维能力的"[2]。无论哪种划分，较为

---

[1] 苗力田主编：《亚里士多德全集》（第9卷），中国人民大学出版社1995年版，第11页。

[2] 李银河：《女性权力的崛起》，中国社会科学出版社1997年版，第187页。

低级、劣等的一边是属于女性的,而正面的、高等的一边则非男性莫属。反言之也同样成立。本质主义性别观念先将男女两性按生理特征截然两分,再用二元对立法将这种分工固定,将女性特征归为其结果,必然造成女性对男性的依附,同时把这种依附视为正常与自然。

因此,女性主义致力于女性生命状态的主体化和多元化,"所谓妇女解放,就是让她不再局限于她同男人的关系,而不是不让她有这种关系"①。波伏娃的观点鲜明地体现了社会性别的社会性大于生理性,从而为女性性别身份如何建构的问题指明了方向。本章拟从女性主义社会性别理论的研究角度出发,揭露当代社会文化的重要载体——大众媒介在建构女性性别身份的过程中所起的巨大作用,并尝试寻找一种解构其意识形态力量的方式。

第一节 性别与大众媒介的关系

一 社会性别理论

女性主义对生理性别与社会性别的划分有力地挑战了女性天生是劣等性的传统观念。社会性别的英文原词为"gender",与生物类别的性别"sex"概念相区别,"是指男女两性在社会文化的建构下形成的性别特征和差异,即社会文化形成的对男女差异的理解,以及在社会文化中形成的属于男性或女性的群体特征和行为方式"②。既然社会性别是人在成长过程中逐渐培养成的,那么,社会性别和生理性别就不一定是一致的,社会性别不是先天的、自然的和不可更改的。正如波伏娃指出:"不论是历史现实还是事物本性,实际上

---

① [法]西蒙娜·德·波伏娃:《第二性》,陶铁柱译,中国书籍出版社1998年版,第826页。

② 郑新蓉、杜芳琴主编:《社会性别与妇女发展》,陕西人民教育出版社1999年版,第12页。

都不是一次性给定的，因而不是固定不变的。"[1]

　　社会性别理论瓦解了二元对立的根源生物决定论，论证了两性社会性别形成主要是社会建构的结果，从而揭示了女性受压迫的真正根源。女性主义将社会性别作为分析范畴，从社会建构性别的立场出发，质疑自然科学和人文科学各个领域对女性的假定和偏见，对存在于现行社会中的种种所谓客观、中立、天然的规范、事物、学科进行了再认识，对传统的意识形态观念和预先设置的传统学科展开了批判和挑战。由于在中国一提到性别都知道是社会性别，没有像西方对"sex"和"gender"那么大的区别，所以本章中单独用"性别"时均指社会性别。

　　在女性主义者那里，社会性别研究着重于分析人的自然属性是如何被社会性别的意识形态所建构的。在她们看来，大众媒介对性别身份的描述成为一个具有重大社会、政治及经济意义的问题。在当代社会，大众媒介与社会观念和事实密切相关的现状，支持、加剧并再现了等级社会文化中的社会性别的分离以及对女性的性别偏见。研究者发现，"媒介——以及家庭——起着社会化的代理人的作用，专门把适当的性别角色教给孩子们，并象征性地对相应的行为进行奖励……这使人想到媒介使性别角色的陈规长久存在，因为他们反映了主导的社会价值标准，也因为男性媒介生产者受到了这些陈规的影响"[2]。作为"第四权力"，媒介通过选择和建构社会知识和社会影像对性别身份的形成发挥越来越重要的作用。

二　媒介与性别

　　一般来说，"媒介是一种能使传播活动得以发生的中介性公共机

---

[1]　[法] 西蒙娜·德·波伏娃：《第二性》，陶铁柱译，中国书籍出版社1998年版，第826页。

[2]　[英] 多米尼克·斯特里纳蒂：《通俗文化理论导论》，阎嘉译，商务印书馆2001年版，第201页。

构。具体点说，媒介就是拓展传播渠道、扩大传播范围或提高传播速度的一项科技发展"①。而大众媒介或大众传播媒介是在20世纪20年代广播电台出现后才有的一个名词，"指的是在传播途径上有用以复制和传播信息符号的机械和有编辑人员的报刊、电台之类的传播组织居间的传播渠道，具体分为印刷媒介（报纸、杂志和书籍）和电子媒介（电影、广播和战后才出现的电视）"②。现代社会中，媒介是社会文化的重要载体，也是具有潜在的、大范围的社会影响力和建构力、具有再现与建构功能的社会组织。

现代媒介的首要文化功能，便是选择建构社会知识和社会影响。社会性别来源于社会文化建构，大众媒介作为国家上层建筑的构成部分，不仅再现了社会性别的状况和地位，反映了社会的价值取向和意识形态，同时也参与了性别的建构过程。"媒体文化的产物并非天真无邪的娱乐而已，而是与政治修辞、斗争、议事日程以及政策等联系在一起的彻头彻尾的意识形态的产物。鉴于其政治性的意味和影响，学会以政治的角度来读解媒体文化，从而破译其意识形态的含义和效应，就是很重要的事情。"③

从性别的立场和视角考察媒介传播可以发现，媒介对男性和女性呈现的频率和方式有着较大的差别，"在大多数国家，大众传媒并没有用均衡的方式描绘妇女在不断变化的世界中对社会的贡献，相反，宣传报道的往往是妇女的传统角色，或有关暴力、色情等行为。这样的传媒对妇女及其参与社会带来的是负面的影响"④。大众传播

---

① ［美］约翰·费斯克等编撰：《关键概念：传播与文化研究词典》（第二版），李彬译注，新华出版社2003年版，第161页。
② ［美］威尔伯·施拉姆、威廉·波特：《传播学概论》，陈亮、周立万译，新华出版社1984年版，第2页。
③ ［美］道格拉斯·凯尔纳：《媒体文化：介于现代与后现代之间的文化研究、认同性与政治》，丁宁译，商务印书馆2004年版，第159页。
④ 王淑贤：《〈行动纲领〉中12个重大关切领域简介》，《妇女研究论丛》1996年2月。

中的两性地位存在着严重的失衡。

媒介中的两性形象和两性关系既是对现实社会生活中性别分工和性别关系的写照，同时也对女性的生存与发展产生了深刻的影响。社会性别分析将社会的运行和其"意识形态国家机器"，如大众媒介、父权制度中女性的从属地位相联系，检验媒介中的主体建构方式和话语权力，力图揭示出媒介潜在鼓励女性默认父权社会结构中的从属地位的本质。"女性主义分析要求我们把研究同资产阶级主导意识形态有关的媒介运作方式，扩大到研究它们在一种父权制文化中如何起作用，在其中得到'偏爱'的各种意义属于一种男性话语……关键问题于是就成了：在生产和再生产的父权制社会关系和两性关系中，'女性'的媒介形象和表现是如何建构的？"① 除此之外，本章还希望尽量回答这样一些问题：大众传媒在文化体制运作中扮演了什么角色？文本意义的生产如何受制于现行的权力体制？传媒如何将统治阶级的利益再现为"普遍的利益"？主流的媒体如何排斥、压抑非主流的声音？从属阶级如何利用传媒来建构自己的文化？

第二节 大众媒介对女性性别身份的建构

大众传媒既是人类社会化过程的重要工具，同时还是建构性别角色的重要工具。媒介对女性呈现的频率、方式，对女性题材的遴选、报道的角度都在潜移默化地对人们的态度、观念和行为产生影响。

一 女性在媒介中的形象显现——"被歪曲"

我们生活在许多无形的"引力场"中，意识形态是其中较为突

---

① ［英］多米尼克·斯特里纳蒂：《通俗文化理论导论》，阎嘉译，商务印书馆2001年版，第219页。

第二章　大众传媒女性身份建构及其解构策略　✳✳　53

出的一个，也是尤为重要的一个概念。意识形态本身在诸如性别、种族和阶级等领域里形成了一种抽象和区分的系统，在构造"正当"和"不正当"的行为间的分界线时，——在这些领域里打造等级，而这些又是以所谓的优越性或天生的事物秩序等来为某一性别、种族和阶级对其他性别、种族和阶级的统治作辩护的。"意识形态中的二元对立植根于某种不平等的力量所构成的敌对体系中，是用来使较为强大的势力的特权和统治合法化。意识形态中的'规范'通常是白人的、男性的和上层阶级的，它用来诋毁和统治有色人种、女性和工人阶级中的个人等。"① 意识形态使不平等和服从统治等变得天经地义了，而且诱使人们满足于各种统治关系。

　　结构主义马克思主义者阿尔都塞致力于发现现代社会中人们为何会主动地配合意识形态的牵引。"人们在意识形态中所表达的，不是他们与生态环境之间的关系，而是他们实践他们与其生存环境之间的关系。这就意味着有两种关系：一种是现实关系，另一种是'假想的''生存'关系。意识形态……是人与其'外部世界'之间关系的体现，即，它体现了人与其现实生存环境之间的现实和假象关系（多元决定的）统一性。"② 阿尔都塞对于意识形态的第二个定义，即个人同他所存在于其中的现实环境的假想性关系的再现，具有重要的意义。只不过，在这里意识形态不再仅仅被看作一种思想体系，而且还被看作是通过各种意识形态国家机器实践和生产活动再生产出来的一种物质实践——各种仪式、风俗习惯、行为方式以及以实践形式表现出来的思维方式：教育、宗教、家庭、政治、传媒、文化工业等。对他来说，意识形态不只是我们头脑中的一套信念，也不只是记录在典籍中的教义，也不只是政府的大喇叭每天呼

---

　　① ［美］道格拉斯·凯尔纳：《媒体文化：介于现代与后现代之间的文化研究、认同性与政治》，丁宁译，商务印书馆2004年版，第106页。
　　② ［英］约翰·斯道雷：《文化理论与通俗文化导论》，杨竹山、郭发勇、周辉译，南京大学出版社2001年版，第160页。

喊的东西，它还是操控我们每天实践活动的中枢。"意识形态的这种意识形态再现本身不得不承认，每一个具有一种意识、相信他的'意识'唤醒着他让他自由地接受的'这些观念'的'主体'，一定'根据他的观念行事'，因此一定把他自己作为一个自由主体的观念刻画到他的这些物质实践的行动里头。"①

通过以上分析，我们应该能发现，意识形态的核心概念是虚假的主体概念。只有通过主体的范畴及其作用，意识形态才能达到目的。这又是一种辩证法："意识形态本身是被主体这一范畴建构出来的，但它反过来把个人塑造成主体。"② 那么，意识形态到底如何建构主体呢？集中体现这一点的是阿尔都塞对主体性的研究。阿尔都塞认为："一切意识形态都是通过主体范畴的作用，把具体个人呼叫或建构成具体主体的。"③ 我们可以这样理解阿尔都塞的观点，主体意识或"我"的意识是被召唤出来的，而人一旦确认了自己的主体身份，便会主动采取与主体身份相符的行动。特定的再现系统也向我们发出它深沉的"召唤"，从而将我们"再造"成一个特定的"我"，一个可以被某个权力关系、再现系统接纳的"我"。同时他指出，意识形态对人的控制并不是公开的，而是隐蔽的，我们内化了意识形态。"个体被询唤为（自由的）主体，以后他将（自由地）屈从主体的诫命，也就是说，他将（自由地）接受他的臣服地位，即他将'完全自动'做俯首帖耳的仪态和行为。"④ 因此我们所谓本质的自我不过是一种虚构，占据它的位置的实际上只是一个拥有社会生产身份的社会存在。阿尔都塞称之为"主体性"。事实上，我们

---

① ［法］阿尔都塞：《列宁与哲学》，转引自张一兵《问题式、症候阅读与意识形态：关于阿尔都塞的一种文本学解读》，中央编译出版社2003年版，第169页。

② ［英］珍妮特·沃尔芙：《艺术的社会生产》，转引自张一兵《问题式、症候阅读与意识形态：关于阿尔都塞的一种文本学解读》，中央编译出版社2003年版，第170页。

③ ［法］阿尔都塞：《列宁与哲学》，转引自张一兵《问题式、症候阅读与意识形态：关于阿尔都塞的一种文本学解读》，中央编译出版社2003年版，第181页。

④ 同上书，第187页。

依赖于教育我们的语言和意识形态来看待自己的社会身份,成为一个主体。因而我们是文化的"主体",但却不是它的创造者,即所谓主体并不是独立自持的,而是由文化建构的。

根据阿尔都塞的主体建构理论,如果把文化作为意识形态来分析,其核心是"再现"问题。阿尔都塞把意识形态界定为"一个再现的体系"。从文化与权力关系角度看,再现行为本身就是文化内部权力关系的一种体现。在此基础上,我们可以得出一个结论:意识形态是权力关系的再现系统。意识形态是一个"活"的再现系统,它有自我再生的能力,可以源源不断地生产和再生产出某种形式的权力关系。意识形态还是一个"合理"的系统,唯其能以一种"合理"的非暴力非高压的方式再现特定的权力关系,才能吸引人"自由地同意"并参与再现这特定的权力关系。

大众媒介无疑是意识形态再现权力关系的重要渠道。著名的女权主义理论家凯特·米勒特在她的性别政治理论中,把女性长期遭受的压迫归结为再现问题。她认为有一种权力关系"建立在个人联系和各个界定清晰、内部统一的集团,如种族、等级、阶级、性别等成员的相互关系上,恰恰是因为某些集团在一系列认可的政治结构中没有得到再现,他们受压迫的地位才会如此稳定,对他们的压迫才会如此长期地持续下来"①。

大众媒体在传播过程中正是通过一系列歪曲的"再现"而把女性"象征性歼灭"。这个说法是由美国学者塔奇曼提出的,"是指文化工业和媒介表现忽视、排斥妇女及其利益,或者将她们及其利益边缘化和浅薄化。妇女们或者不在场,或者被按照以性的吸引力和在家庭劳动中的表现为基础的陈规来表现。简言之,媒介通过不在场、谴责或者浅薄化而把妇女们'象征性地歼

---

① 罗钢、刘象愚主编:《文化研究读本》,中国社会科学出版社 2000 年版,第 26 页。

灭'了"①。正是在这个意义上，我国妇女研究者刘伯红将媒介概括为"倾斜的大众传媒"②，即媒体向男性文化倾斜，产生了否定女性主体性的倾向。具体来看，有这么几种现象存在：

(一) 忽视现象

从对不同的媒介形式所做的调查可以发现，女性在传媒上没有得到充分体现。正如一位法国女作家曾经说过的："如果有一个火星人来到地球，那么，它最有可能得出的结论是：男性占整个人口的80%以上。"③ 媒介所反映的是主宰这个世界的主流价值观念和权力分配"折射""变形"后的结论。

有学者对我国八家主导报纸新闻版进行研究发现，男性新闻人物在出现频度、被引用频度、被拍摄频度方面都远远多于女性；他们在文字和图片新闻中都是压倒多数的主角。除此之外，这八家报纸关于妇女/妇女问题的报道在新闻总量中微乎其微："在所有18619条新闻中，以妇女/妇女问题/妇女运动为主题的报道只有175条，占0.9%；所有有记者署名的关于妇女问题/妇女运动的报道为145篇，占记者报道的1.1%。"④

对教科书的研究结论与此相似。我国研究者在一项关于小学课本中男女角色的内容分析中发现："在1984年1—5年级的教材中，共出现了132个男性角色，女性角色只有23个，男性角色约是女性角色的6倍。"⑤ 虽然不同研究采用不同的样本，男女比例略有不同，但男多女少是所有性别研究的共同结论。

报纸的新闻报道和教材代表的是社会最主流的价值观念，如果

---

① [英] 多米尼克·斯特里纳蒂：《通俗文化理论导论》，阎嘉译，商务印书馆2001年版，第200页。
② 刘伯红：《倾斜的大众传媒》，《中国妇女报》1996年4月3日。
③ 冯媛：《女性与传媒》，妇女传媒监测网络，2003年3月31日。
④ 冯媛：《女性在新闻中的存在——关于八家主导报纸新闻版新闻的研究报告》，《浙江学刊》1998年第2期。
⑤ 卜卫：《媒介与性别》，江苏人民出版社2001年版，第29页。

说其中所呈现的"媒介现实"是一个权力结构的话,那么男性是中心,女性被边缘化;媒介基本上主要传达的是男性的声音,表现的是男性的形象,这个权力结构对女性的无视和忽略是很明显的。因此,媒介对妇女的忽略无形中降低了公众对性别平等问题的关注度。

(二)刻板印象

女性主义媒介理论认为:"媒介反映了社会占主导地位的社会价值观念,从而对女性或对它们不予表现,或用刻板印象对它们进行描述,以此象征性地贬损妇女。"[1] 所谓刻板印象,是指"常以高度简单化和概括化的符号对特殊群体与人群所做的社会分类,或隐或显地体现着一系列关乎其行为、个性及历史的价值、判断与假定"[2]。在社会现实中,性别的刻板印象主要包括对男女两性的性格、形象、智力、社会分工、家庭角色等方面的定型化。而媒介的刻板印象是指媒介对这种刻板印象的再现、复制甚至强化与夸大。"商业节目忽视的职业或迅速将女性刻板模式化。在它们对女性的刻画中,广告将女性放逐为家庭主妇、母亲、操持家务者或性对象,并限制女性在社会中发挥作用。"[3]

媒介的刻板印象首先表现为媒介在对传统性别关系的再现上存在着刻板印象。国内有学者研究电视广告中的女性形象,发现在性别关系中,处于被动地位的女性多于处于主动地位的女性。在1197个广告中,以广告中有角色关系的男女出现人次394次为基数,可以看到这种地位差异:"其一,就主动地位而言,女性只占主动地位总数的14.4%,男性却占85.6%。其二,就被动地位而言,女性占

---

[1] 刘利群:《社会性别与媒介传播》,中国传媒大学出版社2004年版,第155页。
[2] [美]约翰·费斯克等编撰:《关键概念:传播与文化研究辞典》(第二版),李彬译注,新华出版社2003年版,第273页。
[3] [英]奥利弗·博伊德-巴雷特、克里斯·纽博尔德编:《媒介研究的进路:经典文献读本》,汪凯、刘晓红译,新华出版社2004年版,第505页。

被动地位总数的 86.4%，男性却只占 13.6%。可见，在电视广告中，男性形象主要以主动地位出现，女性形象主要以被动地位出现。"① 我们不难看到，电视广告仍不经意地复制着"男主女从"的传统性别关系模式。

媒介的刻板印象还表现在对传统性别角色的再现上存在着刻板印象。研究显示，与男性角色相比，大多数的女性形象在媒介中的角色十分有限，通常被表现为家庭妇女、母亲的传统的家庭形象，且多被塑造成厨房和浴室用品的使用者。对 1994 年我国电视广告的类别比较显示，"女性主要在服装美容类、家庭用品类、食品饮料类的广告中担任主角，所占比例分别是 60.8%、44.7% 和 35%（包括无角色广告）。例如，五地区所有有角色出现的洗衣机、洗衣粉广告，都是女性出现；五地区所有的美容用品广告，除大宝润肤霜有一位男记者出现外，都是年轻美貌的女性出现；但在科技电子类产品中，女性角色出现的次数只占有 14.9%"②。由此可见，在传媒中，两性角色定型非常明显。

媒介的刻板印象还表现在好女人的标准是"贤妻良母"，从而和女性传统角色一致，和现代女性角色割裂。这主要反映在女性总是在家庭用具广告中扮演主角，并沉浸在为家庭奉献的幸福中。孩子吃东西要找妈妈，如"早一支，晚一支，妈妈做饭我爱吃"。丈夫弄脏了衣服要找妻子，因为有"爱妻牌"和"献给母亲的爱"。而太太牌抽油烟机的广告语为"没有油烟味，只有女人味"。这些画面通过特有的意识形态告诉人们：女性的生活定位应当在家庭领域，应该善良、忍让或自我牺牲。

大众媒介对社会性别角色的刻板描述，常常会内化为受众的一种社会期待，最终影响受众的认知和行为。"就此而论，刻板印象在

---

① 刘伯红、卜卫：《我国电视广告中女性形象的研究报告》，《新闻与传播研究》1997 年第 1 期。

② 同上。

其潜在假定中助长着某种知觉信念,并在构建常识的话语上发挥核心作用。新闻生产的惯例与符码作为其定势的一种逻辑结果而助长着不同形式的刻板印象,而这种定势就出于某种独特的制度化语境与某套专业化的新闻价值中。"①

(三) 歧视现象

在大众媒介的各种表现形式中,性别歧视现象在商业性最强的广告中最为严重。有学者为性别歧视广告设定了七条标准:"(1) 以女性为招徕;(2) 暗示女性是性对象;(3) 歪曲女性在工作上的贡献;(4) 强调女性的从属地位;(5) 巩固两性角色定型及行为模式;(6) 误导儿童理解男女特质;(7) 男性科技专业霸权(即男性在科学技术等专业领域中的统治和主宰,表现男性在智力和能力上的优越)。"② 具体而言,媒介对女性的歧视主要表现为将女性弱智化、商品化和色情化。

女性的弱智化现象通常会体现在高科技产品如电脑、手机、汽车等的广告中。在科技电子类的广告中,女性出现的频率非常低,即使出现,也仅仅充当配角或旁观者。即使是在以女性消费者为主的广告里,仍然配上男性旁述的声音。"研究发现,在大多数广告中,女描述、男肯定是广告旁述的一个基本模式。"③

女性的商品化表现在女性作为男性的观赏对象而出现。商业文化从是否满足男性的感官需要出发,界定女性美,仅仅把女性当作审美对象,无视女性的主体性和全面感受,并利用女性形象来吸引消费者。特别是在化妆品和美容整形类的广告中,例如一些丰胸产品广告词,"挺得起胸,才能抬得起头""做女人挺好"等,宣扬女

---

① [美] 约翰·费斯克等编撰:《关键概念:传播与文化研究辞典》(第二版),李彬译注,新华出版社 2003 年版,第 274 页。
② 刘伯红、卜卫:《我国电视广告中女性形象的研究报告》,《新闻与传播研究》1997 年第 1 期。
③ 卜卫:《媒介与性别》,江苏人民出版社 2001 年版,第 33 页。

性的人生价值来自她的观赏价值，只有具有观赏价值才能获得男性的欢心。

女性的色情化的广告常常采用隐喻方式，暗示女性是性的吸引力来源和性对象。如一则天然皂粉的广告中，对白是："你泡了吗？""泡了。""你漂了吗？""漂了。"另一则丝袜广告中，一女郎身穿超短裙和丝袜端坐在橱窗内，一男士途经此处，驻足凝视，女郎伸出大腿，交错，并莞尔一笑，旁白插入："浪莎丝袜，不只是吸引。"这种故意利用汉语的谐音，以恶俗的"性"趣来吸引人们的眼球的广告，以及让女人摆出诱人姿态来吸引男人注意的广告所包含的对女性的歧视，已十分严重。

综上所述，大众媒介对两性形象和关系的再现，与有助于再生产传统性别角色的文化陈规相一致。"男人们通常被表现为起支配作用的、主动的、敢作敢为的和有权威的，扮演着各种重要的和多变的角色，这些角色经常要求职业化、效率、理性和成功地扮演的力量。相比之下，妇女们通常被表现为从属的、被动的、顺从的和边缘的，限于她们的性别、她们的情感和她们的家庭生活，起着数量有限的、次要的和无趣的作用。"[①] 对大众媒介来说，为了成功地使人们适合他们性别角色的现实需要，它并没有向我们展示妇女们在现代社会中的真实生活。在用这些方式描绘性别时，大众媒介进一步确证了性别角色和性别不平等的天然特点。

二 女性在媒介中的权力地位——"被窥视"

福柯用一种话语的观念代替了意识形态的概念。根据福柯的观点，话语是构成知识的方式，各种话语不仅是思考、产生意义的方式，更是构成它们试图掌控的那些主体的身体的本质、无意识与意

[①] ［英］多米尼克·斯特里纳蒂：《通俗文化理论导论》，阎嘉译，商务印书馆2001年版，第204页。

识的心智活动，以及情感生活的要素，不管是身体，还是思想或情感，它们只有在话语的实现中才有意义。他的基本目标是通过对启蒙以来的"理性"的批判，打开一种能够思考"差别"和"他者"的空间。其考古学分析揭示，先于语言而存在并且是全部意义之起源的主体观念是一种产生于结构规则的幻想，这种结构规则支配了"话语构成"。从这个意义上说，话语和权力密不可分。

话语是各种机构通过一种界定和排斥的过程运用其权力的手段。在《规训与惩罚》《性史》这两本书中，福柯对权力是如何通过话语发挥作用以及话语是如何一直深深植根于权力之中的问题进行了反复讨论。他说："权力制造知识（而且，不仅仅是因为知识为权力服务，权力才鼓励知识，也不仅仅是因为知识有用，权力才使用知识）；权力和知识是直接相互连带的；不相应地建构一种知识领域就不可能有权力关系，不同时预设和建构权力关系就不会有任何知识。"[①] 权力体系产生出不同形式的话语，这些不同形式的话语反过来又在社会代理者中产生出物质和精神后果，而这些社会代理者有助于强化原始的权力构成。

福柯主张并没有一个自给自足、作为意义派生源头的"主体"存在。在他看来，不是个人赋予话语以意义，而是"话语构成"提供了一大批个人可以占据的"主体"位置。"主体"是在话语中通过话语实践建构的。在话语中建构主体性，包括了对个人心智、身体、情绪的模塑，让个人与特定的主体位置认同。而话语对个人身体和心智的建构，总是在一个较大的权力关系网络里进行的，这个权力关系网络往往是有机构作为基础的。因此，首先必须提问：谁在说话？为什么占据某种权威的说话位置，对一个女人比一个男人更为困难？福柯没有参照内在的构成规则来分析这种现象，而是描

[①] [法]米歇尔·福柯：《规训与惩罚：监狱的诞生》，刘北成、杨远婴译，生活·读书·新知三联书店2003年版，第29页。

述一系列的外部社会力量——控制、选择、组织和传播的过程,正是这些支配了"话语的提纯"。首先,话语通过"排除程序"被加以控制,这些排除程序借助"禁止""区分"和"拒绝"或"真理意志"等战略而发挥功能。其次,"区分"和"拒绝"的原则是指这样一种方式,在这种方式中,"理性"的话语为了维持自己完整的统一性,必然贬低和排斥"他者"的话语和体验。最后,通过"真理意志"在真理和虚假之间建立了一种区分,从而决定了知识如何被令其发挥作用、被维持和传播。

那么,经由大众传媒建立起来的两性话语体现了怎样的权力关系?这种话语权力关系是结构性的吗?在现代社会中,控制不是通过直接的压制而是通过看不见摸不着的规范化战略来达到的。"我真的相信并不存在自主的独立主体、不存在无处不在的普遍形式的主体。我怀疑这种主体观并对此持敌对态度。正相反,我认为主体通过种种奴役实践而得以构建……当然,这要基于存在于文化氛围中的许多规则、样式和虚构。"[①] 福柯关于"性身体"的反本质主义的思想对女权主义理论具有重要影响。在他看来,在当代社会,"性"是权力对主体进行掌控的一个主要场域,当代话语经由对身体的模塑来建构主体。"身体"不只是解剖学上的身体而已,它是权力、知识、话语的聚焦点。因为正是在这种男性身体与女性身体的差别之上,性别不平等的大厦得以建立起来,并且被合法化了。"男性所具有的意识形态话语权,使他们毫不费力地在文化领域拥有了文化符号体系操纵权、话语理论创造权和语言意义解释权。"[②] 女性除非满足父权制的一系列规范,否则依然没有发言权。

大众传媒的内容都受制于深层的意识形态结构,这个结构以男性为权力的掌控者。形形色色的大众媒介是如何产生及复制"男性

---

① [美]马克·波斯特:《第二媒介时代》,范静晔译,南京大学出版社2000年版,第83页。

② 王岳川:《后现代主义文化研究》,北京大学出版社1992年版,第384页。

眼光"的呢？视觉中是否存在着文化上的暴力、冲突和权力关系？看与被看之间是否是可互换的或平等的？

"在一个性别不平衡的世界中，看的快感已被分裂成主动的／男性和被动的／女性。决定性的男性注视将其幻想投射到女性形象身上，她们因此而被展示出来。女性在其传统的暴露角色中，同时是被看的对象和被展示的对象，她们的形象带有强烈的视觉性和色情意味，以至于暗示了某种'被看性'。作为性对象来展示的女性乃是色情景观的基本主题。"① 在看的状态中，包含着复杂的意识形态内容。"被看"是女人的命运，"看"的动作归于男人，即使女人看女人，她们也不是用自己的眼光，而是用男人的眼光去看。因此，被记录并被展示的对象和观者处于一种不平等状态，观看那些被记录者的形象赋予观者一种"窥视者"的地位。在父权制和商业性的合谋下，女性逃脱不了"被看"和"被言说"的客体化的命运。这在大众传媒的主要形式中有具体的体现。

（一）电影

电影带着一种男权至上的态度来表现女性，利用集体无意识的性别偏见来阐述女性形象，将叙事和奇观联系起来，满足男性凝视和观看的快感。这是一个"性失衡"的世界，看的乐趣被分为两种不同的立场：男人们看，女人们"供人看"。女人风格化的身体和外貌被编码成强烈的视觉和色情奇观，承受着来自男性的视线和欲望。"从传统意义上来讲，被展示的女人的作用体现在两个层次上：在银幕故事中作为各个角色的性爱对象，在电影院里作为观众的性爱对象，而这两种看之间的紧张关系在银幕上下不断变换。"②

如张艺谋导演的《大红灯笼高高挂》《菊豆》《红高粱》等影片

---

① 陶东风、金元浦、高丙中主编：《文化研究》（第3辑），天津社会科学院出版社2002年版，第72页。
② ［英］约翰·斯道雷：《文化理论与通俗文化导论》，杨竹山、郭发勇、周辉译，南京大学出版社2001年版，第199页。

中的女性形象系列，从表面看，她们是一群反抗封建道德、蔑视传统礼教的叛逆女子，如：九儿违抗的是父母之命、媒妁之言；菊豆破坏的是家庭秩序、母子伦常；而颂莲更是在一座妻妾成群的封建大院里作困兽之斗。但究其实质，女性往往仅仅作为性欲望主体，是男性的修辞方式，是男性文化困境的反射，女性被狡猾的男性本文所诱惑和出卖。"不难发现，张艺谋及其追随者创造的女性形象，不仅仅是男性'欲望的对象'，同时，她们自身也是一种'欲望主体'。九儿在被迫与一个麻疯病人成婚时偶遇体魄强健的余占鳌，菊豆在一个性无能者的残酷折磨下主动投入了天青的怀抱，颂莲即使在与众姨太争风吃醋的激烈搏斗中仍不失时机地向风华正茂的大少爷调情（而这些作品在由小说改编成电影时，女人肉体上、感情上所受的摧残都被程度不同地淡化，而女人对'性'的要求都有所加强），同样，《炮打双灯》中的女掌柜，《狂》中的蔡大嫂，《五魁》中的少奶奶，创造'女性电影'而闻名的男导演王进的镜头下的那些正常的和变态的年轻貌美的姑娘（《寡妇村》、《女人花》），都无一例外地被突出了赤裸裸的、强烈的'性欲'。"[1] 类似女性的存在旨在烘托男主人公的"真正的男子汉"的形象，满足台上台下男性的欲望，而不在于表现她们自身解放和个性意识的形成。

电影无意识但却具体地表现了父权制，男性自我需要的神经官能需求的满足一般根植于三种观看之上：首先，是摄影机在拍摄情景中观看女性演员，虽然技术是中立的，但它通常由男性来控制，因此，镜头呈现的基本是一种窥视的、男性视角的观看。其次，是电影叙事中的男性角色的观看，透过镜头/反镜头拍摄，女性角色通常成为男性角色凝视的客体。最后，是观众的观看，这种观看模拟前两种观看，观众一是观看摄影机所看到的，二是随着男性角色的视线，去观看女性角色。这些都是为了迎合、满足男性的潜意

---

[1] 屈雅君：《90年代电影传媒中的女性形象》，《当代电影》1998年第2期。

识——男人们看，女人们供人看。如果观众是女性，她必须转换成男性的视角来欣赏，成为"准男性"才能对电影产生兴趣。

影片《秦颂》有一个情节女性观众应该不会忘记，就是高渐离强奸栎阳公主。"一组平行的蒙太奇，这边是高渐离猛虎扑食地频频向栎阳进攻，这个镜头是仰拍的，是栎阳的眼睛。那边是大将王勇率领千军万马进攻楚国的城池，有一个象征男性生殖器的巨大柱型的破门的工具，蒙太奇交互出现，最后是生命巅峰的狂呼，战斗胜利的狂欢。"① 这个镜头对于女性的歧视是不言而喻的。仰拍的方式使得女性观众仿佛置身于影片的情景之中，和女演员一起遭受了男性演员的"强奸"；而带有男性视角的镜头所带来的一种性暴力的压抑感，也仿佛同时使得女性观众遭受了在场无数男性观众的"强奸"。这种双重的伤害充分暴露出了这部影片背后隐藏的根深蒂固的性别偏见和不平等的权力关系。正如吉莲·戴尔指出的："观看"的动作从根本上说，并不天生的或被动的，而是有着文化的烙印。

（二）电视

国内曾有学者用性别意识的眼光对电视剧中的女性形象作过分析，发现电视剧中的女性形象滞留在多种文化交会的十字路口："封建色彩的非人文化，至今巧妙地左右着电视剧中的女性形象，并且得到了许多人的首肯，它排斥和否定个体价值和权利，瓦解市场经济的思想基础及现代社会观念。它使女性形象面临双重束缚：不仅女人的性别角色趋于传统，而且女性的权利尊严遭受践踏。"② 在分析女性商品化物化的现象时，作者发现，在这些作品里，女性的身

---

① 金一虹、刘伯红主编：《世纪之交的中国妇女与发展——理论·经济·文化与健康》，南京大学出版社1998年版，第351页。
② 李慧英：《女性形象：作为文化的载体——用性别意识的眼光审视电视剧中的女性形象》，转自金一虹、刘伯红主编《世纪之交的中国妇女与发展——理论·经济·文化与健康》，南京大学出版社1998年版，第321页。

份年龄与相关的男性形成强烈的反差：从年龄相貌上看，女性青春、苗条、漂亮，男性发福、相貌平平甚至丑陋；从身份地位看，女性多为秘书、情妇、普通职员，男性多为老板、经理和有政治经济实力的人物；从价值观念来看，女人多追求金钱和享受，男人多追求色相和性欲。作者对在国内反响强烈的14部电视剧做了一个统计，结论是："14个领衔主演的女主角的漂亮比例高达90%以上，而领衔主演的男主角的漂亮比例为18%，相差70多个百分点。女主角的相貌之美是男主角的7倍左右，而男演员中的丑星却高达榜首，达到6∶0。"① 为什么女主角一定要美丽漂亮，而男主角却不必注重其相貌？

在男权社会中，男女价值取向明显不同，通常判断男性的价值更多看重其才能，而女性的价值更多注重相貌。当相貌成为衡量女性价值的尺度时，女性形象便渐渐演变成为一种商品；当被男性眼光过滤了的女性形象推向观众，当男性津津有味地欣赏女性相貌和身段，在想象中实现隐秘的性满足时，女性便成为商业文化和男性眼光的载体，在审美中被消费；当女性在阅读男性推崇的女性形象时，便不断被男性眼光塑造，潜移默化地将男性的眼光内化为自己的审美需要。于是，一种偏重女性外观和身体的文化意识在大众传媒的推动下流传开来。其中一个非常具有代表性的文化现象就是充斥于电视荧屏的"国际小姐""环球小姐""世界小姐"的"选美"比赛。当一个个身着比基尼的女性在台上炫耀其骄傲的资本，享受那一道道羡慕的眼光时，其实已经落入商业化的圈套，她们被当作"玩物"来欣赏，甚至当作商品来展销，以此抓住男性的消费心理，满足男性观看的欲望。有人认为，选美是对男性权力的又一次确证，对美肤、美腿、美发的评选完成着一个又一个对女性身体具象化的

---

① 李慧英：《女性形象：作为文化的载体——用性别意识的眼光审视电视剧中的女性形象》，转自金一虹、刘伯红主编《世纪之交的中国妇女与发展——理论·经济·文化与健康》，南京大学出版社1998年版，第317页。

观看。"女性的外在形象取代内在特质而成为标准化的性别符号,电视中女性形象的肤浅、表面化和程式化的印象进一步得到强化。"①

(三) 广告

再来看看大众媒介中最为强势的宣传形式——广告。审视中国媒体广告,其中的女性形象,大多依照男性价值与欲望而塑造,不仅表现了男性心目中"香甜而又不具威胁"的理想形象,又在诱导女性将此内化为对自身形象的自觉期待。广告的一招一式无不潜移默化地影响着女性的审美价值观,对现实中的女性形象有强大的影响力。一些美容或丰乳广告告诫妇女,只有美丽,妇女才有自信、骄傲、美好的爱情和幸福的生活,所谓的"挺不起胸,怎能抬得起头""做女人挺好"(丰乳广告词)。而为了被"看"上,女性必定要注重自己的美貌。如一则《黑头发,中国货》的广告请一位著名男性明星对观众说:"我梦中的情人,有一头乌黑的长发,乌黑的长发才够健康……相信我,没错的。"问题不在于男性能否评价女性,而在于女性仅仅作为满足、取悦男性的视觉形象,与审美主体男性构成了一种不平等的性别权力关系。

强调女性的美色,实际上表达了男权社会对女性生活价值的看法。"男人并不仅仅满足与发现他的伙伴的性器官是他自己性器官的补充。她还必须是生命开出的神奇之花的化身,同时又要将其若明若暗的神秘之处隐匿起来。首先她要年轻健康,因为他压在他怀抱的一个活人身上时,只有忘却死亡永驻于生命,才可以对她感到陶醉。而且他要求得更多:他的爱人必须美丽。女性美的理想千变万化,但某些要求也是永恒的。首先,既然女人注定要被占有,它的身体就必须表现出客体多特有的惰性和被动性。男性美是身体对活动的适应,是力量、敏捷和灵活。赋予肉体以活力的超越现象,决

---

① 刘利群:《社会性别与媒介传播》,中国传媒大学出版社2004年版,第162页。

不应当重现于肉体本身。"[①]

由此可见，在男权社会中，女性的价值仅仅依靠"女人味"累积而成。"男性先观察女性，才决定如何对待她们。结果，女性在男性面前的形象，决定了她所受的待遇。为了多少控制这一过程，女性必须生来具有这种控制能力，并使它深入内心。女性本身'观察者'的部分对待'被观察者'的部分，以向旁人表明，别人可以如何对待她。这一典型的自我对待，构成了她的风度。"[②] 但事实上，这种男人眼中的"女人味"是男性的再现系统强加于女性的一种角色、一种形象、一种价值。在日常生活中，是女性而不是男性更多遭受目光侵犯和随之而来的性暴力。而这种不断重复的再现，被强化为一种文化表达规范，这里的等级关系，性别—权力关系被淡化和遮蔽。而女性正是在这副"女人味"的枷锁下失去了自我，为了这副讨好的面具而失去了自我。因为，为了获得进入男性社会的资格，女性自觉诉诸男性化的再现系统，这一事实进一步加固了其社会弱势者的地位，使其进一步沦为男性的"他者"。

第三节 女性对性别身份的抵抗与颠覆

大众媒介是现代社会主流意识形态表达的阵地，同时也被女性主义者视为挑战现有结构和机制的阵地。

一 女性的抵抗何以可能

在阿尔都塞那里，意识形态几乎是铁板一块。阿尔都塞的主体概念意味着文化和意识形态建构的结果，具有浓厚的决定论色彩，

---

① [法] 西蒙娜·德·波伏娃：《第二性》，陶铁柱译，中国书籍出版社1998年版，第184页。

② [英] 约翰·伯杰：《视觉艺术鉴赏》，戴行钺译，商务印书馆1999年版，第51页。

第二章 大众传媒女性身份建构及其解构策略 ❋❋ 69

但实际上主体的欲望是无止境的。有些研究者希望能够找到一个位置，从而可以观察到个人从他或她的结构位置所能达到的文化资源中如何积极的生产意义。从这个意义上，我们开始把目光转向意大利马克思主义者葛兰西，从他的"文化霸权"概念中寻找理论支持。所谓"文化霸权"（cultural hegemony，也可译为"文化领导权"），其实质就是一种意识形态领导权。葛兰西认为，在西方资本主义社会，资产阶级的统治主要不是依赖政治社会及其代理机构，如军队、警察、法院等来维持的，而主要是依靠他们牢牢占有的意识形态领导权来维持的。"它是一种文化的和意识形态的手段，社会中的各种统治集团（包括最基本的统治集团，但不专指统治阶级）凭借它来维持自己的统治，通过协商建立一种将统治集团合为一体的政治与意识形态舆论，确保各种从属集团'自动赞同'。"①

文化霸权并不是人们过去理解的那样，是由统治集团把自己的意识形态强制地灌输给从属集团的，恰恰相反，霸权是通过占支配地位的各个集团和阶级与居于附属地位的各个集团和阶级进行"谈判"，并向他们作出让步，才得以维持的，所以它是一个以"抵抗"和"融合"为标志的过程。按照葛兰西的看法，霸权被接受和起作用，是因为它依靠了同意向没有对整个统治结构形成威胁的各种从属集团让步。当然，这种让步是有一定限度的。"霸权的真相要以以下情况为先决条件：要考虑将向其施行霸权的各集团的利益和意向，应当形成某种妥协的平衡——换言之，领导集团应当做出一种经济上的和合作方面的牺牲。但是，毫无疑问，这样的牺牲和让步不可能触及本质；因为霸权虽然是道德上的和政治上的，但它也必须是经济上的，必须以领导集团在经济活动的决定性核心中发挥决定性的作用为基础。"② 然而，假如说霸权也包括了观念的斗争，那么让步无疑同样涉及观念的妥

---

① ［英］多米尼克·斯特里纳蒂：《通俗文化理论导论》，阎嘉译，商务印书馆2001年版，第183页。

② 同上书，第186页。

协，霸权集团并不仅仅是与占支配地位的观念形态同流，相反即使是被支配集团，也在寻求发出自己的声音。

葛兰西把矛盾和斗争看作意识形态存在的基本方式，为我们研究大众媒介领域里的性别斗争提供了必要的理论基础。他的文化霸权概念使传媒的角色问题变得扑朔迷离：传媒什么时候为被压迫阶级说话，扮演制衡霸权体制的角色，什么时候充当霸权的代言人？这个问题已不能简单地回答。因此，我们在分析大众传媒对传统性别角色进行建构的同时，也应看到女性在大众传媒领域内做出的对其边缘地位的关注及对传统性别意识进行反思的努力。

1995年联合国第四次世界妇女大会在北京召开，促使媒介与性别的问题日益受到重视。大众媒介开始关注性别平等，广泛探讨女性参政、妇女与经济文化发展、家庭暴力等问题。并且有条件的电视台开始考虑开办妇女节目。国内有学者对电视妇女节目做过专门研究，当时"中国中央和省级电视台有32家，在1994—1995年之间开办妇女节目的有7家，占开办妇女节目总数的50%"[1]。虽然我们可以发现，有些妇女节目对性别意识不很敏感，制作者对有关社会性别的理论和实践问题关注不够，因此对发生在妇女身上的问题，常常从同情的角度去反映，而很少从性别公正的角度去反映；就外部而言，妇女节目时间受到限制，而且几乎没有在黄金时段播出等都反映出了当时面临的问题，但值得肯定的是这些妇女节目都在努力反映妇女的生存状态和她们的声音。这也是女性作为一个边缘和弱势群体的地位得到提高以及女性意识得到更广阔范围的加强之后，主流意识形态不得不做出的让步，因为这"半边天"日益成为社会进步发展不可或缺的力量。

由此我们可以看到，尽管在现阶段大众媒介依然普遍传达着不平衡的两性形象，但在主流意识形态的内部，已经出现了为女性提

---

[1] 卜卫：《媒介与性别》，江苏人民出版社2001年版，第168页。

供展示空间的媒体，这也可看作女性作为一个弱势群体和主流阶级进行斗争的结果。

二 女性的抵抗方式

斯图亚特·霍尔是媒介批判领域的大师级人物。他从葛兰西的"意识形态霸权理论"出发认为，"文化接受过程中存在一种'优势意识形态'，在意识形态不断运作过程中，将人们型塑为符合优势集团利益的意识形态主体，优势阶级以媒介文化产品赢得弱势阶级的认同，使后者的隶属地位更加确立"[1]。霍尔并没有探讨大众传媒如何获取从属集团的赞同，而是关注媒介受众在接受过程中体现出的能动性，从而为女性抵抗传媒所建构的性别成规提供了理论上的方法。

霍尔对意识形态和大众媒介的思考主要体现在他将意识形态编码的文化形式同受众的解码战略联系起来。在他的《编码，解码》一文中，他创立了著名的编码/解码模式。文章的核心内容是电视话语"意义"的生产与传播，其理论基础来自马克思的生产、流通、使用以及再生产四个阶段。霍尔认为，电视话语"意义"的生产与传播也存在着同样的阶段。首先，电视话语意义的生产，即信息编码环节。大众传媒中任何形式的传播都不是自然生成的，在信息发送之前必须对它进行构建。而信息的构建是诠释的、社会性的，受一系列因素的影响，这个环节是一个开放的而非封闭的系统，编码者必须在一个有意义的话语形式内生产"代码"（code，或译"符码"）。意义的产生公认取决于代码系统，而代码很早就被结构入文化系统之中，因此没人怀疑代码系统本身的合理性。

第二阶段是"成品"阶段，即信息的使用环节。编码一旦完成，意义被注入电视话语后，此时的电视作品变成一个多义的话语系统。传统理论认为电视信息的代码是高度约定俗成的，所以尽管观众不

---

[1] 陈龙：《在媒介与大众之间：电视文化论》，学林出版社2001年版，第38页。

同，不可能有超出编码者的解读，但霍尔认为："现实存在于语言之外，但又不断的由语言或通过语言表达；我们所知所言必须由话语或通过话语产生。各类'知识'不仅产生于'真实'语言的清晰表现，同时又是语言对真实关系和条件的表达。因此，没有代码的运作，就没有明白易懂的话语。"① 由此看来，意义并非完全由文化代码预设，意义在系统中是由接受代码决定的。编了码的信息一经传送，编码者就对其失去了控制权，受众可以解读出不同的意义来。

第三阶段是受众的解码阶段。既然信息由高度传统化的代码构成，那么即使存在各种各样的受众读解，也不大可能对编码者的意图有显著的分歧。霍尔进一步指出，对信息的解码有更深层的社会、文化、历史等原因，即使是高度传统化的代码，受众也可以根据自己的需要将它们重新排列组合。因此，文本的意义不可能完全由文化代码预先设定，在很大程度上，它要受到社会的主导话语的影响。"符码间的内涵并不是相同的。任何有着不同程度封闭性的社会文化都趋向于将其社会的、文化的和政治的世界分类。这些构成了一个主导文化秩序，尽管它既不是单义的也不是无需争论的……社会生活的不同领域似乎都被指定进了话语的版图，按等级组织进主导意义或偏好意义。"② 因此，生产者不能任意将主导意义加入信息中。如果这个意义受到大多数团体的偏好，它的主导位置就可能得到确立，但是它也可能受到各方面的抵抗。

在这种理论基础之上，霍尔提出三种受众解码模式：一是主导—霸权立场：受众的解码与编码立场完全一致，不加质疑地接受媒体所企图传递的有利于优势集团的意识形态。此时意识形态的再生产"背地里"不经意地、无意识地发生了。二是协商立场：受众承认编码的权威，同时强调自身的独特性。在协商的看法内包含着相

---

① 陆扬、王毅：《大众文化与传媒》，上海三联书店 2000 年版，第 70 页。
② 石义彬：《单向度、超真实、内爆：批判视野中的当代西方传播思想研究》，武汉大学出版社 2003 年版，第 144 页。

容因素与对抗因素的混合：它认可旨在形成宏大意义的霸权性界定的合法性，然而，在一个更有限的、情境的层次上，它制定自己的基本规则——根据背离规则的例外运作。它使自己的独特地位与对各种事件的主导界定相一致，同时，保留权力以更加协调地使这种主导界定适合于"局部条件"、适合于它本身团体的地位。受众与主流意识形态始终处于一种充满矛盾的商议过程。三是对立立场：受众保持清醒的自我意识，根据自己的经验和背景，以一种全然相反的方式去解码信息，有意识地解构媒介文化中宰制性的霸权符码。唯其如此，才可望推翻编码者的意识形态。

霍尔的模式解决了一个重大问题，即意义不是由传送者"传递"的，而是接受者"生产"的。这一理论模式改变了传媒理论中受众被动的传统观念。根据霍尔的解码模式，我们可以发现受众不再是被动地全盘接受传媒所传达的主流意识形态，而是可以根据自己的经验和背景阐释出有利于自己的意义。学者莱恩·昂曾对20世纪80年代风靡一时的美国肥皂剧《达拉斯》进行考察，并对女性观众与肥皂剧之间的关系作出了积极的结论。在莱恩·昂看来，以为女性观众收看肥皂剧是完全受制于主流意识形态的观点是一厢情愿的。为了证明这一点，她在妇女杂志上刊登了一则广告："我喜欢收看电视连续剧《达拉斯》，但是我经常听到对它的一些莫名其妙的反应。是不是有人愿意写信告诉我，你为什么也喜欢收看这部电视连续剧，或者为什么不喜欢收看这部连续剧？我想将这些反应吸纳进我的大学论文。"[1] 昂通过来信研究女性观众对肥皂剧《达拉斯》的阅读态度，发现有四种不同的观看态度和反应。

一是厌恶地观看。此类观众以主导意识形态为标准，谴责肥皂剧陷入了"商业化"和"公式化"的模式，认为肥皂剧会消磨女性

---

[1] [英]尼克·史蒂文森：《认识媒介文化：社会理论与大众传播》，王文斌译，商务印书馆2001年版，第164页。

反抗性别歧视的意志力,是低俗的。从这类观众的来信结构中可以看出这种意识形态的影子,因为观众避而不谈她们观看节目的方式和意义。讨厌并非有错,但不假思索、很有自信地做出讨厌的反应,却很值得思考。显然,她们缺乏判断力。

二是嘲讽地观看。观众既喜欢,同时又坚持主导意识形态。观看肥皂剧所体验到的快感与主导意识形态给她们带来的道德感相矛盾。她们通过嘲弄与讽刺来化解这种矛盾。嘲讽的武器使她们没有必要压制观看《达拉斯》引起的快感,嘲讽使她们心安理得地欣赏它。这类观众并不以作品所期望的方式来看待文本,相反,还通过讽刺性的评论来歪曲作品希望表达的意义。

三是喜欢地观看。这类观众与第二类观众不一样,她们虽然也使用表面讽刺的策略,却能承认自己喜欢。莱恩·昂认为,此类观众似乎完全遵从意识形态,但其规范给她们施加的压力使她们感到有必要为自己辩护。她们动用了各种各样的辩护策略,或"消化吸收"这种意识形态,或与它在其对话框架内"商讨谈判",或使用"表面讽刺"来保护她们的乐趣,承认自己并非消极被动地收看,以对抗这种意识形态的攻击。

四是狂热地喜欢。前三种都是承认主流意识形态通过对个人特定的主体位置进行质询来发挥作用,最后一种阅读态度则受一种边缘地位的意识形态的影响,认为一个人的品位与另一个人的品位具有同等的价值。其功能在于:它为主体提供的立场使所有企图对人们的审美情趣作出判断的努力成为一种主观先验的、必须抛弃的东西,它提供的身份可以有力地对抗主流意识形态的准则,从而为第四类观众拒绝服从主流意识形态对"乐趣""偏好"等的硬性规定,提供了正当理由。

通过对女性观众的收视乐趣进行阐释性的理解,莱恩·昂揭露了大众文化意识形态的家长式统治。"这种意识形态悲天悯人地将妇女视为'肥皂剧所具有的欺骗性主题的被动受害者',武断地充当观众的导师……全然不考虑她们有获得乐趣的权利。"① 莱恩·昂的研究证明了受众在接受过程中是有着主动性的。那么对于中国的女性观众来说，是否也存在这样的现象呢？美国学者罗丽莎曾经对在中国家喻户晓的电视连续剧《渴望》在中国女性观众中引起的反应作过研究，她发现作为一种思想意识形态的通俗文化和主流的意识形态之间有着错综复杂的关系。"我想把《渴望》理解为一种霸权文化现象，一个不同观众被置身于并且通过他们争议性的解释加入了对官方意识形态的初期性反向解释的过程。尽管力求避免得出主体的独立性的假设，然而我们不会不看到不同的观众是如何表达他们对这部电视剧的争议的。这些争议是信息，表现通俗文化消费者对国家的文化组织的反向解释的可能性。"② 她认为，对于一个电视节目的接受可能与作者的初衷没有什么关系，从而肯定了受众的主动性。

《渴望》的主人公是慧芳，在她身上融合着一个中国劳动妇女的传统优良品德：勤劳、善良、宽厚、贤良。电视剧通过树立这样一个普通妇女形象，传达着主流意识形态对女性的要求。但作者根据身边认识的人对电视剧的接受态度发现，对《渴望》最激烈的争论就是围绕着慧芳这个人物展开的。调查结果发现作为电视剧宣扬的"偶像"，慧芳最后在观众心中的形象是模棱两可的。那些支持慧芳的人认可这样一个自我牺牲的贤妻良母形象，呼应了媒介对这种女性角色的号召，但其支持的背后也有着各种各样的保留。例如有些人支持的原因是认为慧芳把那些通常被看作妇女家庭责任的活动中所包含的牺牲展示出来并给予了价值。而那些对慧芳持否定态度的女性的理由更是不一而足。

像所有文化话语一样，电视文本提供了意义及文化自我认同的

---

① 石义彬：《单向度、超真实、内爆：批判视野中的当代西方传播思想研究》，武汉大学出版社2003年版，第324页。
② [美] 罗丽莎：《〈渴望〉：妇女和通俗文化》，转自李小江、朱虹、董秀玉主编《性别与中国》，生活·读书·新知三联书店1994年版，第294页。

创造与冲突的潜在阵地。我们在探索主流话语的意识形态效应时，除了考察它如何巧妙而有效地通过大众媒介来构成女性的主体时，还需注意到女性受众如何利用其资源来建构自己的意义。

三 女性的抵抗领域与策略

作为文化研究领域举足轻重的学者，约翰·费斯克理解大众文化的新颖途径和重新描述大众文化的运作方式，为我们研究女性如何对性别身份进行抵抗找到了一个十分有效的领域，并提供了具体可行的策略。

费斯克视大众文化为权力斗争的沙场。他认为，大众文化是由居于从属地位或被剥夺了权力的人们为了从那些承载着处于支配地位的利益的意识形态的资源中获得自己的利益而创造出来的。在承认宰制者权力的同时，他更注重大众如何施展"游击"战术，躲避、消解、冒犯、转化乃至抵抗那些宰制性的力量，从而使自身转变成意义与快感的生产者。这一思考并不死死盯住宰制性意识形态或者权力话语无所不在的罗网，它更企图了解日常的抵抗与规避怎样使主流意识形态屡屡受挫。在这一方面，费斯克受法国学者德塞都的影响最为明显。

德塞都是思考日常生活的文化与实践方面最精深的理论家之一，他研究的是日常生活大众战术上的"抵制"。他在《日常生活的实践》一书中摸索出了一个理论框架，致力于分析日常生活中大众文化的"弱者"如何在权力缺场的情况下战胜"强者"，其核心是他的"弱者的战术"的著名论点。他在书中使用一连串隐喻，如战略与战术、游击战、偷袭、诡计、花招等。弱势者采用游击战术对抗强势者的战略，偷袭强势者的文本或结构，并不断对该体制玩弄花招。这种灵活的使用文化资源的方式，即所谓"弱者的战术"，费斯克称之为"权且利用的艺术"（an art of being in between），或"周旋的艺术"。"戏弄或智胜对方的游戏，有数不胜数的方式……这些方式描画出各种群体微妙而顽强的抵抗行为。这些群体由于缺少属于自己的空间，他们不得不进入那些已然确立的力量与表述当中。大众必须权且利用他们拥有的一切。在这些战斗者的各种计策当中，有一种突然袭击的艺术，即回避、绕开束缚性空间之规则的快感……甚至在操纵与享乐的场域中也是如此。"① 在这里，德塞都用的是军事上的比喻，在日常生活的意义上说，这便是大众对霸权意识形态的抵制。

费斯克直接利用了德塞都的思想资源。他认为："尽管资本主义的主导意识形态具有同质化的力量，资本主义社会中的从属群体仍然保有相当多样的社会身份，而这要求资本主义生产与这些身份相适应的不同的声音。"② 那么大众如何发挥其主动性来生产属于自己的意义和快感呢？费斯克首先提出"两种经济"理论。所谓两种经济，一是"金融经济"，二是"文化经济"。费斯克以电视为文化产业的例子，提出电视节目作为商品，生产和发行于这两种平行而且共时的经济系统之中，其中金融经济注重的是电视的交换价值，流通的是金钱；文化经济注重的是电视的使用价值，流通的是"意义，快感和社会认同"。为说明这两种既互为独立又相互作用的经济系统，费斯克列出图表加以分析。

	金融经济		文化经济
	Ⅰ		Ⅱ
生产者：	演播室	节目	观众
商　品：	节目	观众	意义/快感
消费者：	经销商	广告商	观众自己③

---

① [美]约翰·费斯克：《理解大众文化》，王晓珏、宋伟杰译，中央编译出版社2001年版，第41页。

② 罗钢、刘象愚主编：《文化研究读本》，中国社会科学出版社2000年版，第34页。

③ [美]约翰·费斯克：《理解大众文化》，王晓珏、宋伟杰译，中央编译出版社2001年版，第32页。

对于金融经济来说,电视工业首先的任务便是尽最大可能吸引观众,唯其如此,广告商才会购买他们,但电视商品被买的那一刻,金融经济的流通阶段即告完成,紧接着开始在文化经济的流通。"在金融经济中,消费显然与生产分离,连接它们的经济关系相对明显。但文化经济的运作方式却不同。它的商品,我们称作'文本'的,并不是意义或快感的载体或传播媒介,倒更是意义和快感的促因。意义/快感的生产最终由消费者负责,只根据他/她的利益而产生:这并不是说物质的制造者/传播者不想制造和出售意义和快感——他们想的,只是失败率很高。"① 消费者的力量淋漓尽致地表现在生产者无法预测市场之时。据费斯克统计,每 13 个录音制品就有 12 个无法赢利,电视剧被打成腰斩,大投资的电影转眼就变成赤字。这可见文化经济足以成为一种革命力量,是对现实秩序的一种解构,威胁着大一统的意识形态。

大众文化资本包括从属阶级可获得并为他们利用服务的意义与快感,并且大众文本只有通过使自己成为这场斗争中令人向往的地带才能确保自己的流行。因此,我们不应把对大众文化的理解局限为分析其意识形态如何为统治阶级服务上。我们有必要看到,其中也存在抵抗的、另类的意识形态,为那些不能轻易地调和进现存权力关系的社会群体辩护:"意识形态授权给人民,使他们开始感受或认识他们的历史状况。"② 这些授权给从属阶级的意识形态使他们可以生产对抗性的意义和快感,这些意义和快感本身就是一种社会权力。支配者的基本权力是经济权力,但在文化经济中,这种经济权力被符号权力——生产意义的权力所超越。所以,符号的抵制不仅是对支配性意义的拒绝,它还建构了服务于从属者利益的对抗性的意义。在费斯克看来,意义和快感的生产大抵基于两种方式,一是

---

① 陆扬、王毅编选:《大众文化研究》,上海三联书店 2001 年版,第 137 页。
② 同上书,第 138 页。

第二章　大众传媒女性身份建构及其解构策略　79

躲避,二是对抗。他化用了巴特在《S/Z》中对"读者式文本"(对消极、接受式的、被规训了的读者有吸引力)与"作者式文本"(它不断要求读者去重新书写文本,并从中创造出意义)的区分,创造了"生产者式文本"这个范畴。由于大众文化的"生产者式文本"的特点,费斯克要求对大众文化的分析需要作"双重聚焦",一方面分析它的意识形态内容,从阿尔都塞的意识形态理论到葛兰西的文化霸权学说为这种分析提供了重要的理论和方法;另一方面就是分析读者观众对它的接受特征。事实上,文本要在范围广大的读者中流行,就必须在一个极具危险性的支点上维持住统治阶级的意识形态和它的众多对抗力量之间的平衡。特别是妇女,尽管有着各种各样的社会组成——她们身属其中,承受着在父权制下处于从属地位的经验,已经形成了各种各样的策略性的反应,它使得她们可以生活在控制她们的力量之中并与之对抗。

　　女权主义作家珍妮斯·拉德威发现了一种浪漫故事的女性读者。一般而言,浪漫小说[①]被认为是使女性陶醉于男女两性和谐共处的精神世界,在理想化的、虚妄的消极等待中安于现状而丧失了反抗父权制度的意识的罪魁祸首,受到大多数女权主义者的批判。但珍妮斯·拉德威却提出了一种看起来完全相反的观点,这个观点主要体现在她的著作《阅读浪漫小说》中。她以浪漫小说及其主要读者(多为女性读者)为研究对象,指出阅读浪漫小说除了是对女性的反

[①] 英文名叫 romance,中世纪浪漫文学的一个变种,是指内容涉及爱情、惊险、奇遇等的浪漫故事或浪漫作品,通常与推理小说、间谍小说、科幻小说等文学类型一起被称作通俗文学或大众文学,属于畅销作品。西欧的浪漫文学至少可以追溯到 11 世纪兴起的骑士传奇。12—13 世纪以法国为中心的玫瑰文学也写了许多爱情故事。19 世纪浪漫主义文学运动兴起后,描写爱情的小说多为严肃的文学作品,具有较高的思想格调。20 世纪的浪漫小说在思想和艺术上有所下降,一般格调不高,文笔粗糙,常有男女主人公的性心理、性活动等色情和暴力描写。它又可以分为哥特式小说和公式化小说,前者是古装的性爱小说,多用古堡巨厦为背景;后者的艺术手法千篇一律,人物形象接近类型化。在我国,通常把此类风格的作品称为言情小说。参见罗钢、刘象愚主编《文化研究读本》,中国社会科学出版社 2000 年版,第 270 页。

抗意识进行抑制以外，也体现出了女性不满于社会现实，渴望改变受男权压迫的现状。"故事肯定是通俗的，因为它……复原了儿童时代的性关系并且没有对男人的弱点、家庭的压制或父权力量所造成的破坏进行批评。然而它同时又极力避免提及可能在儿童时代就已产生的内疚和恐惧之情。性欲被明确定义为父亲的责任，而且由于妇女们在浪漫小说里获得了某种权力，因而她们克服了对遭受压制的恐惧。浪漫小说承诺了一个安全的世界，承诺在这个世界里将会有一种值得信赖的安全感，居从属地位的人也将会获得一定的权力。"①

珍妮斯·拉德威采用心理分析的视角，把性别化主观性的一种复杂观念同自我确认的心理过程联结，以考证受众在阅读浪漫小说中自我确认、寻找认同感的过程，其结果是"她们不但需要将自己与若干个异性联系在一起，而且还要求与某个人订立一种强烈的感情契约，这个人要能够像母亲一样养育她和保护她"②。而要体验这种满足，有三种可能：同性恋、与男人发生关系、寻求其他手段。由于文化的憎恶，第一种受到限制，男性化的本质又限制了第二种可能，阅读浪漫小说可以说是第三种可能，而且能够实现。理想的浪漫小说的结局为读者提供了这样完美的三角满足：父亲般的保护、母亲般的关爱以及充满激情的成人爱情。正是在这个意义上，许多读者将阅读浪漫小说解读为女性胜利的象征。"在浪漫叙事的父权制形式下，存在着拒绝被完全淹没的不妥协的女性价值……女主角并不仅仅是痛苦的承受者……女性在浪漫故事中获得的快乐来自对男性和女性之间这种紧张状况的表述，这种紧张状况在这类体裁的父权制形式中得以留存，正如其在社会中的等价物在男性支配的几

---

① [英]约翰·斯道雷：《文化理论与通俗文化导论》，杨竹山、郭发勇、周辉译，南京大学出版社2001年版，第196页。
② 同上书，第208页。

百年中留存下来一样。"①

对女性来说,阅读浪漫小说使她们为自己的娱乐寻找某些社会空间,并对父权制展开一定程度的批判。拉德威发现,当女性读者用"逃避现实"来形容她们阅读的乐趣时,它可以用来描述对读者和男女主角关系进行识别的过程。显然浪漫小说为女性读者提供了一种愉快的经验,以至于她们希望只要有可能就愿意重复那种经验。"这种体验不仅使她们从日常的各种问题和责任中解脱出来,而且还为她们创造出一段时间或一种空间,在这段时间或这种空间里,女人们是完全独立自主的,她们可以全神贯注地去考虑其个人的各种需要、欲望和乐趣。而这也是一种转移或逃避现实的手段。"②

拉德威最后总结道,目前很难对阅读浪漫小说的文化下断论。但有一点拉德威很坚持,就是女性对浪漫小说的阅读包含着一种乌托邦式的抗议,包含着一种对美好生活的向往。因此我们必须承认,读者的活动是产生含义的文化过程中的一个基本组成部分。浪漫小说的意识形态力量可能很强大,但会遇到读者的抵抗,如消费中的挑选行为、解读过程中产生偏向于女性自身的意义、通过使用过程来暂时逃避社会所要求的角色。虽然这些抵抗只是有限的和暂时的,但"我们应该把这种抵抗找出来,这不仅是为了理解它的起因以及它的乌托邦式的向往,而且是为了了解如何才能更好地鼓励它、帮助它实现自己的目标。如果我们不这样做的话,我们就已经等于承认斗争失败了,至少是承认在浪漫小说这个方面不可能创造一个无须通过阅读就能自己获得而非通过他人间接感受乐趣的世界"③。

---

① [美]约翰·菲斯克:《解读大众文化》,杨全强译,南京大学出版社2001年版,第125页。

② [英]约翰·斯道雷:《文化理论与通俗文化导论》,杨竹山、郭发勇、周辉译,南京大学出版社2001年版,第211页。

③ 同上书,第210页。

拉德威对浪漫小说的分析同样也适用于我国读者在阅读言情小说的过程中。从叙事结构来看，不管是 20 世纪 80 年代就已经风靡全国的琼瑶小说，还是 90 年代后以其为模本出现的席娟、于晴小说，乃至 21 世纪初仍流传甚广的各种口袋小说，都秉承着浪漫小说一贯的风格。这些言情小说中蕴含的意识形态力量在塑造受其影响的女性的形象方面确实有着一定的作用，但阅读根本不可能是对所谓愿意的回溯或复原。女性读者可以根据自身的体验和把握文本的解读，可以背离甚至颠覆故事里的各种主流意识形态。在没有能力颠覆强大的父权秩序之前，她们采取在男权话语系统内与之进行谈判、协商的方式来获得属于自己的意义。对此类小说的自我意识和反省的态度，对于女性读者而言可以成为一种自然的态度。

有观点认为，女性对父权制社会中的主导意识形态的抵制与颠覆在很大程度上发生在想象的领域，是没有政治效应的，但不产生直接效果并不排斥一种更一般的有效性的存在。对女性驾驭自己的接受符号的权力的断言是对父权社会中将女性作为对象建构的方式的一种挑战，它也成为现阶段女性认识自己及其社会关系的新方式的一个积极的组成部分。因此，挑战意义及有权力制造这些意义的支配群体不是一种逃避行为，而是对处在父权社会中并由其决定的女性屈从的抵制的关键组成部分。它的作用也不仅限于抵制女性主体性的建构，还包括对在日常生活经验中与之相关的一系列对女性性别身份进行的建构。在微观层面上，这种方式可以很好地充当一种对宏观层面不断加以侵蚀的力量，从这一体系内部来削弱它，以便更易于在结构层面上改变它。因此这种对边界的拒认意味着：文本中符号权力在日常生活的微观政治层面可以转化为社会权力。"女主角用幻想赢得了对于她梦中男子的权力，能在她的观众中激起政治上的进步、积极的幻想，这些幻想能与观众主体性中的女性权力相契合，在某些情况下最终可能被转化为性别关系政治中的政治行动……从而为在父权社会中逐步重新分配性别权力做出贡献。"① 我们可以想象，如果不是因为几百万妇女努力改善她们日常生活中的微观政治环境，那么改善妇女合法地位的努力能起多大作用呢？以不同方式思考的能力及建构某人自己的关于自我和社会关系的意义的能力是一种必要的根基，没有这些能力，任何政治行动都没有希望成功。

结　语

在大众传媒领域，寻找一种具有反叛精神的主观能动性是女性主义者对抗父权制强势意识形态的方式。女性可以选择自己的解码立场来颠覆传媒对性别身份的限定和歪曲，通过象征方式侵入生产领域，参与建构，创造出属于自己的意义。女性具有一定的解码主动性，可以拒绝主导意识形态编码者传递给她们的传统的性别身份信息，但这种拒绝接受的能力有一个前提，就是女性有足够的能力，通过另一套有别于男性中心主义的逻辑来建立自己的知识图景。而在现实情况中，意识形态的强大男权话语系统使得女性缺乏能够替代其编码者意图的背景和逻辑。因此，女性重新阐释意义的权力与集中化的媒体建构的话语权力在现阶段是不可能对等的。面对父权秩序的根深蒂固，女性主义者的对抗方式只能在一定的基础上发生效力。

从女性抵制与颠覆的具体方式而言，不管是葛兰西、霍尔还是费斯克、德塞都的理论都刻意凸显出体制本身的脆弱性，高扬从属阶级偷袭、挪用、抵抗宰制力量的能动作用与行动效力，而实际上，这些仍是言语偷袭、学院内造反、体制内抵抗的行动方案。大多数

---

① ［美］约翰·菲斯克：《解读大众文化》，杨全强译，南京大学出版社2001年版，第133页。

女性真正关心的可能并不是如何去改变世界，而是以何种方式抵抗或顺从生活世界的要求，以便让生活变得可以承受，以便保留某种认同感。那么，她们所期待的抵抗与颠覆，与其对体制的默认与同谋，其真正的区别又怎样辨识呢？而对她们的利用体制的资源能力的自信，在多少意义上能促成真正的冒犯式冲撞、生产式抵抗以及进步式解放？又在多少意义上沦为体制内部被收编的、合法化的造反，从而变相强化了体制本身的存在呢？看来，与过于悲观的将女性视为全然被动、异化、无力行动的主体相比，这种对女性的对抗和颠覆能力的肯定在一定程度上而言是过于乐观了。

更为重要的是，对于中国妇女来说，这种抵抗和颠覆行动显得更为困难。这都受制于中国特有的社会和文化环境。中国妇女，包括绝大多数女性受众和女性传播者，因为各种原因，明显"缺席"于女权主义，因此，她们的女权意识、群体观念和主体精神都明显弱于西方女性，并影响着她们对大众传媒的解读体验与反应方式。在多大程度上，中国女性有能力质疑无所不在的大众媒介宣扬的性别身份，并保持自我反省意识，对抗其意识形态力量的建构作用，目前还是个问号。

第三章

当代中国电视广告中的女性形象

第一节 电视广告与女性形象

20世纪80年代以来，中国逐步实现了计划经济向市场经济转型，经济、政治、文化等方面渐次融入全球化大潮。移动互联网、大数据、云计算等新媒介的空前发展，对整个社会发展模式和生产生活方式产生影响。当下我国业已进入消费社会或准消费社会，商业资本弥漫于社会生产各个方面，与大众传媒的结合更是催生抑或颠覆了传统媒介生态。电视、电影、网络等对人们生活观念乃至生活模式产生了日益广泛的影响。广告成为人们无意识效仿的对象，而电视广告中的女性形象已然成为效仿大军的主要客体。大众传媒通过形象建构意义，通过电视编码来强化性属差别，凭借电视广告生产出具有特定内涵品牌的附加意义。

一 电视广告女性形象

电视广告是集活动的影像、流动的时间于一体的艺术，通常由图像（video）、声音（audio）和时间（time）这三大要素构成。[①] 20

[①] 刘评：《电视广告学》，四川大学出版社2003年版，第35页。

世纪60年代，麦克卢汉提出了"媒介即讯息"，媒介的地位和作用凸显出来。当我们把视角聚焦于受众接受媒介形态时，便会发现电视依然占有相当广泛的受众。当下，电视、电影和网络进入千家万户，成为人们获取信息和了解世界的主要媒介途径，完全印证了麦克卢汉宣扬的媒介是人的延伸，"电子媒介是中枢神经系统的延伸，其余一切媒介（尤其是机械媒介）是人体各个器官的延伸"[①]。一定意义而言，电视媒介的出现为传播业带来了巨变，这种声情并茂的传播媒体很快地就吸引了受众的注意力，电视和人类生活的关系应该表现为一种"理想生活的诱惑"。鲍德里亚有更为精辟的阐述："在电视和当代大众传媒的情形中，被接受、吸收、'消费'的，与其说是某个场景，不如说是所有场景的潜在性。"[②]"潜在性"则为电视广告暗示的那个世界。电视广告让人们心向往之，对电视世界心生艳羡，进而修正自己在现实生活中的行为。

"形象"（image）充斥人们生活诸多方面，已经成为社会流行语，我们生活的时代是一个充满形象的时代。同时，我们又可以看到形象是有意味的。杰姆逊认为消费社会中的文化是形象文化，形象文化是消费社会的典型表征之一。"形象"所表征的是消费对象，尤其是精神消费的对象，与人们种种深层欲望相连。而作为电视广告中的女性形象，处于当前的消费文化语境之中，更是与其深层的传统文化、性别观念息息相关。电视广告所构建的女性形象并不是真正的生活替代品，是彻底虚幻的形象。

广告已经渗透到当代社会中的每一个角落，美国广告业的一位泰斗说："我们的生活是由氧气、氮气和广告构成的。"[③] 我国的电视受众观看电视的时间之长、频率之高比美国有过之而无不及。被电视广告包围的现代人仿佛过着两种截然不同的生活，一种是日常

---

① [加]麦克卢汉：《理解媒介》，周宪译，商务印书馆2001年版，第3页。
② 祁林：《电视文化的观念》，复旦大学出版社2006年版，第4页。
③ 转引自潘知常《大众传媒与大众文化》，上海人民出版社2002年版，第439页。

生活，另一种是表征生活。最为特别的是此类表征日益渗透进现代人的生活之中，甚至日常生活成为表征的表征。电视媒介所构筑的信息符号系统中，广告成为最为鲜明的建构对象，而女性形象成为广告建构的焦点。从某种意义上而言，广告是为了促进消费而诞生。电视广告将女性形象"包装"成一种诱人的消费品。

斯图亚特·霍尔指出，当代全球文化领域是"由视觉形象艺术、电影和电视、大众文化的广告形象和时尚形式所主宰"[1]。打开电视，衣服、食品、汽车等电视广告的代言人往往都是女性。电视广告中的女性形象占据电视广告内容和题材的极高比例。现代社会"'广告形象'本身已实现了从符号到商品转变，而广告中女性形象更是这个转变过程的主角和催化剂"[2]。电视广告是一种高度浓缩的传播形态，通过性别形象可以管窥与社会性别相关的文化价值、信仰和迷思，呈现的社会性别的症候是其他任何文化类型都无法企及的。通过研究电视广告女性形象，可以观察社会中两性权力关系的变化及人们传统价值观的变迁。集影像、类象和幻象为一体的电视广告女性形象，处于当前消费文化高度发达的语境中，揭示出其中蕴含的性别文化、别样的两性关系，有其重要意义。

二 "她"的故事："他者"的故事

西蒙娜·德·波伏娃在《第二性》一书中指出："一个女人不是天生成为女人，而是变成女人的。"她认为女人是被建构的，造成男女不平等的根源不是两性之间的生理差异，而是社会性别差异。恩格斯在《家庭、私有制和国家起源》中阐述了女人受到的不公平

---

[1] See Anthony King, ed. *Culture*, *Globalization and the World System*, London: Macmillan, 1991, p. 31. 转引自孙英春《大众文化：全球传播的范式》，中国传媒大学出版社2005年版。

[2] 参见汪民安、陈永国编《后身体：文化、权力和生命政治学》，吉林人民出版社2003年版。

待遇。女性的家务劳动是整个社会化大生产必不可少的组成部分，而社会劳动价值的评估链并没有将其纳入，这是造成男女在生产劳动过程中不平等的原因之一。数千年中国传统文化，男性掌握文化霸权，将男性意识、男性思维模式等同于全社会人们的意识及思维模式。我国传统文化中的女性形象史，实为女性"他者"形象的"发展史"，是男权文化对其进行"建构"的历史。波伏娃认为"他者"即女性，相对于男性的附属性、非自主性、次要性、被决定性等；"他者"（the other）"是指那些没有或丧失了自我意识、处在他人和环境的支配下、完全处于客体地位、失去了主体人格的被异化了的人"。[1] "他者"女性实质是男权社会对女性形象建构的过程，呈现"与时俱进"的特性。虽然女性形象从表象而言呈现出"千媚百态"，但古代、近代和现代女性形象均没有摆脱"他者"化建构，诚如波伏娃认为女性之所以成为"他者"，正是长期以来把男性确定为主体，并在社会诸方面实行男权管理的结果。

（一）"贞女"与三寸金莲

传统文化男性在社会处于支配、控制地位，以男性为中心的科举制度将女性隔离在外。传统男权对女性的规训贯穿于中国历史。朱熹的《四书章句·中庸》中儒家将人伦关系大致分为五个方面：君臣、父子、夫妇、昆弟、朋友。这是中国传统社会制度的基本体系，而"男尊女卑"则为这五组关系的基础。明朝"女子无才便是德"是社会集体性评判女性的基本标准。统治者不遗余力地塑造和推崇忠、孝、节、烈的女子人物形象，"贞节牌坊"成为传统文化中女性命运最为特别的"注脚"。

中国传统政治体制与意识形态建构了一道女性形象的畸形风景：贞节牌坊与小脚女人，是对女性精神与身体的双重奴役。男权社会

---

[1] ［法］西蒙娜·德·波伏娃：《第二性》，陶铁柱译，中国书籍出版社1998年版，第5页。

为中国女性制定了行为规则，要求女性忠诚守贞、安分守己、相夫教子。其表述形态为："忠臣不事二君，烈女不事二夫"，"在贞节牌坊的诱惑下，天下女子幻想以贞烈标榜"。① 一切显然是男性为女性制定的行为标准。贤妻良母在这样的文化背景逐渐形成，女性围绕家这个天地，通过相夫教子来实现人生价值。如果说"贞节牌坊"主要是通过诱导的办法，从精神层面对古代女性进行摧残，那么"缠足完全是以粗暴的强制手段，从肉体上摧残妇女，使其长期筋骨疲弱，限制其活动范围，削弱其反抗男人奴役的身心力量"②。"缠足"从某种意义而言不仅是对女性身体的摧残，更是对心灵的摧残，女性被囿于男性限制的空间，故有"小脚一双，眼泪一缸"之说。

盖尔·卢宾提出"性/社会性别制度"，从人类社会发展初级阶段与个人生长发育初期阶段来寻找男女性别不平等的根源。卢宾受马克思关于经济制度方法的启迪，借鉴列维-斯特劳斯关于亲属制度交换女性学说，意图从制度层面来阐述性别不平等的起源，认为亲属制度是妇女受压迫的起源。她指出亲属制度不仅利用了性别差异，它还通过交换女人的社会结构创造了性别差异。婚姻成为礼品交换的最基本的一种形式，女人是最珍贵的礼物。通过交换女人，双方（男人）建立了亲属关系。中国传统文化中的女性也是严格遵循这样的社会结构模式，故有"父母之命，媒妁之言"的婚嫁观。"女人的交换"揭示了妇女的从属地位是社会性别制度造成的，而对妇女的经济压迫则是派生的、第二位的，社会性别制度驯化、造就了女人。③ 为了强化这种交换制度，亲属制度又强调男女分别有不同的性别气质，从而形成生物性别之外的社会性别，也就完成了对女性的"他者"建构。传统文化女性形象的生成，本质为男权文化主

---

① 唐得阳：《中国文化源流》，山东人民出版社1993年版，第556页。
② 同上书，第557页。
③ 参见[美]盖尔·卢宾《女人交易——性的"政治经济学"初探》，载王政、杜芳琴主编《社会性别研究选译》，生活·读书·新知三联书店1998年版。

导下的性别权力关系建构。特别是妓女群体的存在，沦为男性欲望客体化身。妓女是中国传统文化男权集团与封建礼教"培植"的特殊群体。

（二）"祥林嫂"们

追随西方文明，学习西方模式成为近代中国发展的基本路径，求新求变始终是中华民族的基本姿态。"五四"前后，正是西方国家妇女争取选举权运动取得胜利的时代，中国新一代知识分子承接了这场运动成果，女性角色定位有了很大变化。近代中国相对传统女性形象及女性命运有了较大的进步。有的女性进入学堂，走进工厂，甚至投入救国运动之中。中华民族处于生死存亡的历史关头，于是"人的问题"历史地、必然地让位于"民族的问题"，这样本属于"人的问题"的"女人的问题"便成了次要的。这也就是"为什么近代以来尽管在政治领域社会改良，社会革命的大潮一浪高过一浪，但独立的妇女运动却始终没能发生的主要原因"[①]。五四时期，最先为女性社会地位发出呐喊的是梁启超、李大钊、陈独秀、胡适等。梁启超在《时务报》发表了《戒缠足会叙》《变法通议·论学校六·女学（一）》等。这些具有先进思想的启蒙人士，并非占据着近代中国社会的主流，国人也无暇顾及女性本身的问题，而全身心投入救国救民之中。

近代中国涌现的新女性形象较古代有了比较大的进步，但并没有从根本上有所改观，最令人费解的是以祥林嫂为代表的近代中国女性的命运并没有因空前的社会格局而出现根本的变化。鸦片战争之后的社会变革，诸如公车上书、"三界革命"、百日维新、辛亥革命、五四新文化运动……近代中国所发生的一系列社会变革并未根本上改变女性命运，尤其是以祥林嫂为代表的中国普通妇女的社会

---

① 屈雅君：《执着与背叛——女性主义文学批评理论与实践》，中国文联出版社1999年版，第34页。

地位，女性并未摆脱"他者"命运。祥林嫂是中国近代女性代表，西学思想在几千年来深入骨髓的男权文化面前，显得苍白无力。对祥林嫂来说，她只希冀通过辛勤劳动获取基本的生存权利，但在封建主义体制之下完全是非分之想。儒家思想规训、家族制度、伦理道德、封建迷信等布成的天罗地网，使祥林嫂无论如何奋力抗争，都无能为力，最终沦为乞丐冻饿而死。就这个意义而言，祥林嫂只是传统封权男权制度下女性卑微命运的一个缩影。传统文化语境中女性无法改变男权思想的意识控制，她们对于数千年来承袭下来的"女性形象"毫无反思地接受并效仿着。

（三）"铁姑娘队"

新中国成立以来，女性社会地位伴随新的时代主题而发生新变。女性权益从政治上、法律上得到极大的提升。"男女平等""女人能顶半边天"成为时代口号，"谁说女子不如男"的花木兰式女性形象进入大众视野。毛泽东提出的"妇女能顶半边天"成为新中国两性性别政治话语的新定义。而他的"中华儿女多奇志，不爱红装爱武装"更使军装成为一个时代女性服饰的鲜明表征。"大跃进"的路上，"农业学大寨"途中，涌现出了大批"铁姑娘队"和"三八红旗手"。闻名全国的山西省昔阳县大寨大队的"铁姑娘队"，在郭凤莲带领下，从事劳动强度极大的体力活（如开山、放炮、砸石头等），女性争着干，忽略了女性在生理特征和体力方面特质，实为以解放妇女名义而对女性的公然剥夺和摧残。对此类女性形象通常人们会非常自然将其作为正面的例子予以肯定，并不觉得有什么不妥之处。殊不知，这完全将女性性别特征抹杀了，实为对女性的"他者"化。类似"铁姑娘队"的还有"女子采油队""女子钻井队""妇子拖拉机班"……职业分布于石油、电力、港务、煤矿、林业、渔业等行业，无一不是在体力劳动领域与男子比高低，女性承受了违背性别生理属性的劳动强度，且这种超越性别劳动的痛苦是在时代的感召下不能直言的。

特殊的时代语境下,女性的性别表征亦受到整个社会主流意识形态的建构,"不爱红装爱武装"就是典型显现。"当时,女性的诸多感性审美特征,如穿衣打扮,烫发美容也被视为妖魔化表现,整个社会将其视为不正派,思想觉悟不高。"实际上,新中国成立以来"女性进入社会生活的过程中也伴随着男权社会的再次预设和改造,最主要手段就是删除或抹掉女性性别特征,而一些尚不具备自我独立意识的女性也甘愿如此,甚至把主动这样做视为反潮流的进步之举而主动迎合"。① 这完全是女性意识的异化和自我异化。

我国全面实行改革开放制度之后,市场经济逐渐成为社会资源配置的主要模式。经济的飞速发展,消费文化犹如雨后春笋般产生,人们的生活方式和文化观念发生了巨大变化。消费文化从某种意义上已经创造着人们的生活模式,对人们的情感、思想等产生影响。在此社会背景之下,男权社会又完成了对女性"他者"化建构,电视广告成为建构形象的"主阵地"。

三 消费文化语境

消费文化给电视广告的兴盛提供了舞台。伴随着经济、政治、文化的长足发展,物欲和文化需求的日益多元化,传统满足人基本生活需求的消费观发生了变化,已从单一满足基本生活需求发展到丰富多样需求,从单一物质欲望的需求到对精神文化需求的迅速增长,对人们的生活模式产生了巨大的影响。

消费(consume)一词,按照雷蒙·威廉斯的说法,最早的用法是"摧毁、用光、浪费、耗尽"②。强调对物的占有和消耗。马克思在《1844年经济学哲学手稿》《〈政治经济学批判〉导言》等著作

---

① 胡金望:《文化诗学的理论与实践研究》,中国社会科学出版社2004年版,第67页。

② [英]迈克·费瑟斯通:《消费文化与后现代主义》,刘精明译,译林出版社2001年版,第30页。

中，把消费从对"物"的占有、消耗发展为对"产品"的消费。消费成为生产的目的。当下，消费已经拓展为文化、休闲、娱乐等方面。由于科学技术的飞速发展，生产力的提高而导致产品的绝对过剩，整个社会从机制和观念上都鼓励消费。鲍德里亚认为："从一开始就必须明确指出，消费是一种积极的关系方式（不仅于物，而且于集体和世界），是一种系统的行为和总体反应的方式。我们的整个文化体系就是建立在这个基础之上的。"① 消费社会与此前以生产为中心的社会根本不同之处在于商品的全面过剩。整体经济增长也必须靠不断地刺激消费才能带动，并完成从生产到消费再到生产的循环。"消费是获得生活资源的唯一方式（不管这些资源是物质——功能意义上的资源，如食物、衣服、交通工具等，还是符号——文化意义上的资源，如媒体、教育、语言等）。"②

消费文化是与消费活动相伴相生的，表达某种意义或传承某种价值的符号系统。这种消费符号不同于一般意义上的满足需求的自然性、功能性消费行为，它是一种符号体系，表达、体现或隐含了某种意义、价值或规范。这种在消费活动中呈现出来的行为和物质符号体系，就是消费文化。③ 在费瑟斯通看来，"消费文化，顾名思义，即指消费社会的文化。它基于这样一个假设，即认为大众消费运动伴随着符号生产、日常体验和实践活动的重新组织"④。消费文化背景下商品已非局限于物质对象，而是包括非物质对象，"譬如电视节目、女性的外表或明星的名字等商品也可履行两种功能，'物质

---

① [法]让·鲍德里亚：《消费社会》，刘成富译，南京大学出版社2008年版，第1页。
② [美]约翰·费斯克：《理解大众文化》，王小珏译，中央编译出版社2001年版，第42页。
③ 参见王宁《消费社会学——一个分析的视角》，社会科学文献出版社2001年版，第14页。
④ [英]迈克·费瑟斯通：《消费文化与后现代主义》，刘精明译，译林出版社2000年版，第65页。

的'与'文化的'功能"①。消费文化是文化在消费领域的渗透,人们消费商品不再是单纯的物质层面的需求,寄寓商品之中的文化符号成了商品的替代物。消费文化较为典型的特征之一就是刺激大众进行购买商品进行消费。消费成了整个生产链的第一环节,即消费、生产、分配、交换环节。为了推广消费,利用广告宣传,促使消费者能够做出购买的决定。大量非生活所必需的产品要打出市场,就必须创造更多的消费需求。同时,产品要在激烈的市场竞争中脱颖而出,亦需要利用某些策略让它显得与众不同。电视广告正是这种神奇的工具,通过给商品附加非同寻常的文化意义,使商品从功能消费发展到"意义"的符号消费。

第二节 当代中国电视广告中的女性形象:解构抑或建构?

当代中国电视广告中传统男权意识不遗余力地对女性形象进行"他者"化建构,颠覆和解构自身的"生力军"也随之而生。电视广告塑造了多元形态的女性形象,即一类女性形象对传统文化男权建构的"经典"女性形象形成解构,对两性关系平等而言,凸显了积极意义;另一类女性形象则是男权与消费文化合谋,此类女性形象实为华丽商品外衣情境下的男权思想的产物。

一 女性形象之一:对于传统女性形象的解构

当前电视广告塑造的第一类女性形象,对于传统文化经典女性形象形成了强有力的解构,甚至可以说电视广告已经呈现后现代风格。彰显女性个性,凸显人本色彩。

---

① [美]约翰·费斯克:《理解大众文化》,王小珏译,中央编译出版社2001年版,第49页。

（一）女性主体意识的凸显

20世纪90年代以来，许多影视作品放弃了对终极意义、绝对价值、生命本质的追求，不再把较强的、较为明显的政治意识传播作为作品的单一追求，影视文化的感官刺激功能、游戏和娱乐功能得到空前凸显与强化。传统的电视广告将女性形象刻板化，忽略了女性个体表现的丰富性及其才能。女性走出家庭，走向社会，越发渴望在家庭和事业中展现人生价值，电视广告的新追求便应运而生。如今的电视广告不再将女性塑造成贤妻良母刻板形象，而是不断建构"新"女性形象。

第八届中国广告节的获奖作品"N自由洗发水"系列广告，广告女主角徐静蕾喊出了"让我做主！"（图3—1）该广告片分为五个系列片，分别为电话亭的故事、办公室的故事、理发店的故事、酒吧的故事、演播室的故事。广告女主角拒绝了所爱的男友、拒绝了暗恋的上司、拒绝了酒吧歌手的追求，还声称不喜欢长头发男性。女性处于爱情关系的主导性地位，在乎主体性的"我"的感知。男主角被女主角独特的气质"折服"。直面女性的含情脉脉，男性总会坠入"爱河"，与传统广告叙事不同，"N自由洗发水"的女主角拒绝几位男性的求爱，且喊出广告主题"让我做主"。看完这一系列广告，回响于观众脑际是女性铿锵有力的宣言"让我做主"。女性掌握两性关系的主导权，女性的主体权利得到了精彩演绎。

此类电视广告中女性形象对传统文化经典女性形象形成消减。"让我做主"与传统文化建构的女性形象不同，女性拥有了言说自我的话语权，不再处于"失语"状态。"N自由洗发水"广告塑造的女性形象具有重要的文化意义，表明广告商、企业已经有意识地以新的性别观念塑造女性形象。福柯说"话语即权力"，"让我做主"的广告宣言，表明女性力争摆脱传统男权意识的姿态，呈现女性独立、自信、有思想的形象，从而显示出女性更强的主体意识，不再是以男性依附者的"他者"形象展现出来。

图3—1 "N自由洗发水"广告

(二) 女性身体意识的"狂欢"

当代中国电视广告中女性的身体意识得到了空前的彰显。传统文化长期被遮蔽的女性身体在电视广告中频频"曝光"。女性身体形象与主体意识的彰显亦进一步呈现了女性在两性关系日益走向主导性地位。传统文化语境下女性身体与隐秘的欲望属于隐私的范围。女性身体被严实地包裹在封建礼教的阴霾下,女性的"矜持"根本而言并非基于自律,而是社会的他律。"让身体回到身体,让身体重享自身的肉体性,让身体栽植快感的内容,让身体从各种各样的依附中解脱出来。"[①] 在西方女性主义理论中,女性身体是女性自主权力言说的资本。

[①] [英]安吉拉·默克罗比:《后现代主义与大众文化》,田晓菲译,中央编译出版社2001年版,第94页。

当代中国电视广告中女性身体意识得到了充分彰显,当身体获得合法性后女性在精神维度获得到了足够开阔的审美心理空间。通过凸显女性身体博得受众眼球,消减了传统文化对女性形象的规训。就此意义维度而言,"她的历史"不再是"他者"的历史。电视广告为女性身体意识的宣扬提供了媒介,相信受众对女星性感写真、裸露身体的视觉冲击已经司空见惯。女性身体狂欢化"提供了可能性,使人们可以建立一种大型对话的开放性结构"①。在巴赫金看来,"狂欢化"是指一切狂欢节式的庆贺、仪式形式在文学体裁中的转化与渗透。电视广告女性身体的狂欢化,形成了对传统文化女性身体束缚思想的颠覆。狂欢化"提供了可能性,使人们可以建立一种大型对话的开放性结构,使人们能把人与人在社会上的相互作用,转移到精神和理智的高级领域中去"②。充斥于荧屏的电视广告中女性非常自信地展现性感、妩媚的身体,呈现女性身体形象的"狂欢化"。电视镜头里女性裸露身体性感部位作为商品的卖点,如化妆品、内衣、床上用品、洗浴用品等广告都竭力展示女性的身体语言。视觉狂欢化较中国传统文化中严重缺失人本意识的女性形象而言,此类电视广告形象有积极作用,可以丰富女性人物形象的建构,形成多元化的形象族。同时,对传统女性单一脸谱的刻板形象形成了解构。女性坦然面对自己身体的这种心理,更具有精神层次的意义,即女性不再将身体视为"恶",实质上具有精神层面的解放意义,开拓了前所未有的审美心理空间。

(三) 对两性关系传统模式的消减

传统文化中两性关系基于数千年来儒家文化的"三纲五常",主张父为子纲、君为臣纲、夫为妻纲,夫妻关系等同于君臣、父子关

---

① [俄] 巴赫金:《陀思妥耶夫斯基诗学问题》,白春仁、顾亚玲译,生活·读书·新知三联书店1988年版,第247页。

② 同上。

系，要求妻子绝对服从丈夫，女性始终以"他者"形象出现。女性在两性关系中作为被动的客体，处于依附者角色。盖尔·鲁宾认为女人是作为礼物来维系男权社会的权力关系的，女人是作为礼物而存在的。传统文化两性关系以男权社会标准来规训女性，女性处于被动的、被支配的地位。当代中国电视广告中的女性形象相对传统女性形象有了巨大变化。女性形象不再是隐忍、被动、失语的形象，女性也不再是谈"性"色变。电视荧屏建构具有积极形态的两性关系。消费文化高度发达语境下女性占据消费文化的舞台中心，演绎着"新"的两性关系。妇女从以依附、被动、服从为特征的传统型女性家庭角色转变为以主动、平等、自由、独立为特征的现代型女性家庭角色，这是历史进入更高文明阶段的一个象征。对于大多数女性来说，她们看到了自己有能力就业，有能力承担社会角色。同时，她们也意识到自己也能够组织起一个美满幸福的家庭，承担起独特的家庭角色。清华同方的一则电视广告中，一位白领女性在操作电脑，广告语则是："享受高性能，工作有信心。"这样的角色是对几千年来女性形象的背离，是对男权社会建构的女性形象的颠覆。广告中女性的社会活动空间开拓到公共领域，不再是传统文化模式中将女性囿于家中。

二 女性形象之二：建构——女性形象的他者"陷阱"

一方面，女性的美从未得到如此特意强调，女性形象从未与商业如此贴近，女性群体从未像今天这般充满生机和活力；另一方面，女性的发展也从未像今天这般陷于困境之中。朱迪丝·威廉逊在她的著作《广告解码》中指出，广告在人们生活中起着能动作用，在某种意义上确定了人的身份。西蒙·德·波伏娃《第二性》指出"永恒不变的女性气质"只是一个谎言，女人想事情的方式、情绪、走路的样子，并不是生下来就这样的，而是逐渐形成的，是教育和日常生活的结果。①

（一）女性形象的符号化

罗兰·巴特认为符号有两层含义：明示义和隐含义，也称为符号的"能指"和"所指"。前者是符号明显外在的意义，后者是符号所依托的社会文化背景的引申意义。中国传统文化中女性形象往往呈现为符号化特征，往往具有宽容、善良、隐忍的性格特征。电视广告女性形象的符号化特征并未摆脱传统两性性别审美建构模式，相反随着消费文化的冲击呈现出令人担忧之势。罗兰德·马杳德在《为美国梦做广告》中得出结论："大多数女子或是被劝服或至少也接受了妇女作为母亲和操持家务的形象，这种情况一直持续到底。"② 电视广告中许多女性以贤内助、大地母亲等形象出现。即使是新时期的职业女性，也是以秘书、护士等服务型、辅助型职业为主。

传统社会建构了"贤妻良母"式的女性形象。女性往往意味着以家庭为主，扮演相夫教子、任劳任怨的两性关系角色，作为成功男人背后默默服务的后盾。电视广告中女性总是洗衣机、洗衣粉等日常家用产品的广告代言人。广告隐喻女性是家务劳动的主要承担者，"贤妻良母"呈现为女性实现自我价值"宏伟"目标。妻子往往作为丈夫的坚强后盾；母亲意味着照顾孩子和丈夫饮食起居，这完全是立足男性本位对女性形象的刻板形塑。

立白洗洁精广告中全家人用过餐，妻子看着用餐后的油腻锅碗，冲着电视机前的老公娇嗔道："老公，我怕伤到手。"丈夫则拿来一瓶立白洗洁精说："没事，有立白，不伤手！"然后镜头一转，妻子便兴致很高地洗刷碗碟，而丈夫则在远处镜头模糊处躺在沙发上看

---

① 参见［法］西蒙娜·德·波伏娃《第二性》，陶铁柱译，中国书籍出版社1998年版。

② ［美］朱丽安·西沃卡：《肥皂剧、性和香烟——美国广告2000年经典范例》，周向明、田力男译，光明日报出版社1999年版，第212页。

电视。透过此则广告中男女双方的对话,我们就能解读广告商对女性的主体定位。"老公"在两性关系中是事业型的享受者,"妻子"则包揽家务劳动。妻子因"怕伤到手"而不想洗碗时,丈夫拿出一瓶洗洁精来解决矛盾,声称"不伤手"。足见男女在家庭中的角色、分工和地位。

电视广告还存在大量对男性的神化。"他"扮演着超人的角色,既要充当工作中的强者,又要成为家庭的顶梁柱。作为成功男人,事业、金钱、权力、地位成为其必备的条件,同时也是将男性压得喘不过气的包袱。与广告中的女性形象相比,男性形象更加单一和刻板。虽然受传统文化和生活习惯的影响,男性处于社会的主导和支配地位,但广告中的男性却不似女性那般可以千变万化。总的来说,以往广告中男性形象以宣传做人成功、事业有成为主,在社会角色的扮演上,没有不成功的;在性格角色的扮演上,没有不是英雄的。长期以来,广告中的男士们都被赋予了成功者的形象:西装革履、风度翩翩,言谈举止都尽显成功人士的自信。从本质上讲,长期以来受封建传统的"男主外"思想的影响,人们习惯于将女性的生活定位在"家庭"与"夫子"上,她们没有自己的事业,没有稳定的经济来源,这间接地把男人们赶出家庭,为了养家糊口不得不"事业有成"。

(二) 女性形象的物化

当代中国,电视广告中女性形象同时成为可销售的"商品",充当了受众的消费对象。当女性形象与商品消费社会结合,物化已没有任何疑问。电视广告的要素决定了它比任何一种形式的广告更需要通过具体可感的形象来进行意义符号营销,"现代广告已经作为一种新型的意识形态符号而存在于社会生活中,越来越多地体现着意义生成功能和商品价值的创造功能"[①]。女性自己也习惯于以物化形

---

① 李名亮:《广告传播学引论》,上海财经大学出版社2007年版,第106页。

象出现，按照男权文化的审美眼光来审视自己，她们消费自己的身体，通过进一步的物化来对身体部位进行改进——眼睛、眉毛、皮肤、鼻梁……表象层面是女性自我物化消费，实质是整个社会连同女性自我都将自己视为物化对象。

马克思早在《1844年经济学哲学手稿》中就提出"物的异化"与人的"自我异化"的命题。而后卢卡奇在《历史与阶级意识》中认为，商品普遍化的直接结果是造成了人类劳动的抽象化，商品形式的普遍性在主观方面和客观方面都制约着商品对象化的人类劳动的抽象。这种抽象化导致了物化合理性原则的确立。人们所看到只是物的世界，只有纯粹的人与物的世界之间的无限对立，无法自觉到人与世界之间的相互生成。正是市场经济与现代技术的结合，使之逆行走向了"浪费"。电视广告中的女性形象，"不再是欲望产生商品，而是商品产生欲望；也不再是欲望产生技术，而是技术产生欲望……不再是商品本身为消费对象，而是以商品的形象为消费对象"[1]。

电视广告传递女性若想拥有"白里透红"的皮肤，那么护肤、润肤、防晒乃至抗皱化妆品必不可少。看看充斥荧屏的各类化妆品：旁氏、安利、东洋之花等。OLAY润肤化妆品代言人张曼玉，电视镜头前楚楚动人的女性形象：动人妩媚的眼睛，红润光滑的脸颊，无疑该广告在宣扬使用OLAY润肤化妆品的神奇效果。（图3—2）风姿绰约女性形象也是商品，使用价值就是吸引观众对广告的观看，进而效仿电视广告女性形象进行消费。广告中女性就是美的化身，用裸露的身体包装商品，从而在男性充分欣赏之后，产生心理快感，于是这种快感和商品使用便勾连到了一起。女性与商品的结合，形成了女性形象的物化，以此来吸引人们的消费，尤其是男性群体。从中可以隐约窥见男权意识——对女性的占有。广告也引发了现实

---

[1] 潘知常：《大众传媒与大众文化》，上海人民出版社2002年版，第442页。

生活中的女性大量花钱进行整容、美容，不惜花费"血本"来使自己更美，商家则获取了丰厚的利润。近几年国际高端化妆品广告大量投放中国市场，如PRADA、CUCCI、雅诗兰黛、兰蔻、香奈儿等一线品牌占据电视黄金时段，一方面说明中国商业广告逐渐与国际接轨；另一方面这些奢侈品牌的国际名模也受到追捧，尤其得到21世纪新生代的喜爱。金发碧眼、性感时尚的美女无论走到哪里都吸引着男性的目光，尤其是身着奢华的礼服，在镁光灯下闪耀的国际巨星，更令男性陶醉。

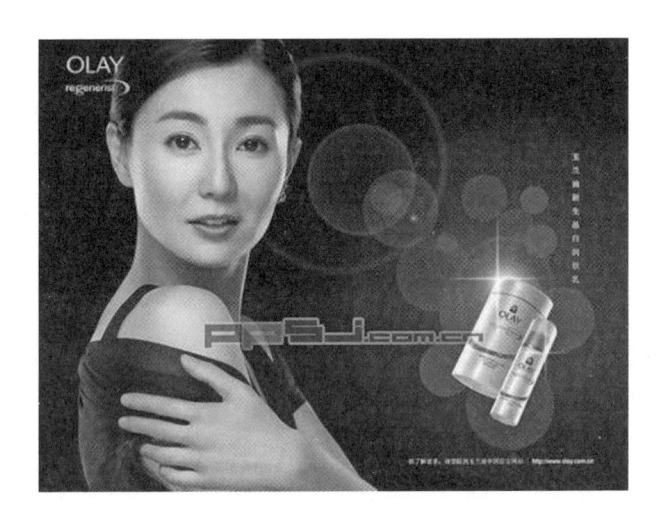

图3—2　OLAY润肤化妆品广告

（三）女性形象的性对象化

电视广告中，广泛存在女性形象的性对象化。女性形象作为男性的欲望客体，呈现出两种表现形态：一方面电视广告中女性形象的身体处于被肢解的姿态，广告运用电视镜头独特的放大效应，夸大呈现女性身体的性感部分，女性被肢解为丰乳、细腰、美腿等；另一方面，电视广告文本的广告旁白、广告剧情，隐喻性地展现两性间的性关系、性暗示。

第三章 当代中国电视广告中的女性形象

亚里士多德在《诗学》中认为隐喻是根据类似的关系将某个名词的意义转变为另一含义。"广告＝商品＋女人"已经成为不争的事实，在当前的消费文化语境之中，电视广告重复着这样的视觉盛宴。电视广告通过传递浪漫的、含蓄的广告旁白和女性形象，引起消费者浓厚的兴趣，激起强烈的欲望，这实际上是使观众的本能欲望在幻想的形式中得到满足，女性的身体则成为最为有效的"武器"。广告中看似形态各异的女性形象，其实就是刻意强调和凸显经过商品包装的女性形象：细腰、丰胸、长腿，千方百计增加女性的性诱惑力指数。女性形象的性对象化文本中，性关系成为处理两性关系的"法宝"。广告中女性扭曲身体，摆出各种诱人姿势；有些女性还做出飞眼、挤眼等暧昧的表情，传达出强烈的情欲含意。尤其是广告旁白，多采用一语双关的策略，言说的话语往往与性隐喻有关。

打开电视总会看到被肢解的女性身体。性感美女自信地展示着苗条、性感的身材，做着扭腰等暧昧的动作和言说含有性隐喻的广告旁白。女性形象在电视荧屏上已经演变成为女性以性感的身体，尤其是肢解的身体部位吸引男性。婷美内衣广告就是将女性身体予以肢解的典型例子。广告女主角穿婷美内衣前后形象发生变化，以及由于其形象发生变化产生的影响，完全是女性形象的性对象化。两位女主人公用自己的经历来演绎"婷美内衣"魅力。一位女性苦于身材的平庸而十分自卑，电视里在公众面前抬不起头。当她穿上了婷美内衣之后，马上变成了靓丽新娘：细腰、丰乳，成为焦点；另一位女主角则是一位中年妇女，未曾拥有婷美内衣之前，她泪眼朦胧地说"老公看我的眼神都变了"，而自从有了婷美内衣之后"一下子年轻了十几岁"，"做女人挺美！"完全沉浸在"婷美"营造的幸福之中。电视广告镜头有意将女性身体局部凸显，实质上这个过程完成了女性形象的性特征呈现。特写镜头与女性形象着装的暴露部分结合，女性形象连同商品一起成为成功男人不可或缺的标志，当这种性意识依附于某些产品进行信息传达时，女性的性感风情必然成为视觉传达的要素。类似的电视广告还有很多：巩俐代言的"曲美"减肥药品，有意展示巩俐性感的身材：纤纤细腰，与黑色紧身衣相搭配，性吸引力十足；"碧生源"肠润茶的广告称其主要作用是减肥，饮用后女性将会身材性感，更能吸引男性，镜头闪现细腰、丰乳、细腿的女性形象。鲍德里亚在《身体，或符号的巨大坟墓》中直言："高至臀部的长袜不是由于接近真的生殖器和肯定有所满足的前景而具有色情意味，而由于围绕生殖器被搁置在阉割状态的那种焦虑。"① 广告以隐喻的方式将性作为增加食物感官享受的手段的做法非常普遍。电视广告中的女性形象总是力图使自己更加性感，以风韵来吸引男性，商家更是在借用女性身体为其服务，女性形象的性对象化则成为其策略之一。叶舒宪认为："把爱欲和美的主题对象化到女性身上，构想成主管爱和美的女神，这绝不只是个别文化中的个别现象。大凡发展到父权制文明早期阶段的民族国家，都在不同程度上具有产生类似观念与信仰的现实条件。"② 女性就是这般处于男性视域中的性感尤物。

电视广告女性形象的性对象化盛宴，掀起了对女性身体意识的推崇，进而引导和促进女性身体消费大潮，"身体被出售着，美丽被出售着，色情被出售着"③，结果则是女性对自我的身体产生了质疑，为了拥有电视中广告女性标准性感身材而去减肥、整容，性感的女性形象成为她们追求的终极目标，而实现途径唯有消费。

（四）"被看"的女性

电视广告中女性形象是"被看"的，充当了男权思想意识下的

---

① 汪民安、陈永国编：《后身体：文化、权力和生命政治学》，吉林人民出版社2003年版，第36页。

② 叶舒宪：《高唐神女与维纳斯》，中国社会科学出版社1997年版，第312页。

③ [法]让·鲍德里亚：《消费社会》，刘成富译，南京大学出版社2000年版，第147页。

审美客体。女性的"被看"实为男性主体的"凝视"行为,隐喻着"权力运作或者欲望纠结的观看方法。它通常是视觉中心主义的产物,观者被权力赋予'看'的特权,通过'看'确立自己的主体位置,被观者在沦为'看'的对象的同时,体会到观者眼光带来的权力压力,通过内化观者的价值判断进行自我物化"①。约翰·伯格就西方绘画史"被看"的女性进行了较为深刻的阐述。他认为在父权社会中,男性有着较为宽松的空间与时间"建功立业",而女性则被封闭家庭狭小空间。长久以来建构的社会模式导致两性关系是女性被迫寻求男性保护,这既是社会分工的结果又是传统两性关系模式。于是,"为了生存,女性被迫寻求男性的保护,而这保护需要她们用自己作为商品来交换。女性是否有足够的魅力,能否给男性留下印象,将决定她们终生的幸福,因此她们从小就被教育要培养良好的风度"②,女性自身的观察者是男性,而被观看者是女性。故而,她把自己变成对象——一个极其特殊的视景对象,可以说"被看""凝视"都凸显和蕴含着性别意识。

女性形象作为被看的对象,凝聚着以男性为主体的视觉的集合。透过电视镜头,电视广告中女性的惯用模式是展示性感的身体。广告的假想观看主体以男性为主。约翰·伯格在《看的方法》中将广告中的女性形象称为"被看的女人","男人看女人,女人看着她们自己被看,这不仅决定了男人和女人之间的关系,而且决定了女人和她们自己的关系"。③ 透过电视镜头,女性作为"被看"的客体,而"看"的主体则是男性。此外,女性也作为看的主体,即女人看女人,在此过程中女性作为看客其实也是用男性的眼光窥视。李小江经过八年的研究,惊讶地发现"在所有的神话传说中,美神总是

---

① 赵一凡、张中载、李德恩主编:《西方文论关键词》,外语教学与研究出版社2011年版,第349页。
② 同上书,第357页。
③ 参见［英］约翰·伯格《看的方法》,陈志梧译,明文书局1989年版。

女身,审美主体总是男人;而女人仅仅是被欣赏、被'看'的目标,也就是说:'美',从来不是自然的"①。李小江的反思揭示了两性关系被忽略的性别偏见,而这种偏见并不被人们所认知或者被人们所忽视。在女权主义电影理论看来,"女人作为形象,男人作为看的承担者","女人作为影像,是为了男人——观看的主动控制者的视线和享受而展示的","观看癖的本能(把一个人作为色情对象来观看的快感),以及与之对比,自我里比多起着这类电影所利用的造形、机制的作用"。② 电影如此,电视广告、电视剧等亦是如此,"性视角"成为两性关系中的着眼点,同样吸引着众多的女性对男性的窥视。女性作为影像是为了女性——"观看的主动控制者的视线和享受而展示"的时候,被展示的女性对于作为观众的女性来说便不再是色情的对象,而成了模仿的对象。

  劳拉·穆尔维对于女性形象"被看"进行了文化形态的分析,从性别意识的形成这一角度,她认为男性主体是媒介文本的观看者,而女性则是被观看的客体。电视广告中的女性形象也是为迎合男性欣赏习惯及心理需求而设计的。"电影提供诸多可能的快感,其一就是观看癖。有些情况下看本身就是快感的源泉,正如相反的形态,被看也是一种快感。"③ 男性通过观看电视广告中的女性形象,享受视觉感观盛宴,实现"观看癖"的满足。可以说,男性的"看"与女性的"被看",实质反映了两性间性别关系的不平等,女性作为视觉关系中的"他者"角色出现。男性对女性的"凝视"体现了欲望机制和话语策略。女性的"被看""被凝视"意味着男权统治和男权价值在整个社会中的主导性和统治性。男性的主导性地位成为衡量一切的标准,成为一切价值的尺度。性别的凝视一方面是要批判

---

  ① 李小江:《解读女人》,江苏人民出版社1999年版,第83页。
  ② [美]劳拉·穆尔维:《视觉快感与叙事性电影》,载李恒基、杨远婴主编《外国电影理论文选》,上海文艺出版社1995年版,第567—574页。
  ③ 同上。

视觉的欲望因素,另一方面,电视广告中女性形象处于视觉"凝视"的焦点和"被看"的情境是基于批判男性在性别权力关系中塑造了对女性的话语权的构筑。

第三节 意义的生成:"他者"女性形象形成原因

当代中国电视广告"他者"女性形象的建构,实为多重因素共同促成的结果,具体呈现为显性原因、隐性原因和深层原因三个维度。由此,我们可循此研究理路予以揭橥。

一 显性原因:媒介机制与话语权

(一) 媒介机制中女性的"边缘"性

电视广告镁光灯下的"真实"不能单纯地视为事物、过程、价值的客观呈现,而是反映、产生权力的话语过程的社会建构。电视广告中的"他者"女性形象,与电视媒介机制紧密相关。电视广告依托媒介推广,但媒介传播并非中性,它有鲜明的性别意识建构趋向。媒介行业既是信息传播通道,也是现代媒介场域中的生产性主体。电视媒介在追求利益最大化的同时,必然受制于市场规律作用和媒介生产主体意识形态的"意识统摄"。这种存在的姿态必然形成某种意义矛盾,诸如一方面电视广告需要维护女性合法权益和主体地位,另一方面作为商业广告推广的主体必须通过对女性形象过度暴露来刺激受众的消费欲望。电视广告"他者"女性形象的建构取决于制造、宣传和售卖女性形象的媒介机制。

电视广告媒介机制领导决策层的性别结构差异对电视广告女性形象的建构产生直接影响。媒体行业中男女两性的关系仍可以视为"中心"与"边缘"的关系。李小江将"边缘"视为"从政治上看,弱势的、无权势的;从经济上看,落后的、不发达的;从文化上看,少数的、可以被忽略的"①。李小江宣扬的"边缘性"亦适用于电视媒介的生产者群体构成。女性在两性关系中的"边缘"性，体现为在政治层面、经济层面与文化层面均处于弱势地位。刘利群在《社会性别与媒介传播》对电视媒介两性在电视媒介机制中从业人员的知识素养、人员数量进行了调查研究，"统计结果表明，媒体职业女性当中，具有大专或大学学历以上者占到80%以上，媒体高级决策层和中级决策层中的女性比例则分别占44%和96%。女性决策者的数量与其占有总量1/3的庞大数量男性相比，比例悬殊。该比例意味着传播者作为'把关人'所拥有的决策权和控制权仍由男性所掌握。男性在媒体中的优势主导地位反证了女性在媒体职业中所处的低层与从属地位"②。女性在电视媒介管理层人员的比例较低也是构成其"他者"形象的缘由。电视媒介男权意识自觉完成了对女性形象的建构。电视媒介管理运作机制中清晰地体现了级别越高女性人数越少的趋势。

当前，国内大学的播音主持和广播电视编导专业考生爆满，电视媒介从业女性人数急剧上升，但并未对电视广播媒介生产机制带来改变。女性从业者遵循长期形成的"文化机制"。电视广告媒介机制的运作模式、文化价值往往由男性主导的团队建构。正如社会性别理论所指出的，社会媒介建构的女性形象不可避免地经过了男权文化的潜在调整，表现了男权文化对女性角色的期待，不同程度地带有对性别的假想和预设，即男权文化通过大众传媒参与并完成了对女性形象的塑造，最大程度上规约社会成员对性别观念的认知。

电视广告中"他者"女性形象甚至成为男权权力关系建构的"护旗手"。男性掌控的电视媒介在受众的关系中占据主导地位，电视广告中女性往往沦为男性的依附者。由于媒体从业者当中男性占

---

① 李小江：《主流与边缘》，生活·读书·新知三联书店1999年版，第3页。
② 刘利群：《社会性别与媒介传播》，中国传媒大学出版社2004年版，第163页。

据主导地位,媒介充当了重要的性别偏见传播机器,成为父权制的同盟军,借以维护和强化男权意识。

(二)话语权的"旁落"

"话语权"经过米歇尔·福柯宣扬和阐述业已成为媒介研究的重要的理论工具。在福柯看来,"广义层面的话语是指'文化生活的所有形式和范畴'都是话语。正是在这个意义上,他称自己的工作为关于话语的话语。狭义的话语,依照哈贝马斯的说法,接近于语言的形式"①。话语呈现为社会化、历史化及制度化形构的产物,而意义就是由这些制度化的话语所产生的。福柯宣称的"话语即权力,权力通过话语而在文化机制中起作用"成为对话语内涵的生动表述。我国电视媒介中男性主导话语权,使男权意识、男性思维模式等同于集体性的思维模式。电视广告是典型的电视媒介男权思想意识建构的产物。电视广告部的工作者掌握着广告生产的"话语权",主导着电视广告媒介意识方向,而从业人员以男性为主。男性掌握电视广告"话语权"的主导权,电视广告呈现"他者"女性形象顺理成章,男性的话语权力操纵着社会的整个语义系统。

电视广告媒介"权力支配"传统价值观是通过"话语"来阐述的,即权力是如何通过话语发挥作用,以及话语是如何根植于权力中的问题。从文化与权力关系看,作为媒介权力运作主体,男性居于"说"的位置,此种深层的社会观念和文化心理影响女性心理、行为以及整个社会对女性性身份表征的价值评价。电视媒介巩固和加强现存男权秩序,使性别歧视在现代社会显得广泛而合理。电视传媒所塑造的定型化的性别角色极易内化为受众的社会期待,最终影响受众的社会性别认识。正是电视媒介占有话语权,并通过电视广告传播特定"符号意义"体系,建构人们的认知概念和价值体系,

---

① 刘立刚:《新闻传播研究:范畴与范式》,中央民族大学出版社2013年版,第41页。

形成对人们社会行为隐性支配,而这种隐性支配的实现则是通过电视广告来完成的。

二 隐性原因:经济联姻

电视广告中"他者"女性形象出现,另一个因素是经济联姻体滋生的结果,即商家、电视媒介和广告女性代言人三者形成"共谋组织"。而将这三者联结起来的纽带则是经济利益,为了追求高额的经济利益而实现"他者"女性形象的建构。

当前经济因素业已成为评估一个国家、一个民族乃至一个人价值存在最有说服力的指标。经济意识深入渗透到社会的各个领域乃至人们的思想深处。作为商家,为了获取高额的经济利益,不惜花费重金投入电视广告,以吸引更多的消费者;作为电视媒介机构,一方面收取商家巨额的广告费,另一方面则博得了较高的收视率,从而扩大其知名度,与此相应的是电视媒介的无形资产得到升值;作为广告女性代言人,可以得到高额的广告代言费,并且通过广告提升自己的人气,可谓一举两得。商家、电视媒介和女性代言人在经济利益的驱动下,构建了一个利益共同体。电视媒介通过播放电视广告获取高额的广告费。"电视广告业是电视的主要产业。国内90%以上的电视媒体,其产业结构中总收入的90%以上来自广告。"[①] 电视广告所获得的经济利益理所当然地会对整个电视媒介的发展起到积极的推动作用。商家也正是看到电视广告所带来的丰厚的利益回报而更是投入巨额的广告费用。

电视广告以中国经济良好的发展态势为依托,加之中国市场已经逐渐形成供大于求的经济格局,具备了消费社会的特质。商家投

---

① 徐瑞青:《电视文化形态论:兼议消费社会的文化逻辑》,中国社会科学出版社2007年版,第214页。

重金于电视台，正是看好电视广告的巨大受众影响力。商家要想在市场的博弈中拔得头筹，电视广告便成为有效"法宝"。通过电视广告强制性呈现在广大受众眼前，使消费者日益了解认同广告宣传的商品。与此同时，电视广告培养了数量庞大的商品消费"潜力军"。20世纪90年代，正是基于电视广告效应，曾演绎了白酒销量的神话。秦池酒投巨资夺得央视广告标王，很快秦池酒的销量居于中国白酒前列，勾兑而成的秦池酒，品质当然不能与传统品牌酒相提并论，但依然在市场上销量大增，全年销售额翻了两番。从电视广告所达到的商业效果来看，广告对塑造企业品牌、增加产品销量起到了巨大推动作用。无怪乎秦池老总王卓胜说了一句："我每天开进央视一辆桑塔纳，开出一辆豪华奥迪。"电视广告为企业集团制造了轰动效应，使它们吸引了更多的消费者，获取了更大的商业利润。电视广告女明星代言人也获得了高额的广告代言费。电视广告女性形象作为一个文化意义符号的产生，有其产生的根源，商家、电视媒介和女明星三者联袂造就了电视广告中的女性形象。而将三者联系在一起的纽带便是巨大的、诱人的经济利益。依照市场法则运行的电视媒介生产机制，客观上顺应了新的时代发展的要求，自然呈现出较为旺盛的生命力。

三 深层原因：消费文化与男权思想的合谋

电视广告"他者"女性形象的形成与深层的男权意识形态建构有关，即消费文化与男权意识合谋。男权思想意识是支配社会观念的主导，而电视广告成为宣扬男权意识的"传声筒"。电视广告女性形象正是在看似无比新潮和时尚的消费文化图景中，完成男权思想对女性形象的"他者"建构。

（一）为女性造梦：消费文化的神话

电视广告对女性形象的塑造不是其终极目的，而是一种途径和手段；电视媒介穷尽各种思潮来吸引电视观众观看广告也不是电广告的最终目的，终极目的是希望观看电视广告后的解码过程与电视广告宣扬的男权思想、消费观念的内在契合。观看电视远非单纯的视觉欣赏，背后还有其他文化形态的滋生与传达，尤其电视广告给女性的造梦神话。

1．"虚假的需求"

随着我国经济、文化长足发展，物欲和文化需求日益多元化，传统的消费观念、生活模式发生了空前变化。人们追求高标准的物质享受，消费成为社会风尚。鲍德里亚在《消费社会》对消费文化进行了阐述："从一开始就必须明确指出，消费是一种积极的关系方式（不仅于物，而且于集体和世界），是一种系统的行为和总体反应的方式。我们的整个文化体系就是建立在这个基础之上的。"① 消费社会与此前以生产为中心的社会的根本不同之处在于商品的全面过剩。鲍德里亚的消费文化理论是以"消费"代替生产，将其确定为全球化语境下后工业社会的核心表述。消费文化着意味商品的使用价值已不再占有主导性的地位，人们更多地关注商品的符号价值，即商品表征的社会地位。实际上，以商品表征的符号价值完成了对阶级与阶层的社会区分。

马尔库塞的《单向度的人》提出当代西方社会是一个总体统治和总体异化的社会，在这个总体统治和总体异化的社会里，工人阶级已经被社会同化而沉溺于对商品的追求和消费中，这意味着当代西方社会已经是一个否定的力量和对立面被消解的单向度的社会。身处在发达工业社会里的人们，个人的需求恰恰成为目前社会制度和利益所企求和所需求的，这是反理性的，是一种虚假的需求。电视广告正是创造出了马尔库塞所言"虚假的需求"。人的真正需求理应是摆脱物的束缚而对崇高东西的追求，然而处于现实消费社会的

---

① ［法］让·鲍德里亚：《消费社会》，刘成富译，南京大学出版社2008年版，第1页。

人则完全相反。电视广告中的女性形象正是给女性造梦,创造女性"虚假的需求"。

电视广告不遗余力地为女性造梦——时尚女人。而这个时尚女人的包装之源就是全社会极力推崇的消费。女性只有通过消费,才能如同电视广告中女的性形象一般,拥有白皙的肌肤、如丝般顺滑的乌黑长发、时尚的衣装、亭亭玉立的身材等。女性的脸、头发、服饰与身材也正是男性所期待的理想女性标准。消费文化迎合男性心理需求,依托电视广告来塑造"标准"女性形象,传达作为女性应当拥有的标准形象。现实生活中大众如果想拥有此形象特质则必须消费——疯狂地购物,参照的标准就是电视广告形塑的女性形象。消费便成了人们的生活追求,追求电视广告中梦呓般的生活美景成为人生活的基本动力。彼得·斯特恩斯认为消费文化是"描述一个社会,在这个社会里,很多人的生活目的是部分地构建在获取他们显然根本不需要的物质或不是传统地需要展示的东西上。他们投身于获取东西的过程——买东西。他们的身份部分是由他们所拥有的新买的东西或新展示的东西决定的"①。电视广告创造人们的这种无限的欲望,正是消费社会所期待的。消费社会人与人的关系逐渐被物与物之间的关系所取代。商品对人类产生了一种支配作用。马克思把商品世界的这种神秘性喻为商品拜物教。消费文化中"商品所构成的物的体系,表达了操作该社会的人和阶层试图引导社会达到的目标和方向,同时也表达了被操作的人群所要追求的那些实际上已被控制的欲望和信念"②。而被构建的欲望与信念就是消费文化的筑梦成果。消费社会商品无处不在,"自从自由交换结束以后,商品就失去了它的经济性质,而且有了偶像崇拜的性质,这种偶像崇拜的性质一成不变地渗入了社

---

① Peter N. Stearns Consumerismin World History: The Global Trans formation of Desire, London: Routledge, 2001, p. 9.

② 高宣扬:《流行文化社会学》,中国人民大学出版社 2006 年版,第 258 页。

会生活的各个角落"①。商品所表征的社会意义能指,引领着人们对于商品符号的艳羡与追逐,而这种情境的出现正是电视广告追求的效果。广告呈现珠光宝气、时尚前卫的美女形象,引领广大女性消费者的消费,追逐广告效益造就的"时尚""流行"元素。

电视广告视觉图景不断地刺激人们的消费欲望,影响人们的消费方式和习惯。电视广告总会告知人们如何生活更好一些,如何穿着时髦一些,如何举止更浪漫一些。人们生活在消费社会毫无反思地追求和享受"虚假的需求",把占有物品和商品作为人生价值的实现,而非批判地、审美地对待生活。罗兰·巴特的《神话学》一书分析传播媒介和广告:"他表明广告的实际效果,是说服我们相信消费社会的某些特定的商品(抽某种特定商标的香烟,买某一特定的汽车,使用信用卡,积攒大量并不需要、可有可无的东西)是绝对自然的,而不是人为的,也不是历史性的,这些商品来自一个永恒的消费欲望,而这个欲望根植于'人性'之中。"② 面对电视广告中女性的苗条身材、丰满胸脯,现实生活中的女性不自觉地对自己的身材、皮肤、服饰产生了怀疑,便把电视广告塑造的形象作为自己追求的目标。要拥有标准女性形象,女性必须消费广告推崇的各种减肥用品、瘦身衣等,并且尽最大可能地节食,以达到所谓的"魔鬼身材",还导致许多女性去整容。电视广告建构了女性理想形象的标准,并且这样的想象图景也被整个社会认同。

电视广告完成了对女性形象的建构,人们沉浸在广告塑造的虚拟的世界,日渐丧失了对真实世界的把握和个体的内省。女性把"虚假的需求"作为生活终极目标,消费文化和电视广告在潜移默化中完成了对女性乃至所有人的规训。人们对真理及客观世

---

① [德]霍克海默、阿多诺:《启蒙辩证法》,洪佩郁译,重庆出版社1990年版,第24页。

② [美]杰姆逊:《后现代主义与文化理论》,唐小兵译,北京大学出版社2005年版,第240页。

界的追求被虚无缥缈的虚幻世界所取代,而这虚幻世界就是电视广告的产物。

2. 情醉"乌托邦"

消费文化的典型症候是鼓励广大消费者进行消费,呈现为消费商品的消费文化意识形态。电视广告为女性造梦,不但使女性追逐"虚假的需求"幻象,而且为女性创造"乌托邦"的生活图景。"乌托邦"的生活图景实质就是电视广告向女性消费者"推销"全新的生活理念,即物质主义、消费主义的生活方式。当前电视广告传播策略——一种柔性的、人性化的促销说服风格。广告通常并不是赤裸裸地"王婆卖瓜",而是把商业动机乃至商业性质掩藏起来。电视广告中男主人公驾驶豪车下班回到家,贤内助妻子正在厨房忙得不亦乐乎,住的是宽敞的别墅或豪华的公寓。广告结束时全家一边看着电视,一边分享着妻子做的美味佳肴。广告向受众传递理想化的生活方式。作为现实社会中的人们,夫妻两人往往都是上班族,何来高档的别墅以及高级的汽车?正是电视广告的重复播映,日益产生的巨大影响力,女性乃至所有人都会把塑造的生活图景作为现实世界人们追逐的梦,尽管这种生活图景远离现实生活。

鲍德里亚认为消费塑造了人们的生活方式,消费已经渗透进社会生活的各个方面,具有控制整个社会的能力。女性身着华丽的服饰,戴着硕大的钻戒,步入高雅的西式教堂举行婚礼。而步入婚姻殿堂的前提就是男性以硕大的钻戒为"法宝",打动"公主"。其隐喻义是男性要想拥有婚姻,必须拥有购买硕大钻戒的能力,延伸推理就是男性必须拥有较强的经济实力。同样,传达给女性的则是男性若没有很强的经济实力,那么理想的两性关系便不复存在。实质而言,"电视广告的原始功能本在于通过付费的方式在大众媒介上将特定的商品信息传递给特定人群。然而,作为媒介传播的一种重要方式,电视广告在传递商品的同时,也复制或建构社会关系,形塑价值观念和意识形态"①。这种价值观念和意识形态也就是电视广告所推崇的"乌托邦"的生活方式，它远离普通民众的现实生活。消费文化最根本的宗旨就是鼓励广大消费者追求高标准的物质消费，努力实现电视广告建构的"乌托邦"梦境。

（二）男权思想"幽灵"

男权思想之所以长期存在于两性历史很大程度上是因为男权思想具有"与时俱进"的特性。并且能够积极假借新生事物来再度实现对女性形象及两性关系的"他者"建构。男权文化"与时俱进"的特性从另一个维度佐证了整个人类社会规则的制定就是遵循这样的原则来形成的。

男权思想的"幽灵"即指男权思想无处不在，影响力与渗透力的无所不在。德里达在《马克思的幽灵》中视"幽灵乃是一种自相矛盾的结合体，是正在形成的肉体，是精神的某种现象和肉身的形式"②。幽灵的特征在于：我们看不见幽灵，但是幽灵却注视着我们。男权思想对于电视广告的影响，就以"幽灵"方式呈现，显示出男权思想的影响力与渗透力无所不在。男权思想正是运用了当前在我国日益发展的消费文化，来完成"他者"女性形象建构。电视广告中女性形象的形成与传统文化中男权思想意识的影响有关。儒家文化中女性往往有无私、善良、隐忍等品质，这些品质被认为是女性的"理想人格"，实为传统文化的男权意识的要求，女性作为男性的附属品出现。电视广告女性形象的符号化、物化、性对象化以及满足男性"观看癖"，与电视媒介乃至传统文化中男权思想意识息息相关，完全是传统文化根深蒂固男权中心思想再现的结果。尽管

---

① 王金玲、卜卫：《1995~2005：中国电视广告中的两性形象及变迁》，载中国社会科学院研究生院新闻系"电视广告中的两性形象"课题组《中国妇女发展报告：妇女与传媒》，社会科学文献出版社2007年版，第25页。

② ［法］雅克·德里达：《马克思的幽灵：债务国家、哀悼活动和新国际》，何一译，中国人民大学出版社1999年版，第11页。

许多电视广告是无意识中完成对女性形象的塑造,并且电视广告制作者也申明其并无男权思想,然而这从另外一个维度反映男权文化已经深深地根植于电视广告媒介、电视观众的心理,形成人们一种性别观念盲点的集体无意识心理,人们习惯地认为女性只有具备美丽、宽容、无私、恬静、隐忍等品质特征,她们才是理想的母亲、妻子、情人。

女性美的标准的变迁,彰显出男权思想意识形态对于女性的影响。电视广告女性形象的符号化、物化、性对象化以及满足男性的"观看癖",可以说是男权思想意识形态的再现。当下电视广告中宣扬的标准女性形象就是:纤纤细腰,凸显性感三围,以及白里透红的肌肤等,而建构此标准离不开男权思想意识形态的参与。实际上,消费文化语境女性的身体叙事成为比其他一切都更美丽、更珍贵、更光彩的商品。女性身体负载了较多的后现代内涵。传统文化的男权中心思想,一方面影响电视广告女性形象的传播,建构了电视广告"他者"女性形象;另一方面传统文化中男权思想又通过电视广告实现进一步宣扬,深深地影响了电视广告女性形象的传播。男性中心的文化暗中支配着消费文化中的女性并通过现代大众媒体不断强化和巩固,女性在消费文化中的对象化、物化现象和被动地位,意味着男权制在消费文化中对女性的控制依然存在,成为现代消费社会中一个重要的文化控制力量。

第四节 电视广告女性形象受众分析

大众媒介是信息传播的载体,是信息表达与传递的中介。其中信息是符号和意义的统一体。符号是信息的外在形式或物质载体,意义是信息的精神内容。媒介借助"编码/解码"理论对现实世界进行编码,受众通过对编号的符号进行解码,感知社会现实。我们也可以说,大众媒介所营造的"符号世界"是基于现实,而又不完全同于现实。

　　电视媒介作为大众传媒中最有影响力的一种，拥有庞大的受众群体。欣赏电视已经成为千百万中国家庭习以为常的娱乐消遣模式。就电视受众而言，对女性电视广告的解码不但对产品本身的传播具有重要意义，从更广泛的视角而言，受众对电视广告的接受亦关系到整个社会体系对女性形象乃至两性关系的认知。电视广告塑造的女性形象对于广大受众群体，尤其是女性受众有举足轻重的影响力，从而使女性受众追逐电视广告中的标准女性形象，将之作为现实中生存意义的指向。霍尔在《电视话语的制码与解码》中描述电视媒介传播观众"解码"阶段，"这里占据主导地位的仍然是意识形态问题，如观众世界观和意识形态立场等"[1]。电视广告女性受众在披上时尚外衣的"他者"女性形象之后便成为电视广告的忠实"信徒"。

一 "忠贞"的女性受众

　　电视媒介的女性受众群体庞大，电视广告女性形象对女性受众产生了巨大的影响。"如果按中国总人口12亿、电视覆盖率为87.4%，假定被覆盖地区的受众都能看到电视，以及男女人口比例为1∶1等条件估算，中国女性电视受众应为5.2亿左右。"[2] 中国妇女杂志社和华坤女性调查中心曾就"女性阅读与观看的习惯和倾向"题目对北京地区的女性读者进行了问卷调查。调查共回收问卷967份，接受调查的女性年龄在19岁至30岁的占29.14%，30岁至49岁的占56.95%，50岁以上的占10.16%；接受调查的女性中专以下学历的占34.22%，大专学历的占35.56%，大学本科以上学历的占28.14%。调查结果显示，52.67%的女性认为传媒是自己生活中

---

[1] 朱立元：《当代西方文艺理论》，华东师范大学出版社2006年版，第467页。
[2] 卜卫：《媒介与性别》，江苏人民出版社2001年版，第54页。

"不可缺少的一部分"，36.63%的女性认为传媒"较为重要"，认为"可有可无"的仅占7.49%，而表示"完全不需要"的只有0.8%。①

由以上的数据可以看出，女性是电视广告信息的主要接收者。因此，广告商和销售商在制作电视广告时，首先考虑的广告代言人往往是与大多数受众同性别的女性。

从收视行为来看，女性比男性更依赖电视。女人喜欢看电视剧，而电视剧中总是插播大量电视广告。女性喜欢在一个假定的、虚拟的故事里寻找自己的影子。在看电视娱乐节目时，青年女性中有40.2%的人是"以看电视为主，兼做其他事"，32.2%的人选择了"放下其他事，专心看电视"，从中我们可以看出青年女性对电视娱乐节目的关注程度。②其实是因电视娱乐节目、电视广告，尤其是电视剧是女性情感释放地，她们会在电视中寻找与自我身份与命运相似的女性，达到情感共鸣，也会对与她们的经历有关的话题投以特别的关注。

女性受众对电视可谓"情有独钟"。观看电视成为女性休闲消遣的最主要方式。无论是年轻女性还是中年妇女，电视业已成为她们生活的"亲密伴侣"。尽管当前以移动互联网、大数据等为表征的新媒体在我国得到了空前的发展，平板电脑、智能手机等空前发展，但电视依然占据相当规模的受众，尤其对中老年观众来说看电视是他们生活最平常的习惯。观看电视使国人从紧张的工作空间短暂脱离，能在家中享受轻松惬意的生活。在这个庞大的受众族群中女性占据了绝对性主导地位。以商业为目的的电视广告自然占据了电视媒介的各个播段。女性对电视的钟爱日益成为一种"集体无意识"，在日复一日的电视观看过程中，电视在某种意义上已经在充当人的"伴侣"角色，电视广告就必然对电视受众产生深

---

① 华坤女性调查中心：《女性与媒介》，《北京现代商报》2002年12月27日。
② 赵树勤：《女性文化学》，广西师范大学出版社2006年版，第142页。

度影响。同时电视机又成为当下女性家居的一个固有的装饰，有电视机的存在，女性才有"安全感"，电视机中传出的声音和图像都是构筑女性生活必不可少的组成部分，哪怕这些音像符号与女性没有任何交流。

二 消费文化观念再生产

电视广告中的女性形象，对于广大电视受众群体，尤其女性受众群体产生非常明显的影响。"电视内容对个人行为的影响，是通过主人以发现自我认同来实现的。"[①] 电视广告完成了给女性受众的造梦，诱导广大女性疯狂消费。电视广告制造了女性受众的消费欲望，"不再是欲望产生商品，而是商品产生欲望；也不再是欲望产生技术，而是技术产生欲望。因此，消费不再是有限的，而是无限的。而且，不再是以商品本身为消费对象，而是以商品的形象为消费对象"[②]。女性受众在电视广告的耳濡目染之下，完全将电视广告中的女性形象作为现实生活中的理想追求。实际上女性消费的不是商品，而是某种身份、某种高档生活方式的符号。

电视广告具有较强的社会文化影响力，传播全新的世界观、价值观。麦克卢汉指出媒介是人的延伸。媒介运用现代科学技术，扩展和延伸了受众的视觉、听觉和触觉，使女性受众认识和感知社会。同时受众对不同符号的解读，带来的行为和活动反作用于社会。传统媒介和现代化媒介提供各种各样的信息，饱和式轰炸人们的日常生活。家居杂志给受众呈现出理想的生活景象，大面积的住宅、奢华的装修风格、时尚现代的电子设备。电视广告通过呈现时尚新潮的少男少女和精明成功的商界男士，宣扬消费文化的理想国。同时，媒介的发展也对受众的审美产生了影响，他们的生活方式和意识形态也不可避免

[①] [日] 佐藤卓己：《现代传媒史》，诸葛蔚东译，北京大学出版社2004年版，第203页。

[②] 潘知常、林玮：《大众传媒与大众文化》，上海人民出版社2002年版，第442页。

地跟随媒体的诱导发生变化,现实世界和媒介构建的理想世界的边缘被模糊,受众对美的判断标准开始被媒介宣扬的"符号"所怂恿。受众在媒介符号的诱导下构建自己的理想生活和审美世界。

　　摄影机的镜头给电视受众群体形成一种身临其境的感觉。女性受众不自觉地会认为只要用了某种化妆品,就会如同电视广告中的女主角一样,吸引众多男士的眼球,得到心仪的白马王子。在"曲美"商品电视广告中,巩俐在电视镜头中呈现"S"型的性感身材,凸显性感三围,广告的首要目的是满足受众对于美的追求。作为女性观众和消费者,会不自觉地向电视广告中性感的女性形象看齐。当她们发现自己的衣着妆容与广告中巩俐形象存在差异时,广告信息符号就会发挥作用,成为女性标准形象的标尺,弥补差异的途径就是购买"曲美"。实际上,广告的"作用在于,当我看到'万宝路'广告之后,我决定要买一包'万宝路',也就是广告必须作用于更深一层的欲望,甚至是无意识的需要,有些还和性欲有关"[1]。电视广告女性受众持续接受电视广告宣扬的生活场景、生活模式,将广告置于生活情境之中。如同霍克海默所描述:"一个年轻的姑娘,当她在想表示接受或拒绝对方的约会时,当她在打电话或在约会的地方谈话时,或者叙述自己的心理和内心生活时,她都想能按照文化工业提供的模式进行表达。"[2] 而文化工业提供的模式就是电视广告提供给受众的生活场景和生活方式。电视广告不仅渗透于现实生活的各个领域、各个层次,而且潜移默化地影响着所有受众群体的文化素质、价值观念、心理结构。甚至有人认为:"电视不是社会的反映,恰恰相反,社会是电视的反映。"[3]

---

[1] [美]杰姆逊:《后现代主义与文化理论》,唐小兵译,北京大学出版社2005年版,第200页。

[2] [德]马克斯·霍克海默等:《启蒙辩证法(哲学片断)》,洪佩郁、蔺月峰译,重庆出版社1990年版,第158页。

[3] [英]汤林森:《文化帝国主义》,冯建三译,上海人民出版社1999年版,第116页。

女性受众接受了电视广告宣扬的生活观念后,便会有意无意地效仿。这便导致购买一双 NIKE 鞋与普通鞋截然不同的心理感受,NIKE 成为一种身份的象征。任一鸣说:"当今社会人们的购买热点和生活方式已经表明,电视广告正得到越来越高的信任度,关键并不在于人们信任并接受了电视广告所介绍的产品,而在于人们接受了电视广告所介绍的生活观念,因为这个观念是纯粹理想主义的。受众在把产品买回家时,不自觉地把生活信念寄托在电视广告所勾画的理想世界里,悄悄地期望着电视广告里的甜蜜和温馨、爱情和美丽、豪华和高雅有一天会停留在自己身边。"[1]

电视广告女性受众审美心理的形成,是将广告中女性形象及其塑造的生活模式作为受众群体生活的终极意义和追求标准。女性受众通达"终极理想"的途径就是疯狂的商品消费。"由于流行文化在很大程度上表现为消费性的商品和鉴赏对象,使人们在消费和鉴赏的时候,往往只是被它的光怪陆离的感性外表所迷惑,被它的外形的诱惑性结构所吸引,将他们精神和思想的注意力集中于流行文化的物质性质和感性特点,从而有效地掩盖了它的意识形态性质。"[2] 电视广告中的女性形象,可以视为流行文化典型形态。人们对于电视广告中的女性形象的效仿,只是迷惑于其"感性外表",未曾发觉男权思想与消费文化"合谋"的"幽灵"。

电视广告女性形象对传统文化中的经典女性形象形成解构和颠覆:女性有言说自我的话语权力、张扬自我的身体意识、自由主动地表达情感,从而开拓前所未有的审美心理空间。可以说这类电视广告中的女性形象与传统文化中男权思想构筑下的"经典"女性形象相比较,对两性间性别平等有积极性意义;然而,电视广告中的女性形象并没有摆脱数千年根深蒂固男权思想的影响,当下男权思

---

[1] 任一鸣:《电视广告符号与人类文化》,《社会科学》1990 年第 11 期。
[2] 高宣扬:《流行文化社会学》,中国人民大学出版社 2006 年版,第 315 页。

想与消费文化合谋，建构了消费文化语境中电视广告女性形象，呈现出女性形象的符号化、物化、性对象化以及满足男性"观看癖"的特征。

当前消费社会中，很大一部分女性在摆脱传统的"贤妻良母"等传统文化建构的"经典"女性形象之后，走向了另一个极端：追求高标准的物质享受，漠视最基本的人伦道德，有的甚至吸毒、钱色交易等，并且最令人担忧的是这类女性将这种生活方式认为是"自我解放"或"与男性争取同样的权力"。从某种意义上说，女性在逃出了传统男权思想牢笼之后，又不自觉地落入消费社会构筑的男权围城——消费文化和男权思想构筑的"陷阱"。"作为奢侈生活方式的流行文化，实际上就是一种特殊的现代消费方式。它既是现代社会的一种炫耀式消费活动（conspicuous consumption），又是社会大众相互交流、沟通、协调及互动的一种社会生活方式。"① 而这种炫耀式的消费方式，被女性视为生活的终极目的，从而忘却了这种生活模式实际上是整个男权社会所建构的。众多女性依照电视广告中女性形象消费之后，认为通过消费女性可以和男性拥有同样的物质产品，享受同样的生活，达到了两性间的平等。殊不知，电视广告女性形象正是男权思想在消费社会语境下建构的"他者"形象，女性悄然走上了歧途的"救赎"之路，自己对此却一无所知。

电视广告中的女性形象凸显了两性关系的差异，数千年未曾改变的"他者"命运。但是，我们亦可发现电视广告中的女性地位、权利等方面不断地取得进步。《国际歌》里唱道："从来就没有什么救世主，也不靠神仙皇帝。要创造人类的幸福，全靠我们自己！"那么，电视广告媒介的工作者、性别意识启蒙的青少年以及社会上各行业的工作者，应当具有性别平等的两性观念意识。而如何践行这样的性别关系，需要从生活中做起，从小事做起，为形成平等、和

---

① 高宣扬：《流行文化社会学》，中国人民大学出版社2006年版，第226页。

谐的两性关系作出努力。要想改变电视广告中女性形象乃至整个社会中女性的自我主体性，并不能寄希望于社会上"女士第一"的绅士精神，而应对于电视广告中"他者"女性形象的形成原因有比较清醒的认识，其形成实为消费社会多重因素合谋的结果。

第四章

女性身份、历史、话语的博物馆再现

第一节 关于女性博物馆

一 博物馆的发展与功能

博物馆的产生萌发于人类的天性——收藏心理和纪念意识。当人类通过记忆和学习不断提高自己适应自然和社会的能力，使社会和文化发展到具备收藏条件时，收藏就成为社会生活的重要部分。博物馆在英文中的拼写为"Museum"，按照《牛津英语辞典》的解释，该词语的语源是希腊语"Museion"，意为"供奉缪斯（Muse[①]）及从事研究的处所"。

历史上最早有记录的博物馆是埃及亚历山大里亚港口城市建立的亚历山大博学园中的缪斯（Muses）神庙。它始建于公元前290年，是托勒密王朝菲拉德尔费斯二世和其父索塔尔为了礼拜宙斯神与记忆女神的九个女儿[②]而创设的。早期博物馆首先是一个神学机

[①] Muse 是古希腊罗马神话中的女神，最初司职歌舞、演出，后转为诗词的庇护神，进而延伸为一切文理科学的保护神，甚至和竞技体育也有一定的联系。

[②] 指掌管史诗、音乐、情诗、修辞、历史、悲剧、喜剧、舞蹈和天文的九位女神。

构，并且具有学院的职能，因而更像是综合性大学的原型。还有一些神庙也有保存文物的职能。① 启蒙运动发生后，启蒙运动家们强调人权和对哲学和科学的追求，这种不论职业、身份、贫富的人权无区别思想，体现在教育领域正是"人人成长皆平等"的近代公共教育思想。1683年，英国贵族阿什莫尔将其收藏全部捐献给牛津大学，成立阿什莫尔博物馆，出现第一座具有现代意义的博物馆。此后，大英博物馆、卢浮宫等博物馆纷纷向公众开放。这些博物馆强调开放的灵活性，基本原则是坚持最大限度为公众服务，现代公共博物馆应运而生。

在世界范围内，博物馆在人们生活当中都占有相当重要的位置。作为社会文化教育机构，其活动已渗透到科学、教育、文化、旅游、环保等各项事业中，是人们扩大知识面、满足审美享受、培养生活情趣、陶冶身心的重要场所。同时，它作为保存和研究人类文化遗产的重要机构，通过组织专家学者进行深入的研究工作，能够更好地揭示藏品的科学、历史、艺术等价值，以实现社会效益目标。欧美就将博物馆的功能概括为"Educate、Entertain、Enrich"，即"教育国民、提供娱乐、充实人生"。美国纽约自然历史博物馆把本馆职能标志画在馆徽上："Education（教育）、Expedition（探索）、Resesrch（研究）"，很好地概括了博物馆在当代社会的功能。"博物馆是人类对自己生存环境物证的直接面对，是跨越时空的历史记忆的场所，尽管作为文化设施的博物馆是一种公益性的社会机构，博物馆对文化遗产的保护与传承是人类集体的行为，但是这种记忆其实是每一个人都需要的。"②

如今，一个国家拥有博物馆的数量及其分布状况，拥有馆藏文

---

① 大百科全书编委会：《中国大百科全书·文物博物馆卷》，中国大百科全书出版社1986年版，第563页。

② 曹兵武：《记忆现场与文化殿堂——我们时代的博物馆》，学苑出版社2005年版，第17页。

第四章　女性身份、历史、话语的博物馆再现　✳✳　127

物的数量和品质，以及藏品向公众展览的服务质量，成为衡量该国文化实力的重要指标。然而，同世界文物大国和文物强国相比，中国的博物馆事业发展差距较大。一是从博物馆覆盖人群的数量上看，截至1999年，中国约60万人拥有一座博物馆，日本约14万人，荷兰和德国约1.6万人，法国只有1万人。二是从博物馆的数量上看，中国共有2300多座各类博物馆，英国有3000多座，法国有近5000座，美国有8000多座。三是从博物馆馆藏文物的数量上看，截至2005年，国内文物总数约为1200多万件，国内最大的故宫博物院有文物北京150万件、台北65万件，约占全国馆藏文物的17.5%。对比国外，英国有馆藏文物1.8亿件，是中国的15倍；法国有馆藏文物2亿余件，是中国的近20倍；只有200余年历史的美国，仅美国斯密森博物院（文物1.3亿件）、美国自然历史博物馆（文物8000多万件）、美国国立历史博物馆（文物1700多万件）3家博物馆，文物藏量就是中国馆藏文物总数的10.8倍。[①]

二　女性博物馆的界定与内涵

关于博物馆的概念，国际博物馆协会1989年9月在荷兰海牙举行的第16届全体大会上通过的《国际博物馆协会章程》中的定义，是目前国际上比较通用也比较稳定的。该章程规定："博物馆是为社会及其发展服务的非营利的永久机构，并向大众开放。它为研究、教育、欣赏之目的征集、保护、研究、传播并展示人类及人类环境的见证物。"[②] 这一描述说明，当代博物馆强调人的需要，重视物与人的互动关系，更加贴近社会生活的各个领域，更加关注人类的今天和未来。

女性博物馆作为博物馆中的一个重要组成部分，既有博物馆的

---

① 吴树：《谁在收藏中国》，山西人民出版社2008年版，第198页。
② 王宏钧：《中国博物馆基础》，上海古籍出版社2001年版，第38页。

一般属性，又有自己的独特属性。我们认为，女性博物馆的界定有两个方面的要点。一方面，要符合博物馆的一般属性，包括：一是开放性，必须真正向社会公众开放；二是规模性，要拥有独立的空间、建筑或具备一定的规模；三是广博性，应当具有丰富的馆藏内容，能够反映相当的时间跨度。另一方面，之所以称一座博物馆为女性博物馆，最重要的是具备专题性，能够反映女性视角，再现女性身份、历史、话语。从历来博物馆理论与实践的产生、发展来看，似乎只有一种性别——男性，而这种由男性视角折射出的世界，显然并不能呈现出世界的多样性和多层次特征。女性博物馆的建立应当立足于添加性别要素和全面审视现实的需要，赋予馆藏内容以女性特征，发现隐藏在话语背后的叙事，揭示历史中的女性问题，促使参观者对女性作为"第二性"边缘人群的关注，重新确立女性经验、观念、身份的独特价值，具有这种"表述规则"的博物馆才是女性博物馆。

在这里，根据女性博物馆的界定要点，结合其客观性和独立性的特征，可以大致地框范出女性博物馆的内涵轮廓。

首先，女性博物馆是一个特定的研究范畴，它作为社会个体集合的女性实际生活状态的符号化表征，也是这一意义上的物质与实践的总和。这体现出女性多元、分散的"身份"问题。

其次，女性博物馆既是一种文化形态，也是一种意识形态的体现。它以馆藏为其介质，构成复杂的意指系统，通过透视女性的生命和情感，再现女性的"他者"地位，抗拒并颠覆男权社会秩序。这正是对女性"话语"的重新思考。

最后，女性博物馆是随社会形态发展不断发展的，也同社会形态一样，具有历史性。从审美本质上看，它消解主体、意义、中心和权威，追索深埋的性别的源头以及女性欲望的内在真实，对社会性别进行激烈的批判，成为女性展现自身"历史"的绝佳场域。

第四章　女性身份、历史、话语的博物馆再现

由此，女性博物馆的馆藏实践概括起来，可以划分为两大分支：一种注重社会历史研究，着力揭示潜藏在馆藏内部的两性对立和女性作为"第二性"的真实状况；另一种注重将个案问题研究放入性别意识的文化症候中加以展现，致力于打破二元对立的思维定式，提出新价值判断的可能性。

三　女性博物馆的表征与意义

按照哈贝马斯关于"公共领域"的理论，国家中的公共领域介于私人利益与国家权力领域之间，它是社会生活中的一个领域，更是个体公民聚集在一起，讨论他们关注的公共事务、进行自由交往的一个领域。这种由各种对话构成的空间，促使个体结合形成公众，正是在其中形成了接近于公众舆论的东西。[①] 博物馆既是现代性发生、产生，并且维系下来的中心地点之一，也是人类文化景观的一个主导性特征，其存在的意义远远超越了传播科学文化知识。按照其性质，博物馆应当是一个由对话构成的、面向所有公众的公共领域，其中当然包括所有男性和女性。然而，回顾博物馆发展历程，女性似乎在博物馆中销声匿迹了。事实上，在宏大的历史叙事中，几乎所有的博物馆展现的都是关于男性的历史，在其中，女性通常是一个被表现的、缺乏自我倾诉语言的群体，很难看到女性的自我呈现，即"表征"（Representation）。

在当代西方文化研究和性别批评中，"表征"涵盖诸多人文科学领域，例如美学、符号学、政治学等。作为伯明翰学派领袖之一的斯图亚特·霍尔，对表征有着全面的解释，他认为："表征是借助语言对我们头脑中诸概念的意义的生产。它是联结概念与语言的纽带，能使我们指涉物、人或事的'真实的'世界，甚或虚构的物、人和

[①] 汪晖、陈燕谷：《文化与公共性》（第2版），生活·读书·新知三联书店2005年版。

事的想象的世界。"① 其实，表征不只是文化研究中的关键词，它同时也是性别研究中一种有效的分析工具。今天，就女性主义的文化研究而言，表征则探讨包括文字、图像、展品等在内的语言，是如何作为符号建构其性别意义的。② 对于女性而言，由于一直被拘囿在私有领域之内，她们的形象和声音总是处在被遮蔽和省略的位置。寄生于男性文化中的女性由于没有坚实的自我身份，往往不能通过"在场"展现，反而通过长久的"缺席"得以表征，这使得沉默了数千年的妇女有着比男性更加强烈的身份诉求。

尤其是20世纪60年代西方新女权主义出现以来，博物馆在重建女性历史与文化方面的意义日趋凸显。新女权主义是西方女权主义运动高涨并深入到文化、文学领域的成果，猛烈批判和声讨男性中心主义传统文化对女性的压抑，有着鲜明的政治倾向。③ 在这一背景下，女性博物馆成为表述女性身份、历史和话语的性别空间。一方面，在博物馆复杂的意指系统中，女性得以暂时摆脱在父权观念下被定型的"第二性"形象，听到并发出自己的"声音"，加强与生命体验的联系，以一种开放、流动的姿态表征自我，甚至主动进入这一混杂的危险地带，争夺有关性别差异的支配性话语。另一方面，观看变成一种性别政治行动，参观者既是能动性的阐释者，也是建构性的创造者，而并非被动的欣赏者。他们与展览的策划者站在同一层面上共享女性的性别体验，达成某种程度上的同情和理解，完成了性别意义的交流对话。在此基础上，这些博物馆展览的首要目的不是简单的展览，而是表征女性的性别文化和重现历史的真相，使参观者认识和理解社会性别的概念、价值和观念。因此，女性博物馆的存在，对"恢复"女性的记忆和现实，"再现"女性的话语

---

① Stuart Hall. The Work of Representation. in Stuart Hall ed. Representation：Cultural Representation and Signifying Practices ［M］. New Delhi：Sage，1997：17.
② 艾晓明：《20世纪文学与中国妇女》，天津人民出版社2008年版。
③ 朱立元：《当代西方文艺理论》，华东师范大学出版社1997年版，第342页。

和身份,"激发"女性的创造力,"发掘"性别意指,呼吁更多的人尽快参与性别历史重构的实践中来,促进两性间的沟通、理解、尊重与和谐发展,意义重大。

第二节 国内女性博物馆类型及划分

一 研究女性博物馆类型的意义

当西方两次女权主义浪潮蓬勃兴起时,中国正在经历"五四"和新时期的巨大变革。尤其是20世纪80年代以来,国内掀起女权主义研究热潮,促使女性博物馆事业迅速发展。进入21世纪,国内女性博物馆已形成了一个管理体制多样、类型众多的庞杂群体。在馆藏内容上,它包含民俗的、历史的、艺术的、生态的、民族的、纪念性的、遗址性的等;在管理体制上,有国家举办的,有省、市、县地方政府举办的,有高等院校、研究机构举办的,有景区、私人举办的等。这些博物馆有着共同的特征,同时,由于各自研究目的、收藏范围、陈展设计、服务对象等内容的不同,而具有自己的特点。这里探讨的博物馆类型,就是指一定数量的博物馆依据某种共同的标准相互联系所形成的类别。

女性博物馆的类型问题,是博物馆发展到一定阶段才提出的问题。在20世纪90年代,包括筹建中的博物馆,国内女性博物馆也仅有几家。进入21世纪,尤其是近几年来,各种各样的女性博物馆才逐渐进入人们的视野,成为博物馆大家族中较有影响力的一支。基于目前国内女性博物馆的发展现状,研究女性博物馆的类型问题也就显出必要性来。

女性博物馆类型的研究和区分,对女性博物馆的发展、建设和研究,都具有实际意义。由于博物馆类型依据不同特点划分,这些特点都会体现在博物馆的各项具体活动中,从而决定了各种博物馆的目标定位、社会职能、发展方向应当具有不同的侧重点。同时,不同类型的博物馆的组织管理、馆藏构成、经费来源与使用也表现出一定的差异性。所以，研究女性博物馆的类型区分，可以更加科学地把握某一类型博物馆的特点与规律，有助于进一步明确各类型的定位与方向，更科学地制定发展规划和投入建设，切合实际地服务于再现女性身份、历史和话语的历史使命。

二　国内女性博物馆类型的划分

目前，博物馆类型从不同的研究角度以及不同区分标准出发，有不同的划分，在博物馆领域内也并未形成公认的、统一的划分类型。在类型范围上，有的主张宽泛，类别不宜过多，有的则主张细分。

《大不列颠百科全书》将博物馆归纳为三大类：第一类是艺术博物馆，是以一般性绘画、雕塑、装饰艺术、实用艺术和工业艺术等为主要内容，目的是展示藏品的美学价值；第二类是历史博物馆，是以考古遗址、史迹名胜等纪念点，以及个人纪念馆等为主要内容，目的是展示藏品的历史价值；第三类是科学博物馆，是以自然科学、实用科学、技术等为主要内容的博物馆。[1] 美国的分类标准比较多，有按展出方式（比如野外露天和室内博物馆）、按观众类型、按藏品内容、按规模大小、按隶属关系等划分。日本一般按收藏资料种类划分博物馆，《博物馆学讲座》就以综合、人文科学、自然科学三类划分博物馆。中国有如下划分方法：一是从隶属关系的角度，划分为文化系统、科技系统、教育系统、军事系统和纪念馆、园林系统、民政系统等；二是按教育内容性质划分，如历史类、艺术类、科学与技术类、综合类等；三是从馆藏内容的角度，划分为综合性、纪念性、专门性（也称专题性）三类。

借鉴各种博物馆的划分依据，结合中国女性博物馆发展的现实

---

[1]　王宏钧：《中国博物馆基础》，上海古籍出版社2001年版，第53页。

情况，我们认为，应依据不同女性博物馆的基本性质进行划分。具体可以分为：第一类综合女性博物馆，包括中国妇女儿童博物馆、陕西师范大学妇女文化博物馆；第二类专题女性博物馆，包括女性群体博物馆、女性个体博物馆、女性艺术博物馆；第三类其他女性博物馆，包括女性与性博物馆、虚拟女性博物馆。这里，虚拟女性博物馆虽然目前尚未出现，但伴随信息化时代的到来，从"实物导向"转变为"信息导向"将不可避免，考虑女性博物馆今后的发展趋势，虚拟博物馆将向社会提供更加广泛的服务。因此，增设虚拟女性博物馆的类别具有前瞻性。

三 国内女性博物馆现状分析

中国女性博物馆伴随着女权主义理论在国内的传播而兴起，至今有近二十年的历史，已逐步发展为数量较多、种类较全的文化机构。本节详细解构国内女性博物馆的现实情况，根据其基本性质加以划分类型。通过分类研究，展示国内女性博物馆的发展脉络，归纳不同女性博物馆的特点和功能，反映女性在不同时代生存境遇下的社会性别和身份认同。下面，针对不同类型的女性博物馆，分别从目标定位、馆藏构成、资金来源、组织管理、社会职能、发展方向等方面具体分析。

（一）综合女性博物馆

综合妇女博物馆国内现有两座，分别是以中国妇女儿童博物馆为代表的国家女性博物馆，以陕西师范大学妇女文化博物馆为代表的高校女性博物馆。二者都是以全面展示女性文化为主旨，但视角不同。

1. 中国妇女儿童博物馆

中国妇女儿童博物馆（The Chinese Museum of Women and Children)① 是中国目前国内唯一的国家女性博物馆,也是首家以妇女和儿童为主题的国家级博物馆。它由全国妇联直接管理,位于北京东长安街主干线北侧,2004年6月批准立项,2005年3月专门成立筹建工作领导小组,2006年3月25日奠基,2009年9月26日揭牌,2010年1月10日正式开馆。该馆由中国航空工业规划设计研究院、中国建筑设计研究院、巴马丹拿建筑及工程有限公司设计,建筑面积约3.5万平方米。博物馆外观呈现多弧度的波浪曲线型轮廓,共有10层,其中地上6层,地下4层。地上1层为多功能厅、临时展览厅,地上2层至3层为儿童馆,4层至6层为妇女馆,实际展陈面积超过6000平方米。

妇女馆主要包括古代、近代、当代以及国际友谊等分馆。古代妇女馆面积610平方米,展线140米,文物280件套,分为原始社会、先秦时期、秦汉魏晋时期、隋唐五代时期、宋辽夏金元时期、明清时期6个部分,以历史发展为背景,展示在中华民族五千年文明中,女性命运坎坷但坚韧顽强,虽然身处被禁锢、被歧视、被压迫的境况,依然为民族繁衍、社会进步、经济发展做出积极的贡献,对历史进程起到了巨大的推动作用。近代妇女馆面积420平方米,展线175米,实物130余组件,分为鸦片战争至辛亥革命、五四运动、中国共产党成立与国民革命、土地革命、抗日战争、解放战争6个部分,展示以实物、照片为主,对重要的历史人物、事件辅之以多媒体、创作画、雕塑、场景等,以时代演进为序,突出妇女的奋斗与牺牲、贡献与成就,展示了女性在百年历程中,为争取民族独立、人民民主、妇女解放所付出的艰辛奋斗和无畏牺牲。当代妇女馆面积500平方米,展线225米,文物300件套,分为历史性解放、建设社会主义新中国、走中国特色社会主义道路、妇女组织四个部分,展示了半个多世纪以来,女性的社会地位发生了根本性变化,

---

① 中国妇女儿童博物馆官方网站为 http://ccwm.china.com.cn/。

在社会主义建设和改革开放伟大实践中，女性以自立自强的姿态，取得了骄人业绩，体现出时代风貌。国际友谊馆展示了中国妇女为维护世界和平、促进共同发展、推动男女平等所开展的广泛活动。

从中不难看出：一是在主旨定位方面，体现出主流性。中国妇女儿童博物馆以收藏、展览和研究妇女儿童类文物，促进妇女儿童事业发展和为广大妇女儿童服务为主旨，反映的是民族战争、革命战争等重大历史问题。该馆定位为：一座记述和颂扬中国妇女伟大历史功绩的丰碑；一座标志妇女儿童事业在中国特色社会主义建设中快速发展的里程碑；一座展示和传承优秀女性文化、陶冶思想情操的教育基地。其中虽然力求呈现女性在历史中的风貌，但女性依然只是辅助力量。二是在馆藏构成方面，体现出全面性。该馆借助全国妇联系统，征集到各类藏品近3万件，尤其是实物藏品相当丰富。馆藏内容涉及经济、政治、军事、文化、教育、科技、卫生、体育各个领域，一方面反映了在纵贯五千年历史的各个历史时期中，中国妇女儿童的地位变化、生存状态、文化习俗、杰出人物、社会贡献；另一方面，构成一幅妇女儿童社会生活、家庭生活的全景画卷。三是在社会职能方面，体现出中立立场。该馆以其丰富的文物藏品和全面的陈列展览，集中展现了中国妇女在推动人类文明进步中不可替代的重要作用和伟大贡献，勾勒了她们在历史长河中地位变化的轨迹；记述了百年近代史上中国妇女自觉与祖国共命运，与民族同呼吸，在追求民族民主和人民解放的斗争中不断求得自身解放的光辉历程；以及近70年，中国妇女在社会主义建设和改革开放的伟大实践中所取得的骄人业绩和她们多姿多彩的时代风貌。这里，由于中国妇女儿童博物馆是国家女性博物馆，其建馆的主要目的是为女性树立"模范"的标准，因而，力图显示出中性姿态，缺乏鲜明的女性立场。例如，该馆的女性民族服饰涵盖了中国的各个民族，但其介绍只是简单地罗列出所属民族的名称，并不研究服饰所体现的社会性别意义或独特性别内涵。这正是主流意识形态主导下中立于两性间立场的产物。四是在目标方向方面，该馆以建设国际化、现代化、特色化博物馆为目标，整个博物馆表现形式和手段十分多样，既有展板展示、文物展陈、沙盘模型等，还结合了虚拟影像、数字影片、幻影成像等数字技术，设施先进，技术完善；同时，为营造不同的陈列氛围，设置了传统游戏、模仿体验、动手制作等项目，给观众以体验式的参观经历，具备形式上的趣味性、亲和力、互动性，从整体上显示出高规格、大规模、高层次的国家女性博物馆形象。

由此，我们认为，中国妇女儿童博物馆作为国家级女性博物馆，是女性博物馆中全面体现意识形态的一个类型，具有国家建设、政府领导、专门机构管理的特征，体现的是国家意志和政府行为。它在特定时代提供的特定条件下产生和发展起来，是一个国家的经济、政治、文化、科学综合作用下的产物。这类女性博物馆的行为高度行政化，其文物征集、工程建设由各级政府、妇联组织实施，运作方式、筹资过程基本依赖国家财政拨款，博物馆事业的发展全面体现国家意志。在国家、政府的支持下，其设施条件先进完备，管理规范系统，馆藏内容体现出宏大叙事的主题性、目的性、连贯性、统一性特征，具有权力政治和意识形态的权威性。

2. 陕西师范大学妇女文化博物馆

陕西师范大学妇女文化博物馆（Women Culture Museum of Shaanxi Normal University）[①] 是国内第一座，也是迄今为止唯一的一座高校综合性妇女博物馆。它由陕西师范大学女性研究中心管理，坐落于陕西师范大学长安校区图书馆的西副楼三层。1997年10月，妇女学家李小江教授受聘于陕西师大女性研究中心，将她收藏的妇女人类学文物藏品471件交与陕西师大女性研究中心管理；1999年9月，李小江教授受聘期满后，将这些藏品留在陕西师范大学；2002

[①] 陕西师范大学妇女文化博物馆官方网站为 http://wcm.snnu.edu.cn/。

年 6 月 12 日，妇女文化博物馆正式揭牌。2006 年 9 月，由陕西师范大学雁塔校区迁入长安校区图书馆。博物馆现有展区面积 1000 平方米，文物藏品 2000 余件。

该馆分为她的故事、江永女书、生育文化、女红、中华嫁衣 5 个专题展出。第一个专题"她的故事"精心选取中国现代史上几个大的历史横断面，如废缠足运动、抗日战争、"文化大革命"等，以集中展示 20 世纪中国妇女的心路历程，并通过普通个体的"她"和帝王将相、才子佳人的"精彩人生"的鲜明对照，讲述一个个劳动妇女平淡一生的生命价值。第二个专题"江永女书"介绍了在中国湖南省江永县上江圩一带流传的迄今为止世界上唯一的女书。馆中收藏了大量女书传人的珍贵手迹，和许多珍贵图片资料及书写工具。这些仅在女性中间使用的文字被书写或刺绣在各种各样的扇书、帕书、纸书、贺三朝书上面，其中有诗歌、书信、歌谣、灯谜以及由汉字翻译而来的诗词和剧本，是了解女性文化心理和区域文化最为直接的珍贵材料。第三个专题"生育文化"围绕女性生活中特有的也是十分重要的生育过程展开。由于两性地位的不平等，人类社会中有关生育的话题长期以来不被主流文化重视。该部分展示了生殖崇拜、生育禁忌、求子文化等方面的藏品，反映出女性在无意识的代代相传中遭到的不公平的待遇。第四个专题"女红"是妇女文化中最丰富多彩的世界，展出了多种精致的女红作品，如纺织、编织、刺绣等，以及"剪花娘子"库淑兰在剪纸生涯中家庭地位的改变所折射出的经济力量对于个人、阶层乃至社会话语权的决定作用。第五个专题"中华嫁衣"收藏了中华各民族嫁衣 50 余种。"出嫁"是女人一生命运的重要转折点，嫁衣凝聚了长期以来被男性社会轻视的女性文化，并保留着一个民族最古老的图腾和象征符号，成为一个民族审美理想、审美趣味最高、最集中的体现。作为性别分析的对象，嫁衣文化可被看作构成文化意义并传递信息的符号，涉及不同民族诸如女红、婚俗、性别观念、两性关系等一系列问题。

从中可以看到：一是在目标定位方面，体现出非主流性。陕西师范大学妇女文化博物馆致力于发掘、展示、研究、弘扬妇女文化，通过实物的承载，传达女性个体情感、经验和思想，记录普通女性的生命意义和生存价值，全面展示女性自身的心路历程、独特才智、两性地位、审美理想等。"个体"与"普通"女性的性别体验是该馆关注的重点，而不是历史中的女性"群体"形象。二是在馆藏构成方面，体现出鲜明的性别立场。该馆藏品呈现的都是女性日常生活和两性生活相关物品的原状，本身并不特别，但由于处在博物馆这一特殊的情境之中，而具备了历史、艺术价值等。比如，博物馆众多展品中有一条旧棉裤，从表面上看来，它只是女性出嫁时穿着的旧棉裤，为的是遮体御寒，这是大多数人的直觉想法。但当这条棉裤进入了女性博物馆中，其棉裤自身成为能指，变成一种符号，观众头脑中形成的关于它的概念就是所指。在直接意指层面，它再现了一个普通女人的平凡生活，同时，却表征和暗指了无数女人嫁人后默默无闻、无私奉献的一生。又如，"文化大革命"中"农业学大寨"时期的"石姑娘队"队旗，该队是河南省辉县一个村庄中一群姑娘自觉践行"时代不同了，男女都一样"成立的。在那个时期，女性依照男人的体力去工作，产生了许多女矿工、女钻井队员、"三八女子带电作业班"等，却在极重的体力劳动中留下了身体的苦难，从而显示出中国妇女性别观念的成长，以及"男女平等"这个争取女权的口号如何嬗变成中国妇女身上新的羁绊。尤其具有反讽意味的是一件名为"情书字花被"的藏品，这条被子的女主人认得一些字，她用"恨恨月老无情错注兰谱""幸书生有意"等字样自吟自唱，把自己对包办婚姻的怨恨和不满，甚至与另外一个男人的婚外恋情都织进了这条被面。这样，展品所建构的性别意义通过博物馆提供的语境，与现实本身联结起来。三是在资金来源方面，该馆作为非营利的公益性社会组织，没有政府支持，参观完全免费，资金来源由陕西师范大学专项经费支持，同时面向社会筹集资金，用于博物馆的管理、运营及扩建。因此，虽然同是综合博物馆，该馆的展区面积、硬件设施等与中国妇女儿童博物馆不同，但内容上却更具有学术研究意义。四是在组织管理方面，该馆隶属陕西师范大学，由馆长、1名工作人员、10余名学生助理进行管理，并有近200个学生志愿者参与到藏品维护、举办展览、引导讲解等博物馆的各项事务中。五是在社会职能方面，体现出学术性。该馆集教学、科研和社会服务于一体，以马克思主义的妇女观为指导，旨在追求人类发展和社会进步，促进两性间的沟通、理解、交流及平等对话，为社会性别教育提供"教科书"。六是在发展方向方面，该馆以建设新型的、现代化的、综合性的博物馆为目标，力求满足观众求知、审美等精神生活多样性需求。

因此，我们认为，以陕西师范大学妇女文化博物馆为代表的高校综合女性博物馆具有典型的学术性和建构性，是女性博物馆中独具学术意义和学者气质的一个类型。它依托高校并建在校园内，以研究和欣赏为目的，既与高校教育教学相结合，又通过向社会公众开放的形式，征集、研究、保护、展示女性及其生活环境的见证物，评判男性中心，解读女性视角，发掘女性价值，传播性别理念。通过这类女性博物馆充满性别意识的陈展，可以看到从学者视角出发对女性价值的重新审视和深入挖掘。相比其他女性博物馆，陕西师范大学妇女文化博物馆在布展、讲解、演示等手段上更加注重学术性、科研性；在提供的知识上更加注重系统性、专业性；在教育方式上更加注重学术性、研究性。其藏品的价值不在于文物性、新颖性或独特性，而在于构建性别意义，承担符号功能。在这个特定的博物馆语境中，每件馆藏并不是天生就是"她"的故事，却无一例外是精心设置的意指系统，都在自觉"召唤"性别意识的出场，表征历史上女性的"失语"和"缺席"，以抵抗的革命姿态集中反映了性别之间复杂的意识形态关系，使性别意义得以创造、传播、理解和接受，最终达到促使不同性别之间沟通和融合的作用。

(二) 专题女性博物馆

专题女性博物馆数量较多，内容十分丰富，包括以中国女红军纪念馆、米脂婆姨博物馆等为代表的女性群体博物馆，以不同历史时期的重要女性人物纪念馆为代表的女性个体博物馆，和以各类女红、女书等为代表的女性艺术博物馆。

1. 女性群体博物馆

女性群体博物馆是女性博物馆中展现以群体抽象为基础的"宏大叙事"的一个类型。在漫长的历史中，寄生于男权文化中的女性由于没有坚实的自我身份，往往将"群体"身份作为一种巨大的文化客体始终高悬于"个体"之上。当西方新女权运动提出"个人的即政治的"（Personal is Political）的响亮口号，试图将女性个体放大到女性群体进而与男性抗衡时，中国社会独特的文化传统和政治气候却在潜移默化中酿就了中国女性从来没有什么"个体"，"群体的"就是"个体的"的普遍认识。我们以中国女红军纪念馆和米脂婆姨博物馆为例。

中国女红军纪念馆（Chinese Red Army Memorial Museum）[①] 是国内唯一一座以女红军为题材的纪念馆，2009年入选中国十大红色旅游景区。它由习水县委、县政府管理，位于贵州省习水县土城镇团结街一幢清末民初的西式建筑，占地面积210平方米，展出红一方面军30位女红军、红二方面军（红2、红6军团）5位女红军、红四方面军8位女红军、红二十五军2位女红军共45位女红军的长征事迹。清华工美高级美术师郑文胜负责设计陈展布局，新华社高级记者、中国红色旅游网总编江山撰写陈列大纲。馆内用大量的图片、文字、实物，讲述了女红军从江西于都一路走来，艰苦卓绝、可歌可泣的长征事迹。馆前伫立着一座半跪姿态、怀抱襁褓的女红军雕像，高3米多，名为"浴血天使"，生动地展示了女红军不畏艰

[①] 中国女红军纪念馆官方网站为 http://www.crt.com.cn/nhj/。

难的精神和斗志，以及博爱的母性。

米脂婆姨博物馆（Mizhi Women Museum）① 是以米脂女性为主题的专题博物馆，位于陕西省榆林市米脂县城北盘龙山（原名马鞍山）南麓的省级重点保护单位李自成行宫内。"米脂的婆姨绥德的汉，清涧的石板瓦窑堡的炭"，一句民谣使得米脂婆姨名扬四海。博物馆取材自"米脂婆姨"这一特定文化现象，以米脂女性的群体形象定格，介绍了不同时期的、有一定历史贡献的米脂婆姨中40多位代表性人物。从传说中貂蝉舍生取义、为民除奸，到由闯王夫人高桂兰挂帅，以米脂婆姨为骨干的娘子军在闯旗下血战疆场、逐鹿中原；从雨花台烈士杜焕卿慷慨就义、为国捐躯，到唐山大地震时雷锋式战士高东丽临危不惧、以身殉职；以及塞上女杰尤祥斋、巾帼英雄杜瑞兰、爱国教育家杜岚、建筑学家高亦兰、《兄妹开荒》原型马杏儿、全国三八红旗手常秀英、信息时代的弄潮儿贺彬等，展示了米脂女性俊俏雅致、能歌善舞、聪慧干练、持规执矩，以及不依附于男性，主动承担家庭生活和社会秩序重托，自尊、自信、自立、自强的"半边天"形象。

从中可以看到：一是在目标定位方面，女性群体博物馆与国家女性博物馆既有联系又有区别。女性群体博物馆多由当地政府建设，也具有和国家女性博物馆一样的突出政治作用，但由于其更注重宣传、展示女性"群体"自身的价值，因而更具有文化象征意义。比如，女红军是红军长征中的一个特殊群体，她们用个体生命共同铸就了中国女红军的"群体"形象：在波澜壮阔、空前绝后的红军长征铁流中，她们发扬不怕牺牲、勇往直前的革命精神，以追求独立、向往自由的妇女解放精神以及先人后己、公而忘私的共产主义精神，显示出伟大的人格力量和献身精神，与战友互相帮助、团结战斗、

---

① 米脂婆姨博物馆尚未成立专题网站，由米脂妇联、米脂婆姨文化研究中心联合成立的"米脂婆姨网"可供参考，网址为 www.mzpy.gov.cn/。

阶级友爱,这些在中国女红军纪念馆中充分体现出来。二是在馆藏构成方面,这类女性博物馆涉及历史、政治、经济、文化等诸多方面,藏品除了实物展示外,多采取照片、图片、视频等形式,并借助声、光、电等技术手段,使内容更加丰富。三是在资金来源方面,这类女性博物馆多由省、市、县地方政府建设并提供资金支持。四是在组织管理方面,由于主管部门和领导系统的专门化,这类女性博物馆具有一定规模,组织和管理也相对专业。五是在社会职能和发展方向方面,女性群体博物馆试图通过贴近普通女性,淡化其作为"国家文化象征物"或者"文化政治的代表"等职能,从而不再仅仅是保管国家女性文化的代理人,而是更广泛意义上的强有力的教育手段,与社会的互动越来越密切。

因此,我们认为,女性群体博物馆具有典型的中国特色,其根植于本国国情,又与社会发展同步,体现出适应社会需求的特征。这类女性博物馆较之国外的同类博物馆,数量更多,主线更鲜明,内容更宏大。究其原因,与西方社会两次大的女权主义浪潮始终有着明确的、属于女性自己的目标不同,中国女性自古以来都将女性自身的问题让位于社会的问题,她们的立场从根本上说是民族的、大众的、社会的立场,而不是纯粹的"女性立场"。这一方面使其缺乏西方女权主义向整个男性社会挑衅的战斗姿态和破坏力量,即使她们强势地介入政治,也不是单纯地站在女性立场抨击男权,往往借助女性立场来抨击"权力"对所有"个体",而不仅仅是女性个体的侵犯;另一方面,从社会发展的总体目标看,这种以民族利益、国家进步、人民幸福为自身立场的态度,体现出中国女性更为宽广的心胸和更为宏阔的视野。

2. 女性个体博物馆

女性个体博物馆是女性博物馆中展现以个体经验为基础的"私人叙事"的一个类型。这类女性博物馆在国内发展较快,数量众多,跨越了时间的限制,涵盖了各种各样的人物类型,具有丰富的意蕴

第四章 女性身份、历史、话语的博物馆再现

和内容。这里,以不同历史时期的重要女性个体博物馆为例。

古代人物中,唐代王宝钏和宋代李清照的纪念馆颇具特色。纪念王宝钏的曲江寒窑(Qujiang Cool Cave Heritage Park)[①]位于西安市南郊大雁塔附近曲江池东面,是著名戏剧《五典坡》(又名《王宝钏》)中的传说上演的地方,建设用地约为70亩。采取爱情主题公园的形式,以王宝钏、薛平贵忠贞不渝的爱情故事为主线,反映了唐时臣相王允的三女儿王宝钏反抗封建婚姻争取婚姻自由,忠于爱情,在寒窑苦守18年,受尽苦难,终于待得丈夫薛平贵荣归长安与她团聚的爱情故事,凸显出爱情自主、爱情忠贞的主题。纪念"词国皇后"李清照的博物馆全国现有4座,分别在山东的济南、青州、章丘和浙江金华。其中,位于章丘的李清照纪念堂面积达4000余平方米,牌匾由郭沫若题写,从图、文、像、书、画等不同层面展示了一代词人的伟大成就,以"书香门第""词坛绽绣""志同道合""流寓江南"概括了这位女词人的一生。

近代人物中,"一代国母"宋庆龄(1893—1981)和"东方居里夫人"吴健雄(1912—1997)具有典型性。宋庆龄故居纪念馆[②]共有4座,分别位于北京、武汉、上海、重庆。其中坐落在北京什刹海后海北沿的纪念馆最大,占地面积20000多平方米,建筑面积约5000平方米,原是中国末代皇帝爱新觉罗·溥仪的父亲醇亲王载沣的府邸花园,也称西花园。宋庆龄于1963年至1981年在这里工作生活了18个春秋,馆内展示了宋庆龄近七十年的革命生涯。吴健雄纪念馆是经中国政府批准的中国大陆第一个海外华人科学家纪念馆,位于江苏省南京市东南大学大礼堂西南侧,建筑面积2129平方米,整体4层,地下1层。馆内展示了美籍华人、著名核物理学家、诺贝尔物理奖获得者吴健雄的生平、物品和伟大业绩。

[①] 曲江寒窑官方网站为 http://www.qjhanyao.com/ch/main.asp。
[②] 宋庆龄故居纪念馆官方网站为 http://www.sql.org.cn/。

现代人物中，杨开慧（1901—1930）和刘胡兰（1932—1947）是在革命战争中牺牲的无数女英雄的代表。杨开慧纪念馆位于湖南省长沙市清泰乡板仓，建筑面积约 5000 平方米，展厅面积约 2000 平方米，2010 年 11 月正式开放。该馆以"娇杨颂"为布展主题，通过翔实的史料和先进的技术手段，展示了杨开慧、毛岸英、杨昌济、毛岸青和邵华的光辉事迹，是湖南省首批爱国主义教育基地和全国首批百家红色旅游经典景区之一。刘胡兰纪念馆位于山西省文水县云周西村，始建于 1956 年，后多次扩建。总建筑面积 61500 平方米，由广场、纪念碑、刘胡兰生平事迹陈列室、影视室、书画室、七烈士纪念厅和群雕、陵墓、刘胡兰雕像、碑亭、烈士被捕受审就义原址组成，以纪念碑和陵墓为中轴作对称分布，藏有烈士遗物 74 件。馆前广场的汉白玉纪念碑上刻着毛泽东同志的亲笔题词："生的伟大，死的光荣"，是全国百个爱国主义教育示范基地之一。

在当代，各式各样的女性个体博物馆不断涌现，显示出人们对女性，尤其是普通女性的关注，地震中遇难女孩胡慧姗的"香闺"纪念馆就是其中之一。这个只有不到 5 米长，3 米多宽，中等个头的人踮起脚就能摸到屋顶的纪念馆，不为纪念某个重大历史，或歌颂某个人尽皆知的人物，却是为了怀念在汶川特大地震中遇难的 87150 个生命中最普通的一个 15 岁女孩。而这个纪念馆之所以为人所知，正是依赖信息化网络的作用。

从中可以看到：一是在目标定位方面，女性个体博物馆重在强化女性人物的在推动历史进步中的重要作用，凸显女性对社会发展的卓越贡献。二是在馆藏构成方面，这类女性博物馆藏品包括各类文稿、书信、手迹、照片、印章、生活用品等诸多内容，能够全方位、多角度地展示女性人物的生平、经历和生活原貌。三是在资金来源方面，这类女性博物馆有些由国家政府建设，有些由人物家乡地方政府出资，有些来自各种民间机构，还有些由家族、私人提供。四是在组织管理方面，这类女性博物馆一般拥有自己的管理团队，人员的专业化水平依赖于领导部门和资金供给情况。五是在社会职能方面，这类女性博物馆不仅具有收藏、保护、研究、陈列、教育服务的基本功能，而且能够有效地增进大众的社会性别意识和对女性价值的认可程度。六是在发展方向方面，由于这类女性博物馆的专门性特征，推动了其发展的虚拟化趋势。

因此，我们认为，女性个体博物馆大多为女性纪念馆，但又有着区别于普通人物纪念馆的鲜明特征。这类女性博物馆不一定是"为纪念有卓越贡献的人或重大历史事件而建立的"，它纪念的可能是社会中的普通女性；它也可能不只是"陈设实物、图片等的房屋"，而是围绕女性个人生平，以她的居所、用品、经历为载体建立的纪念馆乃至公园。从理念上，这类女性博物馆已走出了"以物为中心"的形态，进入强调"以人为中心"的阶段。

（三）女性艺术博物馆

女性艺术博物馆是女性博物馆中极具多样性和丰富性的一个类型。艺术是女性文化中最精彩的内容，多少年来，被历史锁在家中的女性，在这仅有的属于她们的方寸天地间淋漓尽致地展示和证明自己。编、织、钩、缝、绣、剪、书、捏、贴等富有感染力的艺术形式之中，蕴藏着女性伟大的创造力和独特的审美力。这里，主要研究女书、缠足、女红等女性艺术博物馆。

江永女书生态博物馆是中国唯一的以女书文化为主题的生态博物馆，坐落于有着"女书复活岛"美称的浦尾岛上，离江永县城15公里，四面潇水环绕，民风淳朴。这里是著名女书传人高银仙、胡慈珠、唐宝珍的故居所在地，也是女书流传的核心村落。女书园2002年修建，占地约2500平方米，建筑面积约1600平方米，是记录、储存女书文化的资料中心，主要通过实物、文字、图片、音像等形式，展示女书原件文献、作品、工艺、书法、学术成果与民俗风情，全面介绍女字、女歌、女红及其传承的女书习俗厚重的文化内涵和独特的人文魅力。这种将女性所专用的一种特殊表音文字体系作为内核的社会文化现象，包括以自传、结交、叙事、婚嫁、祭祀、民间唱本等为内容的女书苦情文学，以坐歌堂、贺三朝、结拜姊妹、斗牛节、过庙节、吹凉节、乞巧节等为形式的女书民俗，以及"妇用男不用；传女不传男；当地土语唱读；右高左低，呈长菱形；人死书焚，陪葬送终"的独特内涵。2005年女书以"全世界最具性别特征文字"被收入《世界吉尼斯纪录大全》，堪称中华文化之瑰宝，世界文字之奇观。

乌镇三寸金莲馆是中国首家以缠足文化为主题的博物馆，位于浙江省嘉兴市桐乡市乌镇西栅。展馆以"绝代金莲"为题，用大量珍贵的实物和图片全面、系统地展示中国历史上女性一个畸形的追求美的历程。馆内陈列历代留存下来的各地缠足鞋825双，款式众多，鞋面质地华丽，绣工细致精美，具体分为睡鞋、雨鞋、套鞋、订婚鞋、寿鞋、喜鞋、丧鞋等不同形态和功能的鞋，以及没脸鞋、合脸鞋、网子鞋、平底弓鞋、葫芦底鞋、弓鞋形式尖口鞋等不同款型的鞋。此外，馆内还专门介绍了花样簿、绣花绷、鞋楦、线板、针盒、熨斗等缠足用具和各种裹脚布，并用蜡像场景生动地展示了从试缠、试紧、裹尖、裹瘦到裹弯的缠足的五个阶段，令参观者深受震撼。

各种女红博物馆数量众多而各具特色，其中又以集合了纺织、浆染、缝纫、刺绣等众多工艺的女性服饰博物馆影响最广。这里，选取太阳苗侗服饰博物馆为例。该馆是以服饰制作工艺为主线，苗侗服饰类型为主导，服饰制作演示为辅的专题博物馆，也是国内较早成立的少数民族女性服饰民间博物馆。馆内详细介绍了100套有"穿在身上的历史"之称的苗族、侗族及相关民族服饰，展示了在整体的民族着装风格下的不同款式、穿戴方式和装饰风格。依托服饰博物馆，主办者杨建红成立了一家公司，培养当地妇女学习苗绣，组织了几百人的绣工队伍，建立了稳定的专业村，在用公司盈利帮助当地妇女提高收入的同时，支撑博物馆的运营，这也正是大多数女红博物馆在商业文化中生存的基本模式。

从中可以看到：一是在目标定位方面，女性艺术博物馆不论以哪种具体艺术形式为核心内容，都旨在彰显女性视角，凸显女性特质，反映女性的身份和话语。二是在馆藏构成方面，这类女性博物馆都具有专题性，围绕一条主线，突出一种技艺，展示一系列女性作品，因而体系鲜明。三是在资金来源方面，这类女性博物馆少有政府单位支持，多为民间组织、研究机构、私人收藏家等自行出资筹办，运营也多是依靠门票、纪念品商店等的收入。四是在组织管理方面，这类女性博物馆普遍缺少专业技术和管理人员，藏品保护、研究水平较差，陈列缺乏艺术设计。五是在社会职能方面，这类女性博物馆虽然规模较小，设施条件较差，但大都保存了女性艺术家创作的精品、绝品，许多还是女性艺术中即将消失的技艺或者孤品，极具文化价值和社会价值。六是在发展方向方面，目前，受限于场地规模和艰难生存状况，这类女性博物馆只能采取"馆舍+藏品"或是"场地+文物+开放"的基本格局，观众人数有限，运转十分困难。难得的是，越来越多的人开始重视这类女性博物馆及其馆藏在女性艺术传承中的巨大作用，社会各界也对其给予了广泛的关注和支持，解决了部分问题。在此基础上，这类女性博物馆今后的发展方向主要是规模化和专业化，通过各种创新的、互动的、有趣的展示活动，增加观众的认同感。

因此，我们认为，女性艺术博物馆是女性反客为主表达的一种类型。在父权制度下，女性艺术游离于非主流的边缘地带，只是艺术中"凝视"和"欲望"的对象，处于一种被说、被写、被画、被赏的客体地位。旧有道德观就将女红、小脚等作为评判女性的一个标准，在不经意间促使女性反客为主，发展出了女书等世界少有的文化现象，将艺术转换为一种特有的话语方式和传达自身思想、情感、经验的媒介，女性艺术博物馆正是女性身份、历史、话语的有效再现。尤其是女红①技巧从过去到现在都是由母女、婆媳世代传袭而来，是一种稳定的传承模式和文化延续样式，被称为"母亲的艺术"。在机器大工业生产的背景下，传统女红手工制作反而更受青睐，成为较偏远地区女性谋生的手段，促进了女红文化这种宝贵的"民族记忆的背影""历史文化的活化石"迈出再生的步伐。

（三）其他女性博物馆

其他女性博物馆主要包括目前数量极少的女性与性博物馆，以及体现女性博物馆发展趋势的虚拟女性博物馆。

1. 女性与性博物馆

女性与性博物馆是女性博物馆中极其特殊的一个类型。"人类的性行为是生理因素和文化因素相互作用的结果。文化又是人类和动物的区别所在。"② 然而，在人类的性进化史中，身为两性之一的女性总是扮演着被动的角色。一系列生殖崇拜与性别欲望化的活动使女人遭到"物化"，并被拆解成部分。"她被归结为她的各个性器官，它们是她在事物总系统中的位置的基本能指。"③ 女性的身体和精神被纳入男性话语的轨道，并通过再生产和流通，成为男性为自己创造的女性形象。这在中华性文化博物馆中得到充分体现。

中华性文化博物馆④是中国第一家性博物馆，由中国性学家刘达临创办，中国社会学和人类学的奠基人之一费孝通为其题写馆名，体现出较高的文化品位和学术水平。该馆1995年春始建于上海青浦徐泾，1999年8月迁至繁华的南京东路，2001年4月搬到较为僻静的武定路，2004年4月整体搬迁至江苏省吴江市同里镇退思园东侧。

馆内设有4个展区，每个展区又有多个展厅。第一展厅为"原

---

① 女红（needlework）亦作"女工""女功"，或称"女事"，指女性手工制作出的传统技艺，包括纺织、浆染、缝纫、刺绣、鞋帽、编结、剪花、面花、玩具等。
② 刘达临、胡宏霞：《中国性文化史》，东方出版中心2005年版，第1—2页。
③ ［英］斯图尔特·霍尔：《表征》，徐亮、陆兴华译，商务印书馆2003年版。
④ 关于性文化博物馆的迁址问题，新郎观察曾推出"中国性文化博物馆遭遇尴尬"专题，网址为http://news.sina.com.cn/view/xwhbwg/index.html。

始社会中的性",从陶塑人像、文字创造、岩画内容等方面反映原始社会里人们的性态度:自然自在地对待性。第二展厅"性崇拜"表现对生殖器、生殖、性交的崇拜,展品有约5000年前的红山文化、马家窑文化出土的玉雕、陶罐等。第三展厅"婚姻与家庭的起源与演变",介绍了从群婚杂交到母系社会的一妻多夫制,再到男权社会里的一夫一妻多妾制的演变过程。第四展厅"婚姻与妇女",讲述了婚姻制度、婚育文化,包括结婚用品、仪式,相关的神话传说,多子多孙的生殖崇拜遗风等。第五展厅"妇女的性压迫"分三大方面,即男尊女卑、婚外性行为惩处、贞操观、红颜薄命;缠足;卖淫。第六展厅"日常生活中的性",包括古代的性教育、性疏泄工具、春宫画等。此外,博物馆还设有"非常态性行为、同性恋、外国性文化"展示区,并建有"五千年来第一展"的"性文化石雕园",放置了六十多座性文化的大型雕塑。

从中可以看到:一是在目标定位方面,中华性文化博物馆致力于全面梳理中国从古至今的性文化发展状况,展示性观念、性习俗,提倡性文明、性科学,从中体现源远流长的人类文化历史进程。二是在馆藏构成方面,该馆藏品形式千姿百态,雕塑、绘画、雕刻、书法、诗词等各具特色,其中包括最古老的女神像、最古老的性工具、最古老的秘戏陶塑、最有传奇性的性文物、最美丽的秘戏瓷塑等8个"最",有不少展品已是国家的孤品和珍品。三是在资金来源方面,该馆主要依靠门票收入,藏品由主办者收集。四是在组织管理方面,该馆在迁往江苏同里后在人员、管理等各方面都更加规范化。五是在社会职能方面,该馆的创办者作为性社会学家,力图开风气之先,通过认识历史,认识社会,认识自己,引导民众走向健康的、良性的性文明阶段。六是在发展方向方面,中华性文化博物馆在总馆之外,武汉、九江、广州、西安等地目前有6家性文化博物馆分馆。

因此,我们认为,女性与性博物馆是再现女性"第二性"身份和历史的一种类型。中华性文化博物馆深刻地反映出，从古至今，无论婚姻与家庭关系如何演变，女性都无法像男性一样只享受性行为的过程，生理结构决定了女性需要承担分娩的痛苦，并为此部分失去作为社会人的身份和话语。因此，不难理解，虽然展馆策划者试图中立地描述性文化史，但其从根本上体现的是几千年来的男权传统，因而不论在藏品收集、陈设布展、整体面貌等各个方面，客观上始终带着男性审视的目光，将性作为攻击、强悍、勇力、冒险的斗争，隐秘地流露出男性征服女性的沾沾自喜。

2. 虚拟女性博物馆

虚拟女性博物馆是代表女性博物馆中未来发展方向的一个类型。女性博物馆的"虚拟"简单地讲，是把一般博物馆的收藏、研究、展示、教育等功能用数字化的方式表现出来，实现"收藏数字化，操作电脑化，传递网络化，信息存储自由化，资源共享化、结构连接化"。具体包括以下几个方面：

一是收藏数字化，指藏品保存、研究和管理的数字化。即将藏品的信息以数字化的方式进行处理，经过整理编目等，以数据库的形势呈现。这不仅有利于藏品资源的长久保存，还有利于藏品信息的便捷利用。

二是操作电脑化，指多媒体技术在博物馆中的运用。主要表现在利用计算机对各类信息媒体的超强处理能力，用来传达和表现各种展品的信息，达到社会教育的目的和作用。

三是传递网络化，指博物馆信息传递的网络化。网络传递包括两个方面，一方面是博物馆内部的局域网，供馆内各部门员工工作的需要；另一方面，是以国际互联网为基础的广域网，将博物馆以"网上博物馆"的形势呈现，跨越传统博物馆的建筑藩篱，实现全社会的藏品资源共享。

从中可以看到，虚拟女性博物馆就像一个数据库，拥有海量数字化的文物藏品信息资源，集合文字、图像、声音等多媒体信息，能够方便、快捷地提供信息服务,并通过国际互联网传输,实现全球资源共享。虽然目前国内的女性博物馆一般只是建立了网站,即"网上博物馆",但并不能够达到全方位的"虚拟化"。相信在不久的将来,虚拟女性博物馆将改变传统博物馆信息单项传输模式,体现出不受空间限制、不受展品和展览场地条件制约等优点,实现女性博物馆知名度和影响力的全面提升。

至此,本章通过列举实例,详细分析了中国的国家女性博物馆、综合女性博物馆、女性群体博物馆、女性个体博物馆、女性艺术博物馆、女性与性博物馆以及虚拟女性博物馆等不同类型的女性博物馆现状,并分别概括了每种类型的特征。

第三节 国外女性博物馆

女权主义产生于欧美国家。18世纪法国大革命后,阿伦普·德·古杰发表《妇女和女公民权利宣言》一书,标志着西方女性主义思潮和运动的正式形成。近三个世纪以来,女性主义的影响不仅是西方的,而且是世界的。尤其是20世纪后半叶以来,女性主义博物馆在世界各地建立起来,成为弘扬一种男女平等的信念和意识形态,反对包括性别歧视在内的一切不平等的重要力量。

本节将从整体勾勒出国外女性博物馆发展的一般轨迹,立体解析不同类型女性博物馆,以呈现国外女性博物馆的概貌。

一 国外女性博物馆概况

目前,在世界范围内,许多国家都建立了自己的国家女性博物馆。其中包括欧洲的德国、丹麦、奥地利、挪威、意大利、西班牙、挪威,北美洲的美国,大洋洲的澳大利亚,亚洲的越南,非洲的苏丹、塞内加尔等。女性博物馆不仅是展示当地女性伟大历史贡献和当前生存状况的记忆现场和文化殿堂,也是女权主义发生、发展、传播的有效空间和公共领域。这里，举欧洲、美洲、亚洲几国为例。①

德国女性博物馆是世界上第一个女性博物馆，1981年由一位名叫 Marianne Pitzen 的女艺术家创建，位于德国北莱茵－威斯特法伦州波恩市中心。馆内有女性历史档案、女艺术家作品、女科学家的发明，还有有关影响女性就业、健康等图片的展览。博物馆成立的初衷是通过展览来支持女性艺术作品，并让女性艺术作品在世界艺术的历史画卷里书写下浓墨重彩的一笔。随着该博物馆在国际上的认知度越来越高，迄今为止，该博物馆已为2500多名女性艺术工作者们举办了超过500场展览，在每场展览举办时，都附带有讲座、阅读和表演节目。此外，博物馆致力于帮助女性艺术工作者实现自立、达成人生理想，并专为女性艺术工作者们开设了定向职业的学院。妇女解放运动和女性政治也是学院里最主要的议题之一。

美国女性博物馆建于2001年，位于美国得克萨斯州达拉斯展览会公园一栋已有百年历史的建筑物中。博物馆前有一座名为"百年精神"的雕像，塑造的是一位女子从仙人掌中站起来，双手紧握多刺的树枝，象征所有女性为获得认可所经历的挣扎。该馆旨在表彰女性成就，并且希望在赞誉过去的同时，通过展示过去女性的奋斗事迹，让年轻一辈的女性了解到她们不论怀抱何种梦想都能够实现，从而对未来产生激励作用。创办人凯西·波娜认为，目前美国只有不到5%的历史建筑是为表扬女性而建；教科书中只有2%的内容提及女性历史；在波士顿和华盛顿这些重视历史的大城市，纪念女性的碑石雕塑寥寥可数；虽然美国人在过去30年对女性史的兴趣日渐增强，然而一直没有专门记录美国女性史的博物馆。这个独树一帜的展览中心对所有女性所要传达的信息就是："如果你足够努力，并

---

① ［美］朱迪斯·巴特勒：《性别麻烦：女性主义与身份的颠覆》，宋素凤译，上海三联书店2009年版；［英］安妮特·库恩：《塑造女性主义》，伦敦：Routledge，1987年；［英］斯图尔特·霍尔：《表征》，徐亮、陆兴华译，商务印书馆2003年版。

相信自己，就能达到任何伟大的目标。"

在亚洲，越南、韩国都分别建有两座女性博物馆。越南南部妇女博物馆展示了妇女在越南历史中的地位，分为两个部分，一部分介绍千百年来当地女性的服装演变，另一部分则讲述了女性参与国家反抗法国和美国入侵者的战斗的内容。越南河内妇女博物馆展出图片、绘画作品等，主要内容为妇女在越南历史上的命运，尤其是在战争年代的抗争。韩国基督教女性博物馆，以基督女性奉献建国，为民族受难，以及对韩国社会发展有很大贡献的女基督徒们为主题。韩国京畿道太平洋博物馆以韩国传统女性生活为主题，包括世界唯一的化妆博物馆"化妆史馆"，和韩国第一家茶博物馆"茶道馆"。

二　国外特色女性博物馆

国外女性博物馆从主题、内容、陈列都各有差异。这里选取具有参考意义的女性群体博物馆、女性艺术博物馆，以及国内目前还没有出现的特殊女性博物馆加以介绍。

（一）国外女性群体博物馆

美国国家女牛仔博物馆是世界上唯一一座以女性牛仔为主题的国家博物馆，全面反映了这些巾帼英雄既能骑在马背上征服西部，又能穿着马靴征服男人的万种风情和侠骨柔肠。1975年，为纪念和表彰这些女英雄们的丰功伟绩，在牛仔之乡——美国得克萨斯州沃斯堡的赫里福德（Hereford）建立。之前，无论是艺术化了的美国西部片，还是真实的西进过程，女牛仔们都很少被人提起。但事实上，女牛仔们是美国西部开发过程中不可或缺的组成部分。她们头戴宽边帽、腰挎左轮枪、身穿牛仔衣、脚蹬高筒马刺皮靴、颈围鲜艳印花大方巾，骑着快马在草原上呼啸而来，呼啸而去。她们不但承担着和男性一样艰辛的体力工作，还要背负着当时极为保守的社会压力。她们有着男性的果敢和勇气，又充满了女性的温柔和细致。她们崇尚独立、自由和正义，凭着永不言败、永不服输的意志，为美国西部开发史书写下了永不磨灭的宝贵一页,成为美国开拓精神的一部分。2002年6月,新馆在沃斯堡落成,设有名人堂、展览处、图书馆、影像室、珍稀照片收藏处等,以大量文献、实物和纪录片,向世人展示了这些与传统牛仔硬汉同样骑术高明、性情侠义的Cowgirl是如何青史留名的。

新西兰女同志博物馆又名夏洛特博物馆(Charlotte Museum)是以女同志文化为主题的博物馆。该馆因当地女同志社群发起的维护女同志文化的社会活动而成立。博物馆展品包括当地20世纪50年代至60年代著名女同性恋人士的物品和影像资料,同时展出当地设计制作的女性主题的文化用品、艺术品、徽章、琉璃工艺品、陶器等,并且附设一个收藏有女性史书、文献和杂志等内容丰富、书目齐全的图书馆。博物馆也号召文化界和学术界人士能广泛贡献女同志主题的论文,以便弥补这一领域的空缺,还原女同志历史文化原貌。

(二)国外女性艺术博物馆

国际女性艺术博物馆(National Museum of Women in the Arts)是一家专门致力于展示女性艺术家作品的博物馆,位于美国华盛顿特区,1981年由Wallace和Wilhelmina Holladay合作创立,1987年开始对外开放,是私立的非营利性机构。此馆最初创建的理念是改革历史传统艺术,发掘和赞扬以前曾被无视的女性艺术家,确保女性艺术家在当代艺术中的地位。馆藏面积7322平方米,其建筑过去曾是共济堂教会的用地,目前已经被列入美国注册历史遗产名单。馆内展示领域包括视觉、表演和文艺等多个方面,收藏有从16世纪到当代的藏品约4000件,大约有1000位艺术家的作品,主要为绘画、雕塑、纸制作品和装饰艺术。其中年代最久远的藏品是意大利绘画家Lavinia Fontana于1580年创作的《一个贵妇的肖像》。此馆内最受欢迎的作品是由美国画家和版画家玛丽·卡萨特(Mary Cassatt)、墨西哥女画家弗里达·卡洛(Frida Kahlo)和法国女画家伊丽莎白·维杰·勒布伦（Élisabeth Louise Vigée – Le Brun）等人创作的。目前，国际女性艺术博物馆已发展成为女性艺术活动的综合性研究教育中心。

大都会艺术博物馆（Metropolitan Museum of Art）是世界四大美术馆之一，也是世界上首屈一指的大型博物馆，位于美国纽约。在此举办的美国女性形象展通过展示1890年到1940年美国时尚的变化，反映随着20世纪美国女人赢得选举权并加入劳动大军后美国政治的变化。从19世纪90年代的女继承人着装到20世纪30年代的知性女性装扮，展览中精致的服装大多为当时的贵族精英阶层所拥有。参与军事领域和政治领域的女性可算作例外，虽说她们占据了展览很小的一部分，但她们确是该展览体现男女平等思想的平衡点。展览中还可以看到，美国女性早在19世纪末就已经开始尝试身着运动服装，这些运动装有滑冰服、骑马服等；到20世纪初，美国女性钟情于纤细轮廓低腰线的小野禽风貌裙装（Flapper Dresses），这都显示出崇尚运动精神是早期美国时尚的重要特点，这也迎合了当时美国追求自由独立的社会风气。

（三）国外特殊女性博物馆

女性解剖学博物馆是19世纪后现代主义博物馆的典型代表，1869年开办于纽约。这个博物馆的非同寻常之处在于：它不仅是一个"关于"女性的博物馆，还是一个专为女士而设的博物馆。该馆展出的物品种类异常丰富，有关于植物的、内分泌的、骨骼的、妇科的、妇产的、肿瘤的、皮肤病的、有壳海洋生物的、矿物的、蛇类的，各种动物和奇珍异宝不一而足。这些解剖学展品通过各种媒介展示：干版图示、模型、蜡制品，偶尔也有保存在福尔马林中的真实物体。大多数这种类型的博物馆，比如伦敦的卡恩博士解剖学博物馆，都明显是为培训医生而建的，尽管初衷是教育，但实际上却是色情的，给了那些寻求性刺激的男性可乘之机。与为取悦男性而展示女性解剖蜡像的博物馆不同，女性解剖学博物馆鼓励妇女看到她们自己和她们的孩子。因此，有大量关于妇科病、胎儿发育、妇产、儿科疾病和婴幼儿解剖标本的展品，附有疾病起因解释的先天性疾病（一般都是没有优生造成的），阿斯皮沃儿童的模型（被他们的父亲饿死），以及世界著名的人体解剖模型"梅第奇的维纳斯"，使参观者能够更真实地了解女性。

花宫娜女性香水博物馆位于法国格拉斯①，其中可参观的规模最大的香水工厂是花宫娜（Fragonard）。在这里，能看到传统的香水生产过程。当地妇女在日出前到玫瑰田采摘花朵，送到香水工厂，工人们用各种形状、大小的煮锅、滚筒、蒸馏锅来压榨、提炼、萃取香油。精华油的提炼十分复杂，一公顷田里的薰衣草也只能榨出15磅的精华油，一吨的茉莉花只能得到一升的精华油。提纯后的精华油需要香水师们通过嗅闻、挑选、测试，进行调配。由于人的嗅觉通常只能保持一会儿，在闻过3种到4种以上的香味之后就会迟钝，香水师们需要隔几小时或者几天的时间才能再次测试，所以一种香水配方也许需要花上几个月甚至几年的时间才能经过试验，经久不衰的香水也源自此法。

避孕物品博物馆堪称是世界上最大的避孕博物馆，位于加拿大多伦多市。该馆收藏了历年来的600多种避孕工具，多数是各个时代的人们为女性设计的。有些古代的避孕方法实际上是危险的，例如，古人通过喝水银、石墨等方法避孕，极易导致死亡；20世纪30年代，西方有一种六边形的小木块用作"子宫套"，被后人称为"折磨女性的器具"。但也有些古老的方法被证明的确有效，例如，3500年前埃及人用象形文字书写的古老避孕处方，用椰子、树胶和蜂蜜浸湿的羊毛绵球植入女性体内能够防止怀孕。

失恋女性博物馆也很有趣，新加坡这座收藏失恋者所拥有的一

---

① 格拉斯（Grasse），法国南部城镇，因香水工业和香水贸易而繁荣，拥有"世界香水之都"的美名。

第四章　女性身份、历史、话语的博物馆再现　✼✼　157

些具有纪念意义物品的博物馆，其开办的初衷是让那些失恋的人，尤其是女性能够尽快走出失恋的阴影。其基本理念是当爱情信物变成失恋佐证的时候，也许失恋者很快就会释怀，发现一些殊途同归的道理。馆内藏品包括情书、订婚戒指、按摩油、小轮摩托车、见证爱情的生锈钥匙以及恋情过后留下的空酒瓶等。每件展品旁边都有捐赠者写下的说明文字，解释此件展品的来源。博物馆还邀请人们提供恋爱纪念品及其背后的故事，希望用此方式让失恋者们释怀和疗伤，因为与同是天涯沦落人的其他物主相比，自己的感情路也许并没有那么坎坷。

（四）国外虚拟女性博物馆

此外，国外已有开办网上虚拟女性博物馆的尝试。比如女性主义合作机构 WonEnhouse① 主办的网上博物馆，以及"老男孩网络"（OBN）等国际计算机女性主义联盟等。这些网上虚拟博物馆不仅内容丰富，而且特色鲜明，展示各种女性博物馆和私人的重要藏品。通过互联网络，每一个人都可以直接通过计算机终端，随时、随地去参观这些博物馆，并且能够完全按照自己的兴趣，深入研究某一特定主题，这也使这些虚拟女性博物馆的访问量呈现直线递增的趋势，这一现象值得国内研究者关注。

三　国外女性博物馆分析

从前两小节可以看到，国外女性博物馆虽然内容庞杂，且受到时代、环境和认知水平的影响，但从本质上都有着共同的目标，即主张通过女性博物馆再现并超越男性中心社会对女性的历史和社会性的期待，呈现女性独立的文化、经验方式、社会生存以及心理、生理特征。相比国内女性博物馆反映性别问题是为了追求两性和谐，

---

① ［英］安妮特·库恩：《塑造女性主义》，伦敦：Routledge，1987年；［英］斯图尔特·霍尔：《表征》，徐亮、陆兴华译，商务印书馆2003年版，

国外女性博物馆着力强调性别差异的表现，是为了启发更多女性关注自身，因而也显示出更强的启蒙性、展示性和表演性。下面以女性解剖学博物馆为例进行分析。

第一，关于启蒙性。对参观这个博物馆的女性来说，"启蒙"的意义并非扎根于超然的认知主体思想中，而是通过女性在参观中自认与展品为一体，帮助女性认出她们自己并发现自我认同的意象，反过来思考自身的境遇。在这里，后现代性被一个连贯叙事颠覆了，女性解剖博物馆本身不再是一种象征界，女性参观者通过指向展品和对照自己，能够主动创造一个象征界。

第二，关于展示性。在女性解剖学博物馆中有一些展品，比如浸泡在溶液中的标本，使女性参观者能够敏锐地联想到自己，感觉自己也变成了物品。于是，女性参观者和展品之间的界限消失了，它们之间成为互文的关系。从这种意义上说，博物馆以其展品吸引人们，而这些或奇特或普通的展品虽然只是安静地陈列在那里，却将物品和表演者的功能统一起来，起到了自我展示和讲解的作用。

第三，关于表演性。女性解剖学博物馆里有自己的诊所，一位医生在行医，但同时给妇女提供疾病的例子让她们学习。如果缺乏知识和词汇而不能描述自己的疾病，她们可以在展品中找到自己的那种症状，然后在花5美元进行就诊时，就可以指着某个模型、图示或标本作为看病的第一步。这巧妙地绕过了女性在妇产科和儿科方面的无知，而且明显有意让这成为一种自我指认。这种方式将概念加固为切身体验，如同表演般，让观看藏品变成女性学习自己身体的过程。

此外，不难发现，国外特色女性博物馆有展示国家文明形象和作为普通百姓的娱乐休闲场所这两项功能，这可以用一句非常形象的语言来比喻：这些博物馆既是一个国家的礼堂（国家礼仪性的功能与象征），也是普通百姓的会客厅。① 这类博物馆的新特点具有两个方面的特征：一是传统女性博物馆在当代的新转型、新发展，包括资源的进一步整合，建筑面积的扩大与职能的变化等；二是其总体性及时代性特征的加强，更加专业化和专门化。在技术方面，从建筑技术到陈列展览技术、文物保护技术、传播技术等，表现为展览环境的高科技化，藏品环境的安全性高等。在理念方面，突出表现为"以人为本"，以及博物馆服务意识的加强和服务细节的人性化，如"无障碍通道"等硬件设施的完善，针对不同层次人群需求的服务项目等，都能更加突出博物馆的社会责任意识。当教育与娱乐兼顾成为博物馆的时尚，博物馆才真正担负起大众公共空间消费的功能。

由此可知，国外女性博物馆由于发展较早，取得了理论创新，具备一定的实践特色。国内女性博物馆在建设过程中，可以从中汲取经验，吸收精华，提炼出具有指导意义的规律和特点，以促进女性博物馆事业良性发展。

---

① Timothy W. Luke. Museum Pieces: The Politics of Aesthetics and Knowledge at the Museum [A]. Presented at the Third Annual Arlington Humanities Colloquium [C]. Texas: University of Texas – Arlington, 1997.

第 五 章

被建构的女性:"米脂婆姨"形象探析

在众多的性别问题研究中,女性形象是许多学者关注的主要课题之一。社会性别研究者认为,女性形象一旦诞生便会负载着大量的文化意义,具有强烈的意识形态性,而且在社会文化的建构作用下会逐渐成为一种刻板形象或定型观念,表达了全社会对女性的性别角色期待。"米脂婆姨"作为一个群体形象备受关注,她们身上不仅呈现出了为人们所传诵的诸种美德,而且也折射出了一个社会特定的性别规范。"米脂婆姨"不仅仅是黄土高原上的一个女性群体形象,同时也是一种社会文化现象。本章从话语建构的立场出发追溯"米脂婆姨"形象的发展演变,并对其进行社会性别视角的分析,从而解析这一形象本身所存在的建构与被建构的性别权力关系,此次研究是"米脂婆姨"形象进入学术研究领域的一个新尝试,同时也是对社会性别研究应用领域的一个拓展。

第一节 主要概念的界定和理论解释

一 "米脂婆姨"概念

很多人知道"米脂婆姨"这个称谓可能都与那句传颂久远的民谣"米脂的婆姨绥德的汉,清涧的石板瓦窑堡的炭"有关。然而

第五章　被建构的女性:"米脂婆姨"形象探析

"米脂婆姨"所指称的到底是什么？这似乎又是一个很难界定的概念。

米脂，这个黄土高原上的小城位于陕西省北部东侧，黄河中游地区，是炎黄文明发祥地之一，是明末农民起义领袖李自成的故乡，因"地有米脂水，沃壤宜粟，米汁渐之如脂"而得名。米脂县地近边陲，自然条件恶劣，主要以农业为主，古代曾是不同部落更迭和多民族会聚、多民族血缘、习俗交相渗透，中原、边塞文化互相融会的地方，有过"蒙人游牧""华夷杂处"的时期，最终形成以汉族为主体的格局。米脂历史悠久，雄浑壮阔，文风斐然，人才辈出，素有"文乡"之誉。相关史料记载"重教兴文"是米脂县的传统，数百年内公学、私学并存。[1] 抗日战争特别是解放战争时期，米脂曾是陕甘宁革命根据地之一，1947年到1948年3月，毛泽东、周恩来、任弼时等革命领导人率中共中央机关驻米脂杨家沟，指挥全国解放战争，并制定了一系列具体政策，指导土地改革，为解放全国做了准备。

"婆姨"一词在《现代汉语词典》[2] 的相关词条中这样解释："方言（名词）①泛指已婚妇女。②妻子。"在陕北说到"婆姨"，大家都不陌生。当地人把已婚或成年妇女称作婆姨。比如"桂兰是狗蛋的婆姨"，"那婆姨手可巧咧"等，这个词的使用很普遍。在当地老百姓口语中很少用"妇女"，只用"婆姨"。有学者认为，"婆姨"很可能与佛教中将女信徒称为"优婆夷"有某些联系。敦煌研究院文献研究所研究员杨森曾撰写《"婆姨"称谓的源起》[3] 一文，文中他根据一些真实的敦煌莫高窟供养人题记和敦煌藏经洞出土文书写本题记以及其他资料进行了充分翔实的考证，对"婆姨"称谓

---

[1] 关于米脂县的介绍参见《米脂县志》，陕西人民出版社1993年版，第3页。
[2] 中国社会科学院语言研究所词典编辑室：《现代汉语词典》（第5版），商务印书馆2005年版，第1057页。
[3] 参见杨森《"婆姨"称谓的源起》，《中原文物》2008年第1期。

随着社会发展变革而嬗变的过程进行了系统的梳理。他认为"优婆夷"一词是梵文音译，最初指代的是女性佛教徒，汉文意思即"清信女、近善女、近事女"等，亦即在俗之女信徒、女居士。至宋代由于受到理学发展的影响，"优婆夷"从女性佛教徒的尊崇地位发展变化为"婆姨"，成为女性的专有称谓，用来指称"人妻"，指"近事和侍奉丈夫的女人"，倾向于贬义成分。之所以发生这样的词义转变，是因为中国历来皇权、夫权至上，女性的"三从四德""三纲五常"的观念已经深入人心。女性从小即开始接受这样的教育，而这些都是限制和扼杀女性自主、自立、自尊的桎梏，所以"婆姨"在宋明理学盛行的封建社会成为"优婆夷"的俗称或是简称。而到了明代，"婆姨"一词的使用范围已变得很宽泛，不但指已婚女子，有时也将未婚姑娘包括在内，而词性更趋于中性。抗战时期陕甘宁边区以及新中国成立后，随着妇女解放、男女平等进步思想的宣传和教育，这个称谓的词义、词性才逐渐定型下来。

在当地一般"女子"是对女孩和未婚姑娘的通称，而"婆姨"则泛指结婚的妇女，当然，在今天人们的口语中，婆姨的范围可以更大，不仅包括已婚女性，也指米脂姑娘和米脂女子。本章的研究对象即这种广义上的"米脂婆姨"。这一称谓源出何处，目前尚无有价值的可资考证的文献资料来证实。它既不是哪一级政府命名，又不是出自某位名人之口。然而这样一个对女性的普通称谓何以能够喊得如此响亮？何以能够这么深入人心甚至名扬万里？实在是一个值得探寻的话题。

二 理论解释

（一）话语/权力与女性主义

随着 20 世纪西方文论发生的重大语言学转向，"话语"（discourse）成为当代学术思想界备受关注的热点。"话语"（discourse）出自法国后现代主义哲学家米歇尔·福柯（Michel Foucault）。福柯

第五章 被建构的女性:"米脂婆姨"形象探析

在索绪尔结构主义语言学的基础上提出了"话语"概念。在福柯之前,以索绪尔为代表的结构主义语言学持语言和言语二分法的观点,认为语言(Langue)是言语活动中确定的部分,是社会集团约定俗成的规则,是语言的形式方面,而言语(Parole)则是指特定情况下个人说话的个别行为,侧重于语言的具体运用。福柯不赞成索绪尔关于"语言"和"言语"的区分,认为它忽视了一个第三者的存在,即语言形成过程中的另一个重要因素——"话语"。而在福柯的视域中,话语并不等同于符号语言。"话语虽由符号组成,但话语所做的要比这些符号去指称事物来得更多。正是这个'更多'使得我们不能把话语归结为语言和言语,而我们正是要揭示和描述这个'更多'。"[1] 福柯的话语概念打破了结构主义语言学中语言和言语二元对立的局面,他强调:"话语不是一个单纯的语言学概念,而更主要的是一个多元综合的关于意识形态再生产方式的实践概念,它具有自身的实践性,存在于立体的语境中,既随着语境变化又反作用于语境,人类与世界的关系是一种话语关系,任何事物都不可能脱离话语而存在。"[2] 这意味着话语在福柯那里既不同于"语言"也不同于"言语",话语在本质上被福柯界定为人类的一种重要的活动即话语实践。在福柯看来,人们的思想和行为在某种程度上受到话语的规范与支配,话语对社会个体的建构有着不可估量的作用。

福柯的话语理论对女性主义有很大启示。后现代女性主义者接受了福柯话语建构主体的理论,认为人的性别与社会文化的建构有着不可分割的联系。法国女权主义作家西蒙娜·德·波伏娃在其名著《第二性》中鲜明地提出社会性别构成论的观点"女人不是天生的,而是社会文化建构的结果"。而后现代女性主义者大多承袭了这

---

[1] [法]米歇尔·福柯:《知识考古学》,谢强、马月译,生活·读书·新知三联书店2003年版,第49页。

[2] 同上书,第57页。

种性别建构观点,认为社会对女性的建构将女性置于相对于男性的"他者"地位,因此女性话语相对于主流话语而言处于缺失状态。不仅如此,话语作为社会环境的媒介,或者说作为社会政治、经济和文化的工具,受到社会环境的驱使不断为人们营造各种规范和制度。在男权社会的背景下,男性的话语霸权不断浸润着女性,使其受到规训和教导,对女性的身体、思想、行为都在不断进行着建构。

权力理论在福柯的学术思想中也占有非常重要的地位。从《临床医学的诞生》到《认知的意志》福柯一直致力于权力理论的研究,他提出的动态多元的权力观念突破了传统哲学中单一的压制的权力观念。他认为权力"不是保证一个特定国家公民的服从的一组机构和机制,也不是指与暴力相对比而具有法规形式的一种征服方式。最后,也不指一个要素或集团对另一个要素或集团实施的普遍统治体系,这个体系的效果通过连续的衍生而渗透于整个社会机体"①。实际上,"权力意味着关系,一组或多或少组织起来的、等级的、协调的关系"②,而且是一种动态的关系。

在福柯看来,由话语构成的知识与权力相互联系、相互制约。"既不存在离开某个知识领域的相互关联的结构的权力关系,也不存在任何不同时预想和构造各种权力关系的知识。"③ 福柯的权力观不仅与话语、知识相关,而且是循环的。它不是被一个中心所垄断,而是"经由一个网状组织被配置和行使"④。由此,权力关系散布在社会的各个层次、各个领域,而每一个人都身在其中,既是统治者又是被统治者。权力不仅具有循环性,而且具有生产性,它"不只

---

① 莫伟民:《主体的生命》,上海三联书店1996年版,第78页。
② [法]福柯:《权力的眼睛:福柯访谈录》,严峰译,上海人民出版社1997年版,第105页。
③ [法]米歇尔·福柯:《规训与惩罚:监狱的诞生》,刘北成、杨远婴译,生活·读书·新知三联书店1999年版,第27页。
④ [英]斯图尔特·霍尔:《表征:文化表象与意指实践》,徐亮、陆兴华译,商务印书馆2003年版,第50页。

第五章 被建构的女性:"米脂婆姨"形象探析

是作为一种否定力量压制我们,它还审查和生产各种事物,它带来愉悦,形成知识,产生话语。它应被看作一套通过整个社会机体运作的生产网"①。

福柯的权力观为女性主义学者提供了一种实用的学术新方法。女权主义者用福柯的权力观点来分析施加在女性身上的各种文化现象,并进一步重新审视社会对女性形象和举止的规范所发挥的作用,从而进行性别研究。例如,女性主义者借用福柯关于惩戒凝视的观点,认为女性就是生活在这样一种社会压力之下:不仅要服从纪律,而且要遵从规范,自己制造出自己驯服的身体。女性就是处于来自社会和自我的双重压力之下,女性既是男权文化压迫的结果,也是自我约束和自我遵从规范的结果。正如福柯所说:"用不着武器,用不着肉体的暴力和物质上的禁制,只需要一个凝视,一个监督的凝视,每个人就会在这一凝视的重压之下变得卑微,就会使他成为自身的监视者,于是看似自上而下的针对每个人的监视,其实是由每个人自己加以实施的。"② 用这样的凝视模式来分析女性身体和所谓的女性形象气质再适合不过了。女性渴望的标准身材、天使般的容貌都可以放进凝视模式,是凝视者的目光所致的结果,这种凝视来自男人和整个社会。用福柯的话语权力理论来观照性别问题,就要关注在特定的话语权下如何产生两性的特定观念,这种话语权是如何对男女两性双方产生实际效果的,这种固定下来的两性观念又是如何在历史上的各个时期投入实践活动中去的。

(二)社会性别理论

"社会性别"(gender)是相对于生理性别"sex"而提出的概念。"性别"(sex)是根据生理上的自然属性差异而划分出的男女两

---

① [英]斯图尔特·霍尔:《表征:文化表象与意指实践》,徐亮、陆兴华译,商务印书馆2003年版,第50页。

② [法]米歇尔·福柯:《规训与惩罚:监狱的诞生》,刘北成、杨远婴译,生活·读书·新知三联书店1999年版,第227页。

性，它强调的是人的先天的生理差异。与"性别"不同，"社会性别"是"指男女两性在社会文化的建构下形成的性别特征和差异，即社会文化形成的对男女差异的理解，以及在社会文化中形成的属于男性或女性的群体特征和行为方式"①，它强调性别的区分是由社会文化造成的，与生理基础无关，因此并不是先天的、自然的和不可更改的。尽管这两个词有明显区分，但事实上具有自然属性的"性别"和具有社会属性的"社会性别"是不能截然分开的，它们之间相互关联、相互作用，因而是相互嵌入的。可以说，任何一个人在社会关系中都表现出性别上的双重属性即自然属性和社会属性。

"社会性别"概念的提出瓦解了二元对立的根源——生物决定论，论证了社会性别形成主要是社会文化建构的结果，从而进一步揭示了女性受压迫的真正根源。"社会性别"这一概念对于西方性别理论的发展具有重大的意义。它作为研究分析的一个有效范畴，"既是我们观察、发现、认知两性角色及其相互关系的工具，也在一定程度上成为我们重新认知世界的工具"②。使用社会性别的概念，"不是为了分解生物性别的作用，而是利用这一概念揭示掩盖在生物性别之下的有关性别的种种文化和社会建构"③。"社会性别"更多强调的是它所具有的"社会性"，即由文化所生成、所赋予的属性，强调社会与文化强加于男性或女性身上的特定社会规范。男女的"社会性别"是后天社会文化赋予、培养的，对于男女性别的一些刻板印象主要源于社会性别，包括男女两性的性格、形象、智力、社会分工、家庭角色等方面的定型化。实际上，任何社会中都存在着一整套有关男人该怎样行为和女人该怎样行为的观念和规范，具体表现为一整套有关两性行为的期望和社会角色。社会性

---

① 郑新蓉、杜芳琴：《社会性别与妇女发展》，陕西人民教育出版社1999年版，第12页。
② 屈雅君：《社会性别辨义》，《南开学报》（哲学社会科学版）2006年第6期。
③ 苏红：《多重视角下的社会性别观》，上海大学出版社2004年版，第7页。

别正是表达了由语言、符号、交流和教育等文化因素构成的判断性别的社会标准。① 通过使用社会性别研究这种认识世界的独特视角，最大的目的在于使人们能够关注由社会文化所形成的男性或女性的群体特征、角色、活动及责任，使人们能够重新认识已存在的看似合理的男人和女人的社会性别身份，以及期待人们对于性别问题更积极地去思考和行动。

第二节 "米脂婆姨"形象演变中的主流话语建构

女性的形象气质并不是天生的。从社会特征来说，女性形象气质具有社会性别的含义，它代表了历史、文化与社会意识形态的主流话语对女性特征的建构。后现代女权主义指出女性形象气质是由主流文化建构并通过社会主流话语进行言说的。要特别强调的是主流话语并不能直接指代既存的社会现实，而是为我们建构了这样或那样的社会现实。社会现实或是自然的世界皆不具有能被话语反映或表达的固定的、本质的意义，实际上意义是在话语之内被建构的。因此不容忽视的是话语并不是被动的，它具有某种意义上的能动性，它建构了社会现实且确定了现实意义。正如波伏娃所指出的："不论是历史现实还是事物本性，实际上都不是一次性给定的，因而不是固定不变的。"② 在中国几千年的男权社会的总体大背景下，呈现出了对女性形象建构的不同主流话语，而这些主流话语的建构源于社会的政治、经济和文化传统的驱动力。在不同时代、不同社会的主流话语影响下，公众女性形象也随之呈现出时代或地区特有的形象气质。

---

① 苏红：《多重视角下的社会性别观》，上海大学出版社2004年版，第7页。

② [法]西蒙娜·德·波伏娃：《第二性》，陶铁柱译，中国书籍出版社1998年版，第14页。

本节将"米脂婆姨"形象的演变放置在20世纪以来的时代大背景之下进行考察,透过相关文献资料所记载和米脂婆姨史迹展馆[1]所展出的"米脂婆姨"形象来关注特定历史时期政治、经济、文化主流话语对"米脂婆姨"形象的建构,同时通过不同个体的真实"言说"来倾听她们内心的声音,感受她们的真实体验,进而洞察这一群体女性形象主体意识由萌芽到逐步发展的过程。

一 20世纪中上叶——文化话语对"米脂婆姨"形象的建构

人类学家艾迪文(Edwin)和夏瑞丽(Shirley)曾说:"女人是一个沉默(muted)群体,她们只是种族繁衍的工具或象征秩序中的一个空洞的符号。"[2] 在中国几千年的封建历史和文化传统中,强大的男权文化主导着主流话语,女性是一个听话的群体,是一个被男性塑造的沉默群体,"是男性力比多(Libido)机制的投射,女性在父权制中是缺席的和缄默的"[3]。作为一个性别群体的陷落,两千多年的妇女生活早被宗法制社会组织排挤到社会之外,被排除在"君君、臣臣、父父、子子"的权力结构和主流话语之外。"妇女总是零畸者!妇女总是被忘却的人。女性被父权社会压制、驯化乃至沉入地心,活在有躯体而无灵魂、有生命而无历史的边缘化中,她们在书写中被父权一直掠夺,被父权意识重塑,成为承载男性欲望与想象投射的沉默他者,因而女人从未构成过一个独立的等级,作为一个性别,实际上也从未扮演过一个历史角色,是历史境遇中的'空

---

[1] 米脂婆姨史迹展馆位于米脂县城盘龙山的李自成行宫内部,馆内所展览的是当地具有代表性的优秀"米脂婆姨"的先进史迹。该馆建于2004年,是当地政府在"米脂婆姨"品牌注册成功后,为进一步打造这一品牌、扩大影响力而进行的官方战略发展规划之一。米脂婆姨史迹展馆中不同时期、不同领域的女性形象能够反映出官方主流话语对这一女性群体形象的塑造和期待,可以体现出不同时期主流话语的建构作用。

[2] 转引自王凤华、贺江平等《社会性别文化的历史与未来》,中国社会科学出版社2006年版,第285页。

[3] 张京媛:《当代女性主义文学批评》,北京大学出版社1992年版,第3页。

第五章 被建构的女性:"米脂婆姨"形象探析

白之页'。"①

女性沉默、缺席的边缘化境地到20世纪才开始逐步发生改变。20世纪初的中国社会处于动荡、变化、转型时期,由于中西文化的碰撞、时隐时现的新旧文化不断冲击,使得近代中国由封闭逐渐走向开放。在马克思主义、西方女权主义等思潮的影响和冲击下,在经历了一系列的改革和革命之后,中国女性作为一个群体才逐渐"浮出历史地表",逐渐被认识和关注。尤其值得注意的是,五四运动前后新文化运动产生的文化话语所塑造的新的女性形象颇具代表性,这些在当时所谓的叛逆的女性形象虽然在初期被认为是另类,但是随着时代的变化,她们逐渐登上历史的舞台,同时她们的主体意识也是从那时孕育并开始觉醒起来,这在婚姻观、贞节观、参政意识、经济领域等多方面都得到了具体的体现。

随着五四运动的发展,一大批进步女性、先进的女性知识分子纷纷投入这场声势浩大的运动当中。在这样的时代背景下,米脂县尽管地处偏远的陕北,仍然受到了五四运动追求自由民主、追求思想解放的社会氛围和意识形态的影响,在当时的主流话语的建构下,"米脂婆姨"们展现出了独特的风采,涌现了许多具有先进思想的知识女性。她们在精神、思想上开始摆脱传统观念的禁锢,勇敢地追求思想解放,表现出与传统的妇女形象完全不同的"新女性"形象。

在这个"新女性"形象序列中最具有代表性的就是在米脂创办陕北第一所女校的"米脂婆姨"——高佩兰。高佩兰②(1903—1976),米脂县城东街人。父亲是一个开明的商人,早年送女儿先后在西安、北京上小学。高佩兰自幼外出读书,眼界开阔,思想解放。1919年爆发了反帝反封建的五四新文化运动,当时在北京就读的高

---

① 常彬:《中国女性文学话语流变》,人民出版社2007年版,第11页。
② 关于"高佩兰"的具体情况参见《米脂县志》,陕西人民出版社1993年版,第729页。

佩兰一方面接受着新思想的熏陶,另一方面思谋着家乡姐妹们的未来出路。1919年夏,17岁的高佩兰遵父命返回米脂完婚。然而这位经历过五四新文化运动洗礼的知识女性再也不肯沉湎于小家庭的温柔富贵,无所事事地去享清福,而是一心想为社会做些事。她提出兴办新女校①的设想,博得当地一些开明绅士的赞同。她利用夫家院内房舍2间,开办了米脂女子学校②,并亲自任教。经高佩兰和她的女友们宣传鼓动,许多殷实人家同意让女儿来女校读书。米脂女子学校第一期招收学生34名,学校根据学生年龄参差不齐、文化基础不同的情况,以7年三段制(初小4年、预科1年、高小2年)编制上课,授国文、算术、图画、手工、手法、体操、唱歌等课程。开学的同时,宣布成立"天足会",宣告与摧残妇女的缠足陋习决裂。米脂女子学校的老师经常给学生讲花木兰、班昭、李清照等古代巾帼英雄和才女的故事,鼓励学生少年立志、爱国、反封建束缚、争自由求上进。高佩兰等具有先进思想的"新女性"们受到当时的社会思潮和政治运动的影响积极兴办米脂女子学校,这在闭塞的陕北可以说是"于无声处听惊雷!真是开天辟地第一回!"③ 当年就读于米脂女子学校的张素玲老人至今仍感受颇深,提起那段过往的历史老人依旧记忆犹新:

(访谈人物:张素玲④ 女 87岁 米脂县姬岔乡人)
问:您是什么时候上女校的?

---

① 据史料记载米脂县曾于1913年第一次办女学,当时辛亥革命之后,封建礼教受到很大冲击,城内一些较为开通的缙绅商议兴办女学,聘请艾德兴(举人)、工汝筠(秀才)两位老文人当教师,招收了十多个女孩子,名为"米脂女学"。课目主要是国文,教女娃娃认读写字,教材为《百家姓》《千字文》《女儿经》之类。但由于两位先生暮气沉沉,思想古板守旧,女学办得毫无生气。过了一两年就没人来上学了,也就停办了。

② 此部分关于"米脂女子学校"的介绍详见米脂县编纂委员会《米脂县志》,陕西人民出版社1993年版,及2004年由米脂县政协编辑的《米脂婆姨:文史资料第二辑》。

③ 贺国建:《昊天厚土——米脂人文探微》,陕西人民出版社2005年版,第109页。

④ 本章中所涉及的访谈者姓名,根据访谈者意愿一律采用化名。

第五章　被建构的女性："米脂婆姨"形象探析

张：咱们米脂女子学校办起来的那年我才5岁，7岁上我爸爸送我上了女校，我是第三班（届）女校学生。那会只要家里大人开明些、家里比较富些的就愿意送女娃娃上女校。

问：为什么愿意呢？

张：那会女娃娃能上学了不得呀，能学东西还能长见识。当时心里可喜咧，女娃娃能上学那是多大的荣耀啊！

问：当时的女孩子都可以上女校吗？

张：不是，也有不愿意送的，认为说女娃娃嘛上学没啥用，认为说那些婆姨们没上过学堂还不是一辈子就这样过来了，所以还不如就在家里待着帮着大人做些生活（做家务）。

问：那您当时在女校都学什么？有哪些事情让您印象深刻呢？

张：我记得刚进学校那天，大院里挤满了男女老少，欢声笑语的，可红火了。我们这些女娃娃都可兴奋了，感觉可稀罕了。刚入学那阵就十来个女娃娃在炕上上课。我记得可清楚了，一年学费两吊铜钱，买一套书360个铜钱。我念了三年，开始两年念的是文言文，后一年开始念白话文。平日里学校的学生要读诗文，还有加减乘除哩，大一点的女娃娃还跟老师学习剪裁、刺绣、编织之类的一些活计。老师还给讲什么女人应该放足、剪发、上学、求职、婚姻自主的道理，在这以前都没见过这号事，大家都感觉可稀罕哩！

问：您觉得上女校对您有什么影响？

张：呵呵，我也说不好，但是我现在还记得上女校的那阵儿，可好了，学到了许多可稀罕的东西，也让我长见识了。那会儿嘛，一个女娃娃家能进学堂太难得了。我们女校当年在米脂甚至我们陕北名气可大了，招的学生也越来越多，培养了好多优秀人才哩。

由于受到封建旧礼教和旧道德的长期压迫和束缚，过去米脂绝大多数女性没文化，思想封闭，几乎不参加任何社会活动。自从女校开办以后，像张素玲一样的一批女青年才有机会同男性一样进入学校接受教育，这在当时看来"可稀罕了"，"女娃娃能上学那是多大的荣耀啊"。她们入学后接受文化启蒙和反封建、求自身解放的教育，从张的"言说"中，我们可以真切体会到米脂女子学校给当地女性所带来的影响，她们以崭新的面貌区别于传统女性，她们获得了身心自由，朝气蓬勃，不仅"学到了许多可稀罕的东西"，更重要的是在精神上、思想上得到了解放，她们积极加入天足会、互济会、劳动妇女姊妹会等组织，带头宣传女子剪发、放足、读书、婚姻自由，努力争取人身自由、个性解放。

这些"新女性"形象在当时引起了极大的轰动，而更为重要的意义在于她们作为一个女性群体被社会重新认识和关注。作为文化话语建构下的"新女性"形象她们自身的独立价值逐渐凸显出来，女性主体意识开始萌芽。但是五四时期妇女解放运动往往只波及上层精英和一部分知识女性，没有泛化为妇女的普遍行为，所以其大众化程度是远远不够的。然而毋庸置疑的是，这段历史时期涌现的这些"米脂婆姨"中的"新女性"不仅是对传统妇女形象的颠覆，同时也对当地的女性思想意识的解放起到了率先开化的作用。米脂女子学校从创办到1948年秋开始招收男生，前后独立办女校30年。虽然当时女子教育的普及面还不是十分广泛，但是毕竟在米脂妇女解放、教育等方面做出了积极贡献，孕育和培养了最早的妇女社会活动家、妇女运动的先驱和一批现代知识女性，为后来的革命事业造就了一批有觉悟、有知识的妇女先锋。革命烈士杜焕卿、张惠明，知名妇女党政干部杜瑞兰、冯云、尤祥斋、安建平、高敏珍等人都曾在该校就读。[1] 她们中不少人后来奔赴延安投身火热的抗日斗争和

---

[1] 《米脂县志》，陕西人民出版社1993年版，第730页。

解放事业，成为为人民建功立业的巾帼英才。

二 抗日战争至"文化大革命"结束——政治话语对"米脂婆姨"形象的建构

（一）战争时期的"巾帼风采"

抗日战争爆发之后，中国有志之士谋求的主题由五四时期的"启蒙"转入了"救亡"，举国上下被卷入战争的洪流，包括那些没有受过教育的农村妇女也走出家门冲进战火的硝烟，担负着和男子一样挽救民族命运的重担，发挥着女性应有的作用。据史料记载，米脂婆姨们在这样特殊的时代背景下也成为革命、参战、支前、生产运动的重要生产军，她们积极送郎、送子参军，做军衣、军鞋，开展生产自救等。在战争的硝烟中，米脂女性所体现出的是"脚不缠，发不盘，剪个帽盖搞宣传，当上女兵翻大山，跟上队伍去延安"①的特定形象气质。因为战争，她们的生活和精神风貌发生了特殊的变化，她们被推向了时代的前沿，战争在改变着她们，同时也使她们在更大程度上接触着社会，使她们在国家民族危亡的关键时刻体现出自己的价值和意义。

必须承认的是，不仅战争改变了她们，塑造了她们，而且她们在血与火的洗礼中所做的一切也改变了周围的世界和人们对她们的看法。在米脂婆姨史迹展馆中有这样的描述："她们不仅在家庭中撑起了男人应该撑起的天穹，成为家庭的支柱，而且在战场上巾帼不让须眉，和男性一样以极大的热情、勇敢的胆识和聪明的智慧显示了女性的巾帼风采，并赢得了人们的尊重，为民族的解放和人民的幸福做出了自己应有的贡献。"然而同时绝对不能忽略的是，那个时代无产阶级革命成为时代的主流话语，国家的政治话语在重新规范着女性形象的同时，"也把妇女的主体意识完全趋同于时代的主流意

---

① 贺国建：《昊天厚土——米脂人文探微》，陕西人民出版社2005年版，第112页。

识,似乎只要在时代主流意识的裹挟下前进就万事大吉了,而忽略了自己作为个体的存在价值和意义"①。

(二)"半边天"时代的"铁姑娘"记忆

新中国成立以后,在共产党的领导下,人民翻身成为国家的主人,坚实的政治基础为妇女的解放提供了可靠的保障,妇女的社会地位得到了极大的提高,她们纷纷走出家门参与到社会主义建设的各个行业,加入到与男人一起工作的行列,成为各行各业的一支生力军。当时涌现了难以计数的革命话语或者说国家关于女性的解放话语,例如:20世纪50年代初期的"翻身""当家做主人";"大跃进"时期的"走出家门""妇女解放";"文化大革命"期间的"妇女能顶半边天"。所有这些话语中,传播最广、影响最深的莫过于"时代不同了,男女都一样"。

在这些政治话语的引导下,米脂县大力倡导妇女参加劳动生产,涌现了不少的"铁姑娘"。在《米脂县志》中有这样的记载:"新中国成立后,大力提倡妇女上山劳动,参与经济建设。1954年杜家石沟农业社组织48名妇女修梯田50亩、堰窝48亩。当年全县表彰妇女劳动模范17人……1958年,80%以上女劳动力投入修梯田打坝、春播秋收,妇女出勤150—200天。1976年1.74万名妇女参加生产。沙家店公社对九圪台42人组成的妇女专业队,先后治理5座山,修梯田260亩,水窖280个,并参加修坝5座。1971年后,各生产队分别组织农田基建'妇女突击队'、'铁姑娘队',长年坚持改山治水。高西沟村妇女主任常秀英多年如一日带领妇女填沟打坝,被授予'全国三八红旗手'。"② 这里值得注意的是,"男女都一样"的政治话语一方面是对性别歧视的颠覆,它的提出挑战了几千年来的"男主外女主内"的传统性别分工模式,极大地调动了广大妇女的劳

---

① 翟瑞青:《二十世纪中国女性主体意识的演变轨迹》,《山东师范大学学报》(人文社会科学版)2006年第5期。

② 《米脂县志》,陕西人民出版社1993年版,第418页。

第五章 被建构的女性:"米脂婆姨"形象探析

动热情,使她们能够更多地参与到社会劳动中来;另一方面也是对女性作为一个独立的性别群体的否认。"男女都一样"的表述不仅意味着男女平等,而且意味着对男性、女性间的对立与差异的抹杀与取消。当女性不再辗转、缄默于男权文化的女性规范的时候,男性规范成了唯一且绝对的规范——"男同志能做到的事,女同志也一样能做到"。

新中国成立初期采取政治的、经济的等各种手段把妇女投放到大生产运动中去,但这种大生产运动是付出了巨大代价的。英国女性主义思想家朱丽叶·米切尔(Juliet Mitchell)就精辟地评价了这场大生产的实质,她说:"在与苏联这场革命大致相似的阶段,所有的工作的重点都放在:在生产中解放妇女。这是一场令人难忘的推动妇女解放的社会运动。然而,这场运动却带有惊人的性别压抑和严厉的清教徒主义的色彩。"[①] 在这个集体化的社会大生产过程中,米脂婆姨个体的经历和记忆更能表达关于那段特定的社会历史内涵:

(访谈人物:王巧凤　女　73岁　小学文化　米脂县杨家沟人)

问:你们那会一般干什么活儿?男女劳动具体有分工吗?

王:我们那阵修梯田啊,打坝啊,大家都在一搭,不分男女,可红火咧。这些女的都可能干了,和男人一样样介,有的不行些的男的都干不过这些女的,纯粹是些"铁姑娘"。

问:干那么重的活儿累不累?

王:累嘛,就那么高的圪崂(山坡),要给拍土,可熬(累)了。你拍不好,再要是塌了就是你的问题,谁的畔塌了就谁负责。我二十几上就有了病了,也亥不下(不知道)是甚病,

---

[①] [美]朱丽叶·米切尔:《妇女:最漫长的革命》,载李银河主编《妇女:最漫长的革命——当代西方女性主义理论精选》,生活·读书·新知三联书店1997年版,第102页。

难活（难受）了一年啊，头后半年，稍微好些了，我就说我今岔好些了，就又到地里去啊。做个一两回，能支持来就做着，支持不来就不去了。

问：你有病为什么还要去呢？

王：不去那穷日子不得过啊，你不做工就粮也少分了，我不挣，这娃娃吃不上，穿不上啊，咋生活呀？

问：如果遇到不方便的时候咋办？

王：婆姨女子不方便的时候，有的轻便些的，也去（下地）了，疼得不行的就不去了。女人家那阵定（出工日）了，一个月给你定多少，我们那阵定二十几天着，定的多。女人家那有不方便的事，给你定了，但是你做得少也分得少，是按多劳多得算。

从这位米脂婆姨关于当时劳动情形以及身体疲劳和病痛的记忆，可以体味到她是在用身体、用生命感受并记忆那段真实的历史。在这里对妇女而言从单干到集体的转变意味着自身"解放"的过程：与男人一起下地劳动，"与男人一样能干"。值得注意的是，在这个集体化的建构过程中，以"解放妇女劳动力"、让女人"走出家庭"为目的的特定的政治话语创造了特定的政治符号，特定的符号再继续规训和教化这些普通女性的思想和行为。这些"铁姑娘"的标准模式就是那个时代女性在"男女都一样"政治话语建构下的产物。

这使我们不得不反思在"妇女能顶半边天""男女都一样"的话语背后，虽然颠覆了几千年文化传统强加于妇女头上的性别歧视，但是同时也掩盖了女性的特殊问题和性别要求，遮蔽了女性自身独特的生命体验和感受，使女性走入了"男性化"或者"无性化"的误区。这场空前的妇女解放运动在强有力的政权所支持的主流意识形态话语中，完成了对女性的精神性别解放和肉体奴役消除的同时，将"女性"变为一种子虚乌有,她们在挣脱了历史枷锁的同时,失去了自己的精神性别。正如孟悦和戴锦华所分析的:"在以往家长式的父皇之位上,如今端坐的不是任何一个私有社会的个人,而是一个集体,一个民族群体的化身。女人确实不再臣服从属于男人,但她与男人同样从属于这个凌驾于一切个人之上的中性的集体或集体的象征,在这个巨大的集体面前,她的确与他人无别,也只能与人无别,既无高下尊卑之别,又无性别以及个性之别。她在经济、政治、人格上的自主和独立均以从属和臣服这'集体'为前提,而获得这一集体象征所允诺的独立平等,又以消失自我为代价——不仅消除自我与角色的差异,而且消除个体差异。"[①]

三 改革开放以来——经济话语对"米脂婆姨"形象的建构

20世纪中后期,尤其是1978年党的十一届三中全会以后,中国进入了改革开放,经济体制转轨、社会转型的新时期。不同民族、阶层、地域、职业、信仰的女性在这个社会转型、经济转轨的变革期,根据各自的利益和作为女性的共同体验寻找发展空间。这一时期的经济话语使得女性展现出了全新的精神风貌,她们的主体意识、自我意识也在进一步觉醒。她们开始客观地评估自己的现实地位,理性地思考未来的命运,自觉摒弃传统的依赖心理,由过去的依赖国家、政府转而依靠自己,更积极、更自觉地去争取自己应有的权力、地位,更主动地把握创造自己的未来。随着改革开放的不断深入,主流经济话语使米脂婆姨也得到了比以往更多的自我组织、自我实现和选择的机会,她们寻求自给、致富之路发展的自觉性加强,她们在经济发展的大潮中努力地探寻属于自我发展的空间,积极把握能够绽放活力的机遇。

[①] 孟悦、戴锦华:《浮出历史地表:现代妇女文学研究》,中国人民大学出版社2004年版,第25页。

(一) 八千婆姨闹服装，两万妇女闯商海

在市场经济的推动下，米脂婆姨得到了更多的发展机会和更大的发展空间。20世纪80年代以来米脂婆姨积极投入经济生产，她们办地毯厂、养猪、养鸡、养兔、养蚕、编织，从事粮食加工，卖熟食，各显其能。"一代实业家马书媛、李百灵营运自如，游刃有余；开思路，创名牌，米脂老板刘小玲、宋立强、李凤梅再挑大梁，防寒服厂、地毯厂、贡米厂、食品厂、酒厂……没有一处缺了女人的参与。"① 尤其值得关注的是改革开放初期在当地兴起的服装产业。"八千婆姨闹服装，两万妇女闯商海"这句话是当年在米脂处处可见的服装产业的宣传标语，它真实而形象地反映了当年米脂婆姨们抓住改革机遇大胆创业的图景，服装产业在当地的蓬勃发展是这一女性群体自我独立意识的体现。一位当年主抓服装产业的领导为笔者这样描述了服装产业发展的情况：

> 米脂县的服装产业起步于改革开放初期，到1995年前后才成了规模，当时米脂有大大小小的服装厂家190多户，而且服装产业70%的老板都是女性。她们非常能吃苦，而且十分聪明。刚开始她们先去南方或者大城市去考察，考察不同地理位置、区域位置城市的人们不同的衣着讲究。她们当时选择了陕北最得天独厚的材质——羊毛绒，这样一来将当地的畜牧业产品的毛、皮也可以进行就地转化，加工成成品销售，而且销路很好，主要卖到东北那一带，后来还发展到了俄罗斯。当时，米脂的服装产业一度在全国名气很大，就陕西而言，当年被定为"陕西八大支柱产业"之一。

中国传统社会中"妇女的从、服是她们社会生存处境的统称，

---

① 贺国建：《昊天厚土——米脂人文探微》，陕西人民出版社2005年版，第113页。

第五章 被建构的女性:"米脂婆姨"形象探析

在经济上,女人是寄食于人者,从谁便寄食于谁,在心理上,女人从谁便屈服于谁,这便从经济与人格两方面排除了女性对任何生产资料或生产力的占有权"①。恩格斯在《家庭、私有制和国家的起源》一书中鲜明地提出:"妇女解放的第一个先决条件就是一切女性重新回到公共的劳动中去"②,从而使妇女摆脱私人性的家务劳动的束缚,使妇女在经济上不再依赖于男子。因此,女性只有广泛地参与经济和社会生产力的发展才可能摆脱"从"与"服"的"他者"生存处境,才能确立她们的价值尊严、增强她们的主体意识。正如这位领导的表述,经济体制的改革,社会主义市场经济的建立,为米脂女性广泛进入社会生产提供了可能,并从根本上激发了她们的主体意识。当时"服装产业70%的老板都是女性",她们大胆地走向市场进行考察,并根据市场需求以及当地特点组织生产。市场经济的开放性把米脂婆姨推向了广阔的社会空间,使她们走出那种受国家保护的虚幻的平等状态,第一次真正独立地走向社会和市场。她们的生存处境发生了很大的变化,她们以相对于以往任何时代更自信的姿态参与社会经济发展,与男性一道创造社会财富。

(二) 家政服务红透半边天

经济话语对"米脂婆姨"形象的建构不仅体现在服装产业的发展上,而且还体现在曾经红极一时的家政服务业上。"千里的雷声万里的闪,米脂婆姨美名传,怀揣技艺走四方,家政服务红透半边天"③,这首在当地传唱的新信天游是对米脂劳务输出独特形式的真实写照。米脂县于2003年3月创办了米脂女子家政学校。该学校"首批招收了102名年龄在18到22岁上下米脂农家女子,经过了德

---

① 陶东风、徐艳蕊:《当代中国的文化批评》,北京大学出版社2005年版,第27页。
② [德]恩格斯:《家庭、私有制和国家的起源》,人民出版社1972年版,第72页。
③ 韩宏、山石:《"米脂婆姨"新故事》,《文化交流》2004年第1期。

育教育、普通话、计算机基础、家庭服务与管理、家庭婴幼儿抚育、家庭保健与护理、家庭技艺等12门文化课程以及以陕北小吃为主的烹饪和家庭保洁等实践课程的学习培训后,使其成为具有现代素质和良好服务素质的新型家政人员"①。米脂女子家政劳务输出是政府利用"米脂婆姨"独特的知名效应来发展当地经济的新举措,以促进当地女性就业,同时达到扶贫的目的。正是由于"米脂婆姨"金字招牌的良好知名度,加之从米脂女子家政学校走出来的姑娘都接受了良好的现代家政服务教育,所以慕名来米脂招募家政服务人员的人不计其数,据统计,"几年来米脂县累计向外输送学员4690名,分别安置在北京、西安、内蒙、江苏等大中城市,就业率高达98%,稳定率在95%以上"②。

(访谈人物:艾晓华 女 16岁 初中文化 米脂女子家政学校学员)

问:你上家政学校是家里的意思吗?

艾:我是自己做主上家政学校的,我爸妈刚开始坚决不同意,说那是伺候人的营生,将来也不会有太大的出息。但我心里清楚家里穷供我上大学的可能性不大,我还有一个弟弟上初中,他比我学习好,我想早些找份工作,给父母减轻一些负担。

问:那工作以后你还有什么长远打算吗?

艾:我想一边工作一边学习,攒一些钱以后有机会还可以考大学或者学点别的手艺,总之我觉得大城市肯定要比山沟沟里的机会多,至于说工作体面不体面,别人抬举不抬举,我想主要看自己。我坚信自己如果付出真心,就一定会获得同样的回报。

---

① 韩宏、山石:《"米脂婆姨"新故事》,《文化交流》2004年第1期。
② 姚宏:《做强"米脂婆姨"品牌促县域经济快速发展》,《中国乡镇企业》2008年第4期。

像艾晓华一样,米脂女子家政学校的姑娘们大多数是从农村走出来的,家政服务工作这种新的就业路径极大地改变了她们自身的生存与生产状态,使她们得以走出"山沟沟"接触更广泛、更开阔的社会。现代化市场经济的发展为这些米脂婆姨根据自身的优势选择职业创造了条件,为她们转化观念意识、实现社会价值提供了新的机遇和空间,她们可以凭借自身特定的优势发挥自己的聪明才智,以此获得经济上的独立,这是主流经济话语对她们所产生的最为直接的影响。

第三节 "米脂婆姨"形象特质中的男权文化建构

"米脂婆姨"作为一个备受关注的女性群体形象,一方面在男权主流话语建构下这一群体形象不断地演变,她们的外形、气质包括自身的主体意识都随着历史语境中主流话语的变化而变化;另一方面,不容忽视的是,改革开放以后由于各种原因、各种"需要","米脂婆姨"这一形象本身的特质也在男权文化的建构中不断地被强化、被复制。因此,在这一节中主要就"米脂婆姨"形象的特质进行分析,从而揭示其中男权文化的建构。

一 "米脂婆姨"形象的基本特质

提到"米脂婆姨",人们普遍认为她们一定是美丽漂亮的。除此之外,由于历史和文化等诸多因素的影响,她们身上也凝聚着令人钦佩的"内在美",她们不仅被赞誉为"美丽"的代名词,更是勤劳、贤惠、善良、奉献的代名词。

(一)外表特质关键词:美丽漂亮

"米脂婆姨"闻名遐迩,据说中国古代四大美女之一,拥有"闭月"之貌的貂蝉就出生在米脂。在当地人看来,米脂婆姨之所以

"美丽漂亮"恰恰是因为"米脂是貂蝉的故乡,所以自古就出美女",而且持此观点的不乏其人。

除了认为米脂婆姨的"美"源自貂蝉之外,当地人对米脂婆姨"美丽漂亮"的原因还有另外两种说法。一种说法是:一方水土养一方人,米脂地处黄土农耕文化与大漠游牧文化的结合带,具有"沃壤宜粟"的独特地理优势,又因"地有米脂水,米汁淅之如脂"而得名。著名作家柳青在其长篇小说《种谷记》中有这样的描述:"米脂小米仅用凉水淘时,便可看出油脂似的汁液,再经沸锅熬煎,盛碗里即可凝脂一层,且不说张口品尝,仅此一见,足可令人垂涎三尺,浮想联翩……"① 米脂人对家乡的小米简直是赞不绝口,以至于将米脂婆姨的容貌也与小米牵连在了一起——正是吃了小米这样的"天然补品"才使得女人们个个俊俏可人。另一种说法是:米脂婆姨的美貌起源于民族交融。因为古代米脂"曾是不同部落更迭和多民族汇聚、多民族血缘、习俗交相渗透,中原、边塞文化互相融汇的地方,有过'蒙人游牧'、'华夷杂处'的时期,最终形成以汉族为主体的格局"②,正是因为有了多民族之间的相互交融,多民族血缘的相互融合,所以才有了美丽的米脂婆姨。综上所述,"美丽漂亮"便成为米脂婆姨被广泛认可的典型外表特质。

(二)精神特质关键词:无私奉献

除了外在的美,"米脂婆姨"尤其为人们所称道的还有她们贤惠、能干、无私奉献的秉性。人们"对米脂婆姨的向往在于她们的牺牲精神,这是现代社会所稀缺的,特别是她们奉献于丈夫、奉献于家庭……如果一定要描述的话,就是美丽、牺牲、母性情怀。在米脂的家庭中,花环是套在丈夫的脖子上的,女人铸造了一个男人,

---

① 柳青:《柳青文集》,人民文学出版社2002年版,第98页。
② 《米脂县志》,陕西人民出版社1993年版,第1页。

铸造了很多好儿女"①。谈及米脂婆姨的奉献精神,当地人都会非常自豪地提及东汉末年美女貂蝉大义除奸;明末之际闯王李自成的夫人高桂英,过黄河跨长江战争南北,协助闯王成大业,英武不凡;在澳门升起第一面五星红旗的濠江中学校长杜岚,举措惊人;唐山大地震天塌地陷,米脂籍女兵高东丽临危不惧,第一个把地震消息传送出去而献出年轻生命;20世纪20年代,高佩兰在陕北率先创建女子高级学校;在沙家店战役中,米脂婆姨垒灶架锅、烧水做饭,5天完成军需干粮5万斤、磨面2万斤,为沙家店战役的胜利做出了巨大的贡献……现在的米脂婆姨遍布祖国的大江南北,在米脂婆姨中有作家、画家、歌唱家、表演艺术家、教育家,有博士、教授、研究员,有国家级劳动模范、三八红旗手、五好家庭代表、模范教师……她们正沿着先辈的足迹,继续无私地奉献在现代化建设的各条战线上。②这些集中概括了古往今来"米脂婆姨"的事迹,对"米脂婆姨"无私奉献精神进行了讴歌。米脂婆姨在私领域甘愿为家庭、为男人付出,在公领域甘愿为国家、为社会奉献,而这个特点也就成为"米脂婆姨"第二个典型特质。

二 解读"米脂婆姨"形象特质建构

据目前所收集的资料来看,所有关于"米脂婆姨"的文献、文章以及摄影、绘画、影视等作品中,对"米脂婆姨"形象的描述几乎是一致的,都围绕着"美丽、勤劳、贤惠、善良、奉献"等关键词展开,用这些关键词连缀起来就构成了"米脂婆姨"形象长期积淀下来的典型特质。西蒙娜·德·波伏娃在《第二性》中指出:"永恒不变的女性气质只是一个谎言,女人想事情的方式、情绪、走

---

① 谓君、言信:《米脂婆姨不只美丽》,《华夏人文地理》2004年第1期。
② 参见米脂政协编《米脂婆姨:文史资料第二辑》,2004年,第2页。

路的样子,并不是生下来就这样的,而是逐渐形成的,是教育和日常生活的结果。"① 文化传统、官方主流话语、大众媒介等各种建构要素在不断地复制和强化关于"米脂婆姨"的典型气质,这种不断的强调实际上是将她们确定化、定型化,最终形成了关于"米脂婆姨"形象的刻板印象,其实隐藏在背后的是传统男权文化对这一女性群体形象的建构。男权文化一方面继续承接几千年来的模式"一如既往"地对"米脂婆姨"形象进行再建构,另一方面又"恰如其分"地运用了当前的商业文化和市场文化来完成对"米脂婆姨"他者地位的建构。

(一) 范本形象

中国传统文化对女性形象的规定包括外在性征与内在道德底蕴两个方面,女性形象的形成与传统文化中的男权思想意识影响有直接的关系。历史上粉墨登场的形形色色的美女形象折射出了男权社会对于女性外在形象的构建标准。同时,在中华民族几千年的历史长河中,儒家文化占有主导的地位。儒家文化中女性被规定为无私、善良、隐忍等品质,这些品质都是传统文化中的男权意识所要求的,唯有如此"她"才可以被社会认同、被传统男权文化接纳。一位标准的"米脂婆姨"应该是集容貌美丽、心灵手巧、贤惠能干、毫无怨言的奉献等多种优点于一身的女性形象。而这样的女性形象与男权文化所塑造的传统女性的秉性是一致的。以往各种文化载体都在不断地塑造着这种"米脂婆姨"形象。在此以"米脂婆姨"命名的陕北民歌等文本为例进行分析,虽然文本内容不同,但是却塑造出了性别特征相似、气质与品格一致的"米脂婆姨"范本形象。

奔月的嫦娥出水的莲,米脂婆姨赛天仙。端格正正的身材

---

① [法] 西蒙娜·德·波伏娃:《第二性》,陶铁柱译,中国书籍出版社1998年版,第208页。

第五章 被建构的女性:"米脂婆姨"形象探析

俊格蛋蛋的脸,白格生生的皮肤毛格闪闪的眼。走路好似那风摆柳,唱歌就像那泉水流。聪明贤惠双手手勤,能文能武心眼眼好。山丹丹花开满坡坡红,米脂婆姨代代强……①

在这首信天游中,"米脂婆姨"的"美"具体到了身材、脸型、皮肤、眼睛、声音甚至走路姿态的特征。这些外表性征的女性符号使人会在脑海中形成"米脂婆姨"的"标准形象":她们拥有"赛天仙"一般的美貌,"泉水"般婉转的嗓音,更有"柔风弱柳"般的姿态,当然这里除了对外形美的描述,还提到米脂婆姨"聪明贤惠""能文能武"的特点,如此一来一个既美丽又贤惠能干的理想女性形象便活脱脱地呈现出来。

除了直接描绘"米脂婆姨"的美外,有的作品中还直接表达出男性对于心目中"米脂婆姨"的期待。民歌《米脂的婆姨》唱道:

米脂的婆姨绥德的汉,陕北的婆姨赛貂蝉。楞个曾曾鼻子花扑愣愣眼,巧格溜溜手手铰牡丹。米脂的婆姨绥德的汉,陕北的婆姨赛貂蝉。红格彤彤嘴唇白格生生脸,脆格铮铮嗓子比蜜甜。山丹丹花开红艳艳,米脂的婆姨最好看。生得俊来走得端,十样样九样都在人前。灵芝草长在黄河岸,你把哥哥的心扰乱。心里头梦你口里头念,就想跟你当个婆姨汉。②

这首民歌充分表达了众多男性对"米脂婆姨"倾慕的心声。"楞个曾曾鼻子花扑愣愣眼,红格彤彤嘴唇白格生生脸"这样精致的五官满足了男性对于女性的审美要求,再加上"脆格铮铮嗓子""巧格溜溜手手""十样样九样都在人前",更符合男性对于女性

---

① 详见米脂政协编《米脂婆姨:文史资料第二辑》(2004年)封底的信天游《米脂婆姨》。
② 陈晓涛:《米脂的婆姨》,《歌曲》2004年第6期。

"俊美贤惠、心灵手巧"的期待。这样的形象完全是从男性的视角和需求来塑造的,是对"米脂婆姨"形象的直接规定与建构。

在这些作品中,"米脂婆姨"几乎具备了传统女性的所有优点,这些优点被男权文化推崇备至,从而逐渐成了她们"固有的"气质与品格。而这些实际上是男权文化对女性的限制与拘囿,通过对这种"女性气质"的强化,使得她们完全丧失自我的价值,心甘情愿接受各种规训。

另外在一些散文、小说或秧歌剧中,"米脂婆姨"形象也基本上是一样的。如在贾平凹的散文《米脂婆姨》中所描述的"米脂婆姨"是"极俏的人,一头淡黄的头发披着,风动便飘忽起来,浮动得似水中的云影,轻而细腻……她微微低了头,肩削削的,后背浑圆,一件蓝布衫子,窈窕地显着腰段,神态温柔、甜美"①。此外,2009年出版发行的陕西作家文兰的长篇小说《米脂婆姨》所塑造的主人公"山丹丹、兰花花、丁香香"以及2010年在国家大剧院成功上演的大型陕北秧歌剧《米脂婆姨绥德汉》中的"青青"等"米脂婆姨",也都是清秀俊美的外形气质与勤劳贤惠的内在品质相统一的理想女性形象。

这些无论从外形到内在品质都高度统一的"米脂婆姨"形象具备社会所认可的性别气质。这样的女性形象气质是由性别文化和社会环境所塑造出来的,并且在人们的脑海中已被固化和模式化的性别刻板印象。正如巴特勒(Judith Butler)所说:"女性气质是一种策略,一种人为去完成的东西,它在众多的肉体样式中浮现出来,被接受为社会性别规范的一种制定和再制的模式。"② 所以,"米脂婆姨"的范本形象正是男权文化的一种策略,男权文化用这样的策略塑造出了为大众所普遍接受的典型的"米脂婆姨"形象气质,然

---

① 贾平凹:《米脂婆姨》,《新西部》2003年第2期。
② 转引自沈奕斐《被建构的女性:当代社会性别理论》,上海人民出版社2005年版,第35页。

而我们不难发现这种范本形象的特征"并非是自足的，以自我为中心的女性特征，而是以男人为取向的，令男人喜欢，为男人服务，补充男人的"①。

（二）楷模形象

"米脂婆姨"不仅被塑造成了具有典型特征的标准范本形象，而且在官方意识形态的构建下她们的楷模形象也一再被强化。这里尤其值得关注的就是当地政府成立的米脂婆姨史迹展馆所展示的"米脂婆姨"楷模形象。米脂婆姨史迹馆是2004年当地政府注册"米脂婆姨"商标成功后，为进一步宣传和扩大"米脂婆姨"形象的影响力而创立的。馆中展示的"米脂婆姨"有古代深明大义的美女貂蝉和竭力辅助丈夫的闯王夫人高桂英，更有半个多世纪以来的投身革命的先驱和卓有成就的优秀女性，比如米脂第一个女共产党员曹秀清、把英名留在雨花台上的杜焕卿、连任三届全国政协委员的尤祥斋、被毛泽东誉为"夜明珠"的女共产党员高敏珍、杨家沟的马氏三姐妹、第一个把唐山大地震消息传递出去的女英雄高东丽、参与毛主席纪念堂设计工作的清华大学教授高亦兰、抚养了20个孩子的母亲汪润生、"成功男人背后的夫人"杜致礼（杨振宁的夫人）等。这些不同历史时期的米脂婆姨是米脂女性的杰出代表，这些优秀女性身上所具备的共同点就是"无私奉献"，或奉献于丈夫，或奉献于家庭，或奉献于社会。在这个展馆中，我们看到的都是高大光辉的楷模、受人膜拜的巾帼英雄以及任劳任怨的贤妻良母形象，这些女性形象如同被供奉的女神一般被参观瞻仰，她们被赞誉为"中华女性的代表"，更是"米脂婆姨"精神的集中体现。无可否认，这些女性的确在各个时期、各个领域都有杰出的表现，然而运用性别视角进行分析，我们会发现这里所有女性形象在被歌颂的同时她们的

---

① ［德］西美尔：《金钱、性别、现代生活风格》，顾仁明译，学林出版社2000年版，第174页。

个体感受都是缺失的,她们是被言说者、被塑造者。她们以"楷模形象"被定格在了这里,而这其实正是男性文化为女性群体所设置的身份与地位。官方成立展馆的目的是宣传和扩大"米脂婆姨"品牌,从而促进当地经济的长远发展。在这里,"米脂婆姨"们从表象而言是被歌颂、被尊重、被敬仰的,实质上并没有摆脱男权文化对其"他者"化的建构。以展馆中对于米脂婆姨汪润生的模范事迹介绍为例:

> 汪润生,二十个孩子的母亲。1926年生,米脂县十里铺周家沟村人,五、六、七届县人大代表、村妇委会主任。1944年入党,在战争年代她积极支援前线做军鞋、缴公粮,送丈夫上战场。1948年丈夫在瓦子街战役中牺牲,没有留下子女,后改嫁抚育后夫的两个儿女,并为他们成家立业……她自己一生没有生育,却先后抚养了二十多个不同姓氏的孤儿,她受尽煎熬,精心照料,几十年如一日将他们抚养成人并给他们成家立业,成为典型的贤妻良母。

中国的传统文化观念历来把女性的无私忍让、奉献牺牲当作完美女性的品质,认为"一个女人,最大本分是做贤妻良母、最高的品德是夫唱妇随、最高的奖赏是夫荣妇贵"①。这种道德标准禁锢了女性对自我价值和主体意识的追求,扼杀了女性的天性。在这段关于"米脂婆姨"汪润生的介绍中,可以看到一个完全忘我、吃苦耐劳、无私奉献的"母亲"形象,对社会、对家庭无条件的付出。"自己一生都没有生育",但是却履行了作为"母亲"的所有义务。在这里,汪润生的全部生命价值的体现就是她"受尽煎熬,精心照料,几十年如一日"地将二十多个孤儿抚养成人,完成了作为"母

---

① 高鹏:《妇女问题纵横谈》,辽宁大学出版社1992年版,第116页。

第五章 被建构的女性:"米脂婆姨"形象探析

亲"的全部职责。这种"男权文化中的母亲颂歌,就是以母性遮蔽、剥夺女性其他丰富多样的生命需求,从而使得女性沦为一个没有主体性价值的、仅仅是为满足男性恋母心理需求而存在的工具。在这里,主体性价值是一个关键词"[①]。汪润生是米脂婆姨史迹展馆中"贤妻良母"系列的典型代表,她不仅是党的好干部,更是慈祥的母亲,对于她的展示其实隐含的是一种性别角色定型化描述:一位优秀的"米脂婆姨"应如汪润生一样具备坚韧不拔、吃苦耐劳的性格,无怨无悔地为社会、为家庭奉献自己。在此,我们必须思考这样的问题:对于这些楷模形象的赞美本来是一种合理的心理特征,但是同时应该保持一定的限度,这个限度就是对她们的歌颂必须与理解她们作为一个人的生命逻辑相结合,必须以尊重女性主体为前提。如果男性是站在理解女性生命逻辑、尊重女性主体乃至激发女性主体性的立场上的,那么,无论是赞美还是批判都是可以的。否则,这样的颂歌就可能变成仅仅以她们的付出来界定其个体价值,从而剥夺她们作为人的生命丰富性。

除了以上的思考外,我们还应注意米脂婆姨史迹展馆的格局设置,这同样是个耐人寻味的话题。米脂因"女有貂蝉盖九州,男有闯王举义旗"而被认为是英雄美人之乡,美女貂蝉是当地最有名的婆姨,而闯王李自成更为当地人所自豪,故而英雄与美人这两个历来为人们所津津乐道的话题在这里便有了很有意思的结合:米脂婆姨史迹展馆被建于李自成行宫的内部。这里需要注意的是,李自成行宫这座气势恢弘的古建筑群是为明末起义英雄所修建,它是男权势力的彰显,更是男权文化的一种昭示,而米脂婆姨史迹展馆恰恰被设置在它的内部。这种格局的设置是非常有趣的,官方意图借助李自成行宫这个著名的历史旅游景点的影响力来提高"米脂婆姨"形象的知名度,而将展示"米脂婆姨"群体形象的展馆建于其内部,

---

[①] 唐英:《女权主义视野下的媒介研究》,《西南民族大学学报》2005年第6期。

这恰好是对几千年来传统文化中女性依附于男性"他者"地位最贴切的注解。

(三)代言形象

众所周知,在商品经济时代品牌代言已成为一种经济发展策略,所以许多地方政府在品牌代言策略的影响下都开始寻找并塑造适合当地发展的"名片"。如广西非常重视对刘三姐文化现象的研究、挖掘与开发,经过多年的努力,人们只要一提到刘三姐就会想到广西。"刘三姐"已成为当地发展最重要的无形资产之一,对地区声誉乃至经济发展有着不可估量的作用。与广西有异曲同工之妙的是米脂县政府近些年也意识到了"米脂婆姨"对当地经济发展的作用。2003年春米脂县开始提出打造"米脂婆姨"品牌,并且将其作为今后米脂发展的战略名片,就这样"米脂婆姨"这一女性群体便成为当地经济发展的代言形象。

2004年米脂县申请的涉及33个类目的"米脂婆姨"商标注册成功引起全国轰动,之后当地政府在抓好以"米脂婆姨"为品牌的家政劳务输出产业之外,开始着力打造这个品牌。政府投资开发了位于米脂城西12公里艾好湾村的貂蝉洞,修建了米脂婆姨史迹展馆、米脂婆姨一条街、貂蝉广场,注册成立了"米脂婆姨"网站、米脂婆姨文化研究会、米脂婆姨产业公司等。在当地"米脂婆姨"已经成为一块金字招牌,街上处处可见以其命名的店铺,如米脂婆姨文化产品专营店、米脂婆姨贡米、米脂婆姨特色小吃、貂蝉山庄、貂蝉贡米等。"米脂婆姨"品牌形象的声名鹊起为当地经济、旅游等产业带来了不小的收益,但是在这里我们无意去考察它的经济效益,而要从性别研究的角度探究这一代言形象所隐藏的性别内涵。

其一,"米脂婆姨"形象一直为外界所关注,尤其是作为品牌注册成功后各大媒体相继对其进行报道,许多摄影家、音乐家、画家、学者都争相来米脂采风,"米脂婆姨"形象一度成为社会各界瞩目的焦点。如1995年5月《人民日报》记者孟西安在《人民日报》头版

第五章 被建构的女性："米脂婆姨"形象探析

发表了题为《美哉，米脂婆姨》的文章；《大众摄影》杂志2000年2月份组织了大型摄影采风活动"命题作文：米脂婆姨"；陕西民俗摄影协会2001年编辑出版了画册《米脂婆姨的风采》；中央电视台四套《走进中国》栏目组于2003年策划了系列纪实节目《走进中国·榆林》专辑的第四集即为《走进米脂看婆姨》，另外还有《寻访米脂婆姨》《寻找米脂婆姨》《米脂婆姨秀甲天下》等文章见诸各种报刊。

无论是出于探寻"美女"的目的，还是着眼于宣传这个品牌、挖掘"米脂婆姨"的内涵，总之这一群体形象已然成为人们"凝视"关注的对象，完全处于"被看"的境地，成为男权思想意识下的审美客体。正如李小江所说，"从来的社会中，女人总是'被看'的"①，所以"被看的"米脂婆姨们作为审美客体无论愿意与否都无法摆脱这种境地。她们成为人们（主要是男性）探寻和观察的对象，对于这种观察，约翰·伯杰指出："男性观察女性，女性注意自己被观察。这不仅决定了大多数的男女关系，还决定了女性自己的内在关系，女性自身的观察者是男性，而被观察者为女性。"② 这里实际上表现出了一种十分明显的二元关系，在这种关系中，男性主体是积极的观看者，女性则被置于被观看的被动客体地位。"主动的观看者"对探寻"米脂婆姨"表现出了极大的兴趣与热情，他们纷纷赶赴米脂这块神秘的土地开始他们的探寻美女之旅。最终通过影像、画作、民歌、文学作品等方式将自己"看"到的"米脂婆姨"进行呈现，这种形象的呈现实质上是一种对象化形式，这种对象化形式清晰地表达了"主动观看者"对形象本身复杂结构的霸权和支配权，以致对"米脂婆姨"形象的展示或描述中出现了"高度一致"的范本形象。这个女性群体作为一种被看

---

① 李小江：《解读女人》，江苏人民出版社1999年版，第114页。
② [英]约翰·伯杰：《视觉艺术鉴赏》，戴行钺译，商务印书馆1994年版，第56页。

的视觉符号，她们是被动的评价对象，被赋予了关于容貌、身材甚至道德行为等方面具体而统一的内涵界定，形成了一系列典型且固化的特质。

其二，"米脂婆姨"作为代言形象完全是官方意识形态与市场经济联姻形式的产物。政府所关心的是其品牌效应及影响力，政府成立米脂婆姨文化研究会、米脂婆姨网、修建米脂婆姨史迹展馆、貂蝉广场等一系列举措是为了进一步塑造这个品牌形象。在这个联姻形式的作用下，"米脂婆姨"形象的特质和意义被男性文化生产和表述出来："米脂婆姨是一个不朽的历史形象，米脂婆姨是一个坚毅的英雄群体，米脂婆姨是一个响亮的时代音符，米脂婆姨是陕北黄土高原上一道亮丽的风景线。"[1] 而这种生产与表述却很大程度上忽略了女性的个体差异，仅仅是按照经济发展的需求，依据男性文化对女性形象的期待将"米脂婆姨"群体形象符号化了。"米脂婆姨"形象成了典型的男性能指，表达的是男性文化的女性理想，其意义完全服务于男性文化的象征与发展秩序，其形象本身则被抽空为一个空洞的能指符号。

第四节 "米脂婆姨"形象背后

"米脂婆姨"品牌形象的形成，既受到不同时期主流话语建构的影响，又是男权文化建构的结果。如今这一形象被主流和大众广泛关注，但是这种关注却又极其耐人寻味。人们所关心的要么是"米脂婆姨"的外在容貌，心仪"神秘"的美貌；要么是宣传这块金字招牌背后优秀的米脂女性，认为是她们撑起了这块金字招牌，对她们的事迹不厌其烦地歌颂；要么是发挥其品牌效应，认为它是当地发展可以充分利用的无形资产，所以尽力对其进行宣传。然而，问

---

[1] 贺国建：《昊天厚土——米脂人文探微》，陕西人民出版社2005年版，第113页。

题在于"米脂婆姨"群体形象仅限于这些吗?或者说除了那些公认的优秀女性、除了它的品牌效应,还有什么值得关注?当"米脂婆姨"这个对女性的普通称谓摇身变为如此响亮、如此耀眼的荣誉称号时,当地人是如何看待这种现象的?其背后的普通个体又是作何反应的?

一 当地男性眼中的米脂婆姨

据笔者所做问卷调查显示,当问及"您对于'米脂婆姨'这样的荣誉称号"的态度时,有25.7%和33.3%的女性分别选择了"非常喜欢"和"比较喜欢",而男性中这两个答案所占比例分别是37.9%和27.6%。相比较之下男性对当地女性所拥有的这个"荣誉称号"更为喜欢,甚至有些引以为荣。然而,"主流和大众往往对性别(实际是妇女)采取惊人的矛盾的态度——在'姿态'和口号上重视,但在实质和内心则非常漠视"①。当笔者在当地做问卷调查时,有很多男性特别不愿意配合,他们要么以"我是文盲"或"我没时间"为理由推脱,要么就是做问卷的时候很敷衍,更有甚者还提出质疑"你做这有甚意义?"在访谈中,对于"米脂婆姨"形象,当地男性也持有各自独特的见解。

(1) A:24岁 技校毕业 已婚 外出打工
问:您认为米脂婆姨有哪些特点?
A:没什么特点,就是勤劳,做家务,比较安分一点。
问:米脂婆姨与其他地方女性有什么区别?
A:大部分都没区别,都差不多嘛。
问:那为什么米脂婆姨这么有名?

---

① 杜芳琴:《中国妇女研究的历史语境:父权制、现代性、与性别关系》,载杜芳琴、王向贤主编《妇女与社会性别研究在中国(1987—2003)》,天津人民出版社2003年版,第72—73页。

A：我们这边的婆姨很多都要在地里干活，而像绥德人家大部分都出去打工，种的地也少，上了年龄的才留在家里种地。所以我们这的婆姨都很能吃苦。

问：您认为当地女性在家庭中的地位怎样？

A：不算高，有的婆姨在家里面可能还没有她儿子地位高。反正我们这边的婆姨还比较传统一些，没那么开放，都很古板，基本上每个家庭都那样，都是男人说了算。

问：您认为"米脂婆姨"这样的美誉对当地女性有什么影响？

A：有什么影响？没什么影响呀，她们该咋样还就咋样。

问：您了解米脂婆姨史迹展览馆吗？

A：不了解。

问：那您周围的人了解吗？

A：不知道的太多了（笑了笑），不是一两个。

问：您对于女孩做家政怎么看？

A：很好嘛，女人做家政嘛很正常，在家干活跟在外面干活不是一样的？

在 A 看来，米脂的婆姨"没什么特点"，与其他地方的女性"大部分都没区别，都差不多嘛"，A 的"米脂婆姨没什么特点"其实很具有代表性。同时他又强调当地的婆姨"很勤劳、做家务、比较安分、很古板"，而且下地干活"很能吃苦"，其实 A 所强调的仍然是女性的传统角色，大多数米脂婆姨的主要活动仍然局限于家庭这个私领域，她们的主要任务依然是照顾丈夫和孩子、料理好家务，安安分分地保持家庭的和谐稳定。虽然如此，当地女性在家里的地位并不高，"有的婆姨在家里面可能还没有她儿子地位高"，而且几乎每家"都是男人说了算"。"米脂婆姨"这样的荣誉称号并未给当地普通女性带来多大的"实惠"与转变，她们依然是传统的、"安分的",依然处于"他者"地位,依然未能逃离"三从四德"男权思想意识的窠臼。在这里,A 提到当地人对政府成立的米脂婆姨史迹展馆知之甚少。正如他所言,据笔者调查男性对米脂婆姨史迹展馆"不太了解"和"不了解"的分别占到了31% 和 21.8%,而女性则分别占36.4% 和22.7%。政府成立米脂婆姨史迹展馆的目的是让外界更充分地了解米脂婆姨以扩大其品牌影响力,而这一举措的意义似乎仅止于此,对于当地人而言这种官方意识形态下的产物似乎与自己并不相干。

(2) B:31 岁　大学本科文化　已婚　企业单位员工
问:您认为"米脂婆姨"有什么特点?
B:没缺点。
问:那有什么特点?
B:没特点,没什么好发表的,就那样。哪里都有优秀的,也有不好的,人嘛,没有十全十美的。
问:那为什么这么有名气?
B:这就像一个品牌,它本身有实际好的地方,也有广告的作用。就像我们穿的"名牌",只不过是市场上流通的都是精挑细选出来的,不合格的没上市而已!"米脂婆姨"只是当初职校①推广他们学校的一种手段,并不代表什么。
问:那您觉得"米脂婆姨"这样的荣誉称号给当地女性带来了哪些积极的影响?
B:我没觉得有什么影响。

在 B 的言说中,他同 A 一样认为米脂婆姨"没什么特点",她们本身并没有什么特别之处,"这就像一个品牌,它本身有实际好的

---

① 米脂女子家政学校是当地职业技术学校与政府联合成立的。

地方，也有广告的作用"。在 B 看来"米脂婆姨"就是一个品牌，那些被大力宣传的有代表性的"米脂婆姨"如同是根据"米脂婆姨"形象的标准而筛选出来的"合格品"一样。事实上，在这里 B 独到而精辟地道破了"米脂婆姨"被建构的实质："米脂婆姨"这个品牌所指涉的只是那些当地的优秀女性，在诸多因素的合力之下所产生的巨大的"广告"效应才使这个品牌如此备受瞩目。

（3）C：55 岁　大学专科文化　已婚　机关单位干部
问：您认为"米脂婆姨"有什么特点？
C：淳朴善良，而且为男人付出。
问：为家庭还是为男人？
C：家庭不是男人么？
问：那她们和别的地方的女性有什么区别？
C：接受文化早。比如当年在陕北其他地方不愿意让女孩上学，而杨家沟当年号称是地主庄园，不但把女孩子和男孩子一样看待让上学，而且娶回来的年轻媳妇没有文化也让她上学。另外，在城里原来很早的时候有一个女子学校①，所以当地女性接受文化早。所以我们当地的女人在淳朴善良的基础上，有过高的文化素质，而且具备对男人那种无限的奉献精神，只要嫁给了她的男人就懂得付出，是丈夫的好妻子、儿女的好母亲。

C 认为米脂婆姨区别于其他地方女性的特点是不但"淳朴善良"，而且由于"接受文化早"具备"过高的文化素质"，同时她们肯为男人付出，在这里他特别强调了"男人即家庭"，米脂婆姨"具备对男人那种无限的奉献精神"。所以在他看来，米脂婆姨都是对家庭无私、无我奉献的"丈夫的好妻子、子女的好母亲"，这种以

---

① 这里的"女子学校"即前文提及的 1919 年由高佩兰等创办的米脂女子学校。

男性为核心的角色定位恰恰体现出了 C 的观念中充溢着的典型的男权思想意识。而 C 的观点恰好与官方所宣扬的"米脂婆姨"所具备的典型特质之一"奉献"是相吻合的。

通过对以上三位不同年龄阶段、不同文化程度、不同职业米脂男性的"言说"进行分析，我们可以看出，"米脂婆姨"在当地男性眼中并没有什么特别之处，甚至仅仅是个被炒作的品牌而已，但同时她们又具备一定的共性：勤劳能干、淳朴善良、无私奉献。笔者在当地所做的调查结果显示，有 47.1% 的男性和 48.5% 的女性选择了家里的家务"基本上全由妻子做"，而在"你们家里比较重大的事情多按谁的意见办？"这一问题上，选择"大多按丈夫的意见"的男性占 54.1%，女性占 55.3%。在这里，由男权文化形成的、以生理性别为基础的对女性的歧视依然根深蒂固地存在，而且因为其存在的持久性、普遍性，大众也普遍无视它的存在。因而，无论是男性还是女性似乎并没有因为时下"米脂婆姨"的备受关注而改变传统的思想观念，当地女性并未摆脱在男权文化建构下形成的传统女性形象以及女性社会角色，也并未脱离"他者"的无奈境地。

二 "盛名"之下的米脂婆姨

社会通过盛赞"米脂婆姨"形象，来标榜米脂婆姨的典型特质，塑造出了符合男性期待的理想女性形象。来自方方面面对于"米脂婆姨"的赞誉使得"标准"的米脂婆姨可以概括为：美丽、贤惠、能干、奉献。然而这样一味的盛赞对"米脂婆姨"产生了哪些直接的影响？她们对于这样的称赞又是作何反应的呢？

在田野调查的过程中，让笔者记忆深刻的一位"米脂婆姨"是静姨（45 岁 大专学历 医生），两次去米脂笔者都对静姨进行了访谈。

问：您认为"米脂婆姨"有什么特点？

静：德行好、勤恳、传统、对家庭的贡献很大。我觉得传统的"三从四德"就很好。

问：为什么说"三从四德"很好？

静："三从四德"那是中国的传统文化呀，女人就要多学习这些老祖宗留下的传统文化。你看我们米脂婆姨，她们身上就有许多中国传统女性的美德，比如相夫教子呀、贤惠温和呀。女人嘛，就要相夫教子，这是很重要的。另外我们这的婆姨不像外边的，她们一般结婚后都认为婆家重于娘家，一切都以婆家的利益为重。

问：您认为"米脂婆姨"这样的称号好不好？

静：当然好嘛！这是对我们米脂婆姨的称赞嘛，但是我不同意有的人说的"米脂婆姨只是外貌美"。外貌美只是一方面，我觉得米脂婆姨身上最可贵的是传统美德。

与静姨的访谈给人最深刻的印象就是她一再强调米脂婆姨之所以出名就是因为她们具备传统的美德。而且这种"传统美德"已经内化为她自己的一种思想意识，从她的言说中，我们可以看到男权社会所建构的男性规范通过女性在日常生活中所接受的各种思想和行为规范，已全面渗透到了女性的潜意识之中，并左右了女性的思想。静姨虽然具备较高的学历，而且拥有令人羡慕的稳定且收入颇丰的医生职业，然而她仍将自己主体价值的体现限定在家庭这个私领域之内，她认为传统意义上的贤妻良母、相夫教子是一个女性应该做的，一个好婆姨就应尽其所能地努力侍奉其丈夫、家庭和子女，这才是"米脂婆姨身上最可贵的传统美德"。她的言说中丝毫没有透露出自我内在的需求，她所肯定的女性个体价值的追求体现为米脂婆姨在家庭领域中的角色与价值，以及她们对家庭的贡献。从静姨的叙述中，我们可以感受到，处于"盛名"之下普通的米脂女性自身的性别意识与价值意识并没有脱离男权文化的藩篱。"父系社会以

第五章 被建构的女性:"米脂婆姨"形象探析

某种符合统治原则的方式将女性重新安插在自身秩序内……它将女性之异己、他性的本质尽数洗去,转化为可接受的东西,如转化为传宗接代工具或妻、母、妇等职能,从而纳入秩序。无怪乎女人的一生都逃不脱家庭的规定,只有在家庭里,她才是一种职能、工具而非主体,她才是女、母、妻、妇、媳,而非女性。"[①] 因此在这里,具备所谓的"传统美德"自然成为她们自身的集体无意识。她们不但没有意识到囿于家庭主妇这样的传统角色对于自身发展的限制与不公平,反而在这样的模式下继续进行着自觉的自我规训,同时在外界赋予她们的"赞美"中不断反省自身。

在笔者对当地一位在外界看来非常成功的女企业家姬桂芳(41岁 小学文化 煤炭公司经理)[②]进行访谈时,她一开始就一再强调:

> 咱没文化,说得不是那么好,再一个而个(现在)咱的负担可重了,关键这娃娃们念书。生意这方面,也没像人家那么发展得大,小打小闹做点小生意。咱觉得还好像背幸(见不得人,感觉害羞)呢,人家这就出可(出去)这样宣传自己。真的人家弄大那号,给别人说两句还可以,咱这只不过小打小闹的,将才能解决温饱也没甚说的。

她告诉笔者自己参加过不少由政府组织的关于优秀企业家事迹表彰报道之类的会议,也有人专门来采访她,她还给笔者看了相关的报道材料。可能在她看来笔者应该也是来采访报道她的,要把她作为"典型"进行宣传。

---

① 陶东风、徐艳蕊:《当代中国的文化批评》,北京大学出版社2005年版,第203页。
② 这位女企业家是别人特意推荐的,推荐者特别强调这个米脂婆姨很能干,大概在推荐者看来只有这样的优秀女性才算是典型的"米脂婆姨",才值得被采访报道。

在我们的访谈过程中,她告诉笔者:

> 咱就是吃苦了嘛(笑了笑),(创业)将近二十年了。但是无论咋样,家你得管吧,孩子要管好呀。现在孩子女儿十一了,男娃都十八了,上高一了,现在关键是要管住娃娃念书。我们这样的生活环境还好像影响他们着哩,这段时间咱要省下(待着)给他们做饭,必须他们回来吃饭要便宜(方便)。我们这个生活实际也撂达(指她由于工作不能很好地照顾孩子、料理家务)得不行,时间长了关系也不得好,沟通少。

从她的"言说"中,我们可以感受到,人们在赞美"米脂婆姨"贤惠能干、无私奉献的时候,可能并没有意识到这种过度赞美给她们带来的影响。"往往过度赞美会使得这些普通女性在日常生活中需要和一个其实并不存在的'自我'作斗争。而且当现实中的女性无法体现或者完成这个'自我'的时候,她就受到了指责和压力,她被视为'不是一个好女人',现实中的女性经常为这个理想的女性形象压得透不过气来。"[①] 受传统文化的影响,即使是成功女性也不一定能够脱离她们的家庭角色,似乎"事业有成"并不能完整地代表或等同于她的生活及自我价值,而她必须能够很妥帖地处理家庭问题,或者因为自己的事业而对家庭以及家庭的其他成员感到愧疚才能完整地表现这个女人作为"人"的全部生活。这样的观点实际上已经根深蒂固地影响了女性对自我的评价与行为约束。正如这位能干的"米脂婆姨",尽管事业上取得了一些成功,但是她认为自己并不是一个"好母亲、好妻子",因为忙于事业而疏忽了家庭和孩子让她倍感自责。当问及她今后对自己的事业还有何打算时,她坦言:

[①] 沈奕斐:《被建构的女性:当代社会性别理论》,上海人民出版社 2005 年版,第 54 页。

肯定要有想法嘛，没想法了那肯定不行，要想着进一步扩大。但是关键是有娃娃们，这二年主要要管他们，挣下钱儿还不是为他们？那些（指她的孩子）正到了玩的时间了，时时刻刻要注意，一不管了根本不行。我还盼着娃娃们能考上个好大学，出来该有个工作、有个单位，也算是有出息了。

这位典型的"米脂婆姨"是被社会所认可的能干的"女强人"，被评为当地的"创业先锋"，但她在为事业辛苦付出的同时，将家庭、孩子始终是放在第一位的。这种在事业和家庭上"二保一"的选择也许符合家庭利益最大化的原则，但不是女性自身发展最优化的选择。从她的表述中我们可以感受到，社会对"米脂婆姨"的期待已悄然内化为她自身的行为准则，作为母亲和妻子的职责成为她个体价值最直接的体现。

实际上，"对母亲和妻子重要性的强调成为把妇女拘禁在家庭小圈子里的理论依据，形成了一个对妇女约束性很强的社会观念：'女性唯一的生活目标是做贤妻良母，一个女人若不想做妻子、母亲，或者是想干妻子、母亲以外的事，那便是个"无女人味"的人。'"[1]因此，一味地赞美"米脂婆姨"的标准特质和她们的传统角色，并且把这些都视为是女性天生就应该具备的，其实是一种隐藏得更深的歧视，表面上是尊重她们，实际上却把女性拘囿在了一个特定的领域内，给女性的发展带来制约性因素。尽管身处"盛名"之下，可是由于传统的性别观念仍然是一个无处不在的"场域"，作为行为主体的米脂婆姨，她们的日常行为选择依然无法逃脱传统的性别文化惯性力量的控制。她们的利益不仅被忽视，而且被赞美的言辞不断地"牺牲"掉。然而她们对此却习焉不察，甚至全然不知。

---

[1] 王政：《女性的崛起——当代美国的女权运动》，当代中国出版社1995年版，第7页。

正是在"米脂的婆姨绥德的汉"这句民谚的"蛊惑"之下，本章对"米脂婆姨"形象的演变及其形象特质进行了一次初步而粗疏的梳理与分析。这一女性群体形象在社会主流话语和男权文化的建构下不断发展、不断演化：从古代传说中的貂蝉形象到各个时期、各个领域不断涌现的杰出女性，再到如今被注册为商标的"米脂婆姨"。米脂婆姨形象的变迁是随着主流话语的变化而变化的，由开始的文化在"说话"，到新中国成立以后的政治在"说话"，再到改革开放以来的经济在"说话"，不同时代的话语主体成为那个时代鲜明的主旋律，它们左右着米脂婆姨的身体和灵魂，同时也在不断建构她们的身体、思想和行为。在这个演变过程中，虽然相对于传统意识形态话语下男女平等话语对男女差异的忽视，米脂婆姨身上体现出了女性主体意识的觉醒和凸显，但是她们的觉醒是在男权话语主导之下的产物，在具体的实践活动中她们仍受制于充满父权制色彩的主流话语。她们主体性的投入始终受到男权话语的束缚，她们主体意识的在场在千年传统的性别文化的惯性力量下黯然失色。

用话语/权力理论以及社会性别理论进行观照，我们可以看到米脂婆姨形象实质上仍然处于被建构的境地，其背后的男性视角不容忽视。在众多建构要素的合力之下，"米脂婆姨"被塑造成具有统一特质的"范本形象"，被设定为受人敬仰的"楷模形象"，被打造为具有良好经济效益的"代言形象"。这里，男权文化根据自己的利益需要将"米脂婆姨"设定为"容貌美丽、心灵手巧、贤惠能干、无私奉献"的性别刻板印象，这种性别刻板印象又通过多种建构要素从而在大众中广泛传播，最终内化为普通女性的性别意识，使其自觉地按照男权文化的要求来规训自身、塑造自身。身处"盛名"之下的米脂婆姨普遍并未摆脱传统性别意识的强化与浸染，由来已久的关于男女行为的社会规范已积淀在她们深层的心理结构，并内化到她们的日常行为和根深蒂固的性别观念之中。这种以男性为中心的性别意识正是通过对"米脂婆姨"潜移默化的塑造与建构而不断传递下去，从而巧妙且隐蔽地完成了对现实社会权力结构的复制和再生产。"米脂婆姨"形象的建构过程一方面反映了社会权利结构中男性依然处于统治地位，另一方面这个形象本身又强化和巩固了现实中不平等的性别关系。

综观以上对"米脂婆姨"形象的研究，我们不难发现，尽管作为一个女性群体形象，她们备受关注与推崇，她们的地位日益得到改善并逐渐为社会所尊重。但是在众人眼中，"米脂婆姨"是一个色彩绚烂的历史范畴，似乎专属于那些历史语境当中的优秀女性。殊不知，那些在荣誉辉映下的普通女性的生存处境与"荣誉"为她们所设定的地位并不是对等的。普通"米脂婆姨"内心的真实诉求与她们的真实处境才更需要全社会的关注。面对当前全球性的社会变革所倡导的社会性别主流化的趋势，"米脂婆姨"应该共同携手去探索属于自己的自由之路，只有从根本上解构传统的性别观念，提升自身的性别意识，她们才能冲破男权文化的藩篱，真正确立自己独立的主体意识，真正赢得自己在社会中应有的地位。

第六章

从女性人类学角度看中国内衣文化

第一节 中国古代内衣文化历史沿革

中国素有"衣冠礼仪之邦"的美誉,作为一个具有5000多年历史的文明古国,中国所具有的地域上的、人口上的、民族上的、历史上的尤其是文化上的特殊性,在很大意义上成了人类文明的一个最富典型性和代表性的组成部分。从某种意义上说,中国服饰文化是记录中国传统文化许多重要信息的"活化石"。在衣食住行中,服饰可以说是从古至今变化最大的因素之一。尤其是在近一百年的时间里,中国的服饰经历了由中西并举逐渐向西方靠拢的过程,我们今天的穿戴必然与古人相去万里。

作为服饰主要品种之一的内衣,发展速度也很迅猛,短短十几年就超过了以往数百年的发展。在现代的分类也越来越细。根据内衣的穿着对象不同,可分为男士内衣、女士内衣、儿童内衣。本章从性别视角出发,侧重分析研究中国女性内衣文化现象。

虽然内衣在古代就已经有了,但是在不同的时代、不同的社会背景下,内衣的形制、名称等具有很大差异。要谈内衣的产生,我们必须先从远古时期衣裳的起源说起。

第六章　从女性人类学角度看中国内衣文化　※※　205

一　上古时期的内衣

很多事物的出现都有长期孕育的过程。衣服的发展是因为猿人的进化，由猿到人。最初的衣服就是兽皮、树皮。后来发明了布料，人们生活有所改善。传说中嫘祖发明养蚕，才有后来的丝绸以及中国纺织业的起步。"中国早在新石器时代就已掌握了纺织技术。中国古代的丝、麻纺织技术已达到相当高的水平，在世界上享有盛名。"①

上古时期的人们虽然有了服装，但是比较粗糙。虽然说是衣裳，上衣下裳，但是其形制仍然类似于直筒式，并没有现在意义上的上衣下裤，或严格意义上的内衣。鲁迅先生指出："即以衣服而论，也是用裸体而用会阴带或围裙，于是有衣服、冠冕。"② 会阴带等织物只是为了掩盖外生殖器，它们应该有遮羞（或标志性成熟）与保护生殖器的双重功能。一方面为了吸引异性的关注，自然要裸露生殖器官；另一方面上古时，服饰产品并不完善，还没有更多地考虑以服饰遮挡生殖器官。那时候的人们有了裤子，但是都是无裆裤。这一时期的内衣（裤）主要有蔽膝、褩、裯裤和褰裤。

蔽膝，用沈从文的话说就是围裙。③ 在上古时期，它是下体之衣，是遮盖大腿至膝部的服饰，是古代遮羞物的遗制，蔽膝与佩玉在先秦时都是区别尊卑等级的标志。这是中国古代内衣的最早形制，是内衣的发端。中国内衣的产生，与古代先民生殖崇拜有极大的关联。因为崇拜生殖，人们自然要保护生殖能力，对社会而言，是对一切象征生殖的物品、自然风貌的保护；对个人而言，就是对自己生殖器的保护。④

---

① 《中国古代纺织品》，《中国大百科全书·考古卷》，中国大百科全书出版社1986年版。
② 赵超：《霓裳羽衣：古代服饰文化》，江苏古籍出版社2002年版。
③ 沈从文：《中国古代服饰研究》（增订本），上海书店出版社1997年版。
④ 赵国华：《生殖崇拜文化论》，中国社会科学出版社1991年版。

与蔽膝有关的内衣是芾。"芾"是象形字,正如一宽带系于腰中,悬垂于两股之间,即《诗经》所云"赤芾在腹"①,一块横布(革)系在腰间,垂下来如同一面小帘子,挡住生殖器。上古时期的"芾"以坚韧的熟皮"韦"制作,涂以炫目的朱色、朱黄色或赤色,以炫示生殖器的硕大,生殖力的强大。

"裳"是殷周之际,男女遮蔽下体的主要服装,被制为两片,可以开合,一片蔽前,一片蔽后,故便溺时就不需要解开腰带,将裳退下,只要将裳片掀开即可。由于"裳"两侧露缝,所以上古时期的人们在平时行动时,动作举止必须时刻注意,稍不留神就会春光乍泄,露出下体阴私,有碍观瞻。

春秋时期下衣主要是裤子,当时称为胫衣。《说文解字·系部》曰:"绔,胫衣也。"段玉裁注曰:"胫所谓套绔也,左右各一,分衣两胫。"胫衣的形制与套裤相似,无腰无裆,穿时套在胫上,即膝盖以下的小腿部分。当时的胫衣不分男女。②穿着胫衣主要是为了保护胫部,虽然也可以保护阴部,但并不严密。这种裤子,使人体活动极为不便。

上古时期的内衣比较简单,除了蔽膝、胫衣外,主要还有衻衣、裎衣。在战国时期的墓穴中还出土了裙子,由于上古时期内衣体制还不完善,裙子也属于一种内衣,一般不露于外。在一些出土文物中也有单裙。上古时期贵族女子贴身内衣还有以素纱为之的内衣,主要是为鞠衣等礼服配套而用的。袍,是古人常用服饰之一。但在春秋时期,袍子却是内衣。战国时期的内衣类服饰还有绣衣、裲裆。裲裆属于短衣,无袖。在袍制盛行的上古时期,短衣基本上都是内衣。那时的内衣并不是现在概念的窄小、合身的紧身内衣,而是形制宽大,甚至包括像袍子这样的长衣。

---

① 蔡子谔:《中国服饰美学史》,河北美术出版社2001年版。
② 周汛、高春明:《中国古代服饰大观》,重庆出版社1996年版。

编成于春秋时期的《诗经》除了具有教化作用外,也记录了先秦时期的纺织科技史料。提供的内衣资料,向我们传递了两方面的信息:一是《诗经》反映的时代已经有了内衣,而且色彩鲜艳;二是这一时期的青年男女,以衣喻人,睹物思人,知道以内衣负载情感情愫。不过,当时对内衣外衣形制界限不严格,也没有形成后世的内衣体系,贴身而穿的衣服都可以称为内衣。

在中国内衣变迁史上,战国时期赵武灵王实行的"胡服骑射"变制,可以说是中国内衣发展史中的一个里程碑,也是中国服装史上的重大举措。从那以后,中国服饰史上开始出现了只管内部功能的内衣(裤)。战国时期流行的深衣,在秦汉时期仍然存在。所谓深衣,就是将上衣下裳连为一体,合并为一件衣服。[①] 后世的袍子、衫子都是在深衣的基础上产生的。西汉初期,深衣演变为曲裾,另有直裾。曲裾的采用与内衣的演变有直接的关系。曲裾是介于内衣与外衣之间的服饰,贴身而穿便是内衣,穿在外面直接示人,则是外衣。

二 秦汉时期的内衣

先秦处在人类文明快速形成期。"封建社会最大的特征,就是严格的等级制度。等级不仅仅体现在政治权利上,也严格反映在服饰的规制上。"[②] 自黄帝"垂衣裳而治天下"——对服装规则与样式作了制度化的规定,服装就变成了一个公共"事件"——如何穿戴不再是私人的事,它因为国家和社会的需要而进入了一个公共程序和制度范畴。

汉朝以前的中国女性主流服饰为深衣、宽衫、大袖、长裙,这

---

① 对于深衣,《礼记·玉藻》曰:"朝玄端,夕深衣。深衣三袪,缝齐倍要,衽当旁,袂可以回肘,长中继揜尺,袷二寸,祛尺二寸,缘广半寸。"

② 王东霞:《百年中国社会图谱——从长袍马褂到西装革履》,四川人民出版社2002年版,第10页。

种装扮远在商周时期就已经形成了基本规范和形式。秦代的内衣没有专门的文献记载，大致上以深衣、袍为主。汉代的内衣有多种形制，主要有泽、汉衣、汗衫、帕腹、抱腹、心衣、单衣、禅衣、裲裆、犊鼻裈等。泽，是古代一种贴身穿用、可以吸汗的内衣。汉衣，也属于贴身而穿的内衣，原名中单，短袖，对襟，长及腰际，从史籍上看，这种内衣紧贴身体，可以从体内排出汗泽，故以"泽"字命名。汉代干脆将它称为"汉衣"，也称为"汗衫"。汉代内衣有繁简之别，"简单的只是横裹在腹部的一块布帕，因此称'帕腹'；稍微复杂点的，就是在裹腹时缀以带子，用时紧抱其腹部，故名'抱腹'；如果在抱腹上加以'钩肩'及'裆'，则成了'心衣'"①。但是，全部只有前片，没有后片。心衣上面多用各色丝线绣出花纹图案（称彩绣），图案多以"爱情"为主题。

由于纺织技术的发展，汉时出现了女性专用内衣——齐裆，也就是后世抹胸的前身。齐裆本是上古腰彩的遗制，汉武帝时以四带束之，名曰袜肚，至汉灵帝赐宫人蹙金丝合胜袜肚，亦曰齐裆。② 在湖南长沙马王堆出土的文物中，有不少纺织品，其中就有素纱单衣、锦袍等。单衣，又称禅衣，是一种不用衬里的衣服。因为无里无衬，禅衣非常轻薄，一般适用于夏季，贴身吸汗，透气凉爽。在没有内衣内裤概念的情况下，单裙（单穿，无衬里的裙子）兼有外衣、内裤的功能。单衣其实就是衫子，大约产生于东汉末年。由最初的贴身内衣，逐渐演变为内衣外衣兼顾。汉代已有了有裆的裤子，如犊鼻裈等短裤，大多数长裤则是无裆裤。

秦汉内衣开创了中国内衣的最基本形制，因为无性别区分，对后世的影响是广泛的。男女内衣自秦汉后，拉开了性别的差异。也就是说，在秦汉时期，社会还没有意识到内衣的性别、性感信息。

---

① 黄强：《中国内衣史》，中国纺织出版社2008年版，第26页。
② 马缟：《中华古今注》，李成甲校点，辽宁教育出版社1998年版。

穿在外面的服饰包含着显著的等级差别，而居家贴身而穿的内衣还没有被赋予等级的色彩，依然保留着男女不分的朴实思想。但是当时的内衣已经有了服饰的等级化倾向，犊鼻裈是普通老百姓常穿的内衣，上层社会嗤之以鼻，社会的等级差别，由服饰之外向内逐渐扩大。

三 魏晋南北朝时期的内衣

魏晋南北朝时期不仅是中国服饰发展史上的一个重要时期，也是内衣形制发生巨变的一个关键时期。它承上启下，上承秦汉、下开隋唐服饰内衣的先河。

魏晋服饰体现出宽大的特点，这与玄学思想以及服用丸药有莫大的关系。魏晋文士大多主张要"越名教任自然"，重清谈，以一种潇洒、洒脱、自由及放浪的姿态去面对生活。魏晋名士在服饰上任性而为，不只是精神上作用的结果，实际上还有客观生活实际的原因。在当时，服药饮酒是文士最为崇尚的雅好，由于服用了"五石散"之类的仙药，人体经常会发热浮肿，体内热量无法散发出去，皮肤干燥，与衣服摩擦后极易溃烂，在这种情况下，必须穿着宽大的衣裳，并且敞胸露怀，既能通风散热，又可保护肌肤。受服用五石散和玄学思想的影响，魏晋时期的人往往率性而动，当时的人要的是心情愉快，追求的是过程，而不注重结果。晋人的脾气很坏，高傲、性暴如火，行为放浪形骸、率性而动，竹林七贤就是他们的代表。据现代人考证，魏晋时期的五石散就是春药，服食后，内火中烧、性欲冲动，往往会情绪失常、举止怪诞；药性过后，又疲惫松弛、精神萎靡，言谈举止就和常人不同。这样的言行，魏晋时期的人认为是时髦。服药后的放浪形骸、"褒衣博带"，影响到衫子的流行。就这样，宽大的衫子代替了紧身的内衣，无形中对内衣的发展起到了推进作用。

由于民族大融合，汉民族吸纳了北方少数民族服饰的特点，内衣形制上有了较大的发展，裤褶和裲裆成了社会的流行服装。裤褶原为胡服，用于军旅，不分男女。裲裆最早在汉代已经有了，但是在魏晋又有了新发展。

内衣出现了一些新概念，"袜"就是其中之一，此袜非彼袜，这种袜其实是内衣。内衣从无到有，从单一品种到多品种，显示出内衣家族的逐渐繁荣。南北朝时期内衣的发展遵循这一规律，逐渐向专业化发展。内衣开始有了性别之分，女性内衣较男性内衣发达，有裲裆、反闭、宝袜、犊鼻裈、凉衣等品种，并且诞生了新品种——浴衣。魏晋时期，作为内衣的裲裆向外发展，成为一种便服，这是"内衣外穿"的典型，开了现代内衣外穿的先声。

清谈、怪诞的时代风范，使"褒衣博带"流行于社会。"竹林七贤"袒胸露背，裸体见客，纵情放达，更是开创了有悖于传统礼教的裸露服饰风尚，开唐代裸露服饰、开放内衣之先河。尽管这种开创并不是有意为之，其修养礼仪也不宜倡导，但是客观上却促进了内衣的发展。"魏晋文人崇尚清谈，是因为意识形态中受到玄学、黄老之术的影响，以纵情发达抵制思想的禁锢，以清谈显示其品格的独特，因服药引发身体发热，皮肤溃烂，必须'褒衣博带'。"[①] 思想的有所追求，体现在生活及服饰上则是无拘无束，无意于服饰的创造，无所顾忌的思想却化为了有形的服饰（内衣）。

四 隋唐时期的内衣

从隋炀帝开始，黄色真正成了皇家的颜色，皇族以外的人等禁用。当时受北方民族带来的开放风气的影响，女子的衣服颜色都较为艳丽，只要不违反官家的忌讳，她们可以相对自由地处理服装颜色和款式。

唐代是中国封建社会史上女性最为自由、最为开放，也最才华

---

① 黄强：《中国内衣史》，中国纺织出版社2008年版，第47页。

横溢和扬眉吐气的时代。"盛唐时期，宽衣、阔眉，以胖为美的时尚审美趣味正式形成。"① 时尚意味着领先，也意味着多元的可能性。受胡服的影响，女子上身的衣服变得短小、紧身，原来的大袖也变成了方便行动的窄袖。唐代女性服饰追求豪华，讲究个性化，女子内衣以暴露为特色。唐代内衣在形制上也有发明，例如诃子。诃子是一种无带的内衣，这是由唐代外衣的形制所决定的。诃子常用面料为"织成"，手感厚实。"织成"保证诃子使胸上部分达到挺立的效果。唐代女性以肥为美，以露为荣。利用服饰薄纱、轻罗，朦胧之间产生的距离之美，更衬托自身线条的优美、气质的清逸，隐约传递着性感的信息。明衣，原本是前朝礼服中间的一件内衣，通常用薄、透的衣料制成，到了唐朝，这种内衣被人们作为外衣穿着，并有个很大气的名字——"盛装"。这一大变脸的形式让人们眼前一亮，作为当时女性日常服装中比较有分量的一种内衣，对于构建女性性感的面貌起到了很大的作用。当时流行一种袒胸式服装，其实当时所谓的"袒胸"，实为一种高腰节的裙服，裙腰已达双乳，明显地起着束胸的作用，女性的体形曲线实在是难以觉察。

　　唐代妇女的服饰，充满着时代的朝气，渗透着一种丰满、具有青春活力的热情和想象。无论男用女装还是女用男装，都视为阴阳颠倒、内外不殊、王制失叙，是服妖，是灾异。但是在唐代，女性着男装的现象是作为一种时髦存在的。事实上，在中国20世纪以前的数千年里，服饰总的特点是比较保守封闭的，像唐朝女子这样大胆袒露、这样男女不分，是绝无仅有的，因为这是和礼教相违背的。唐朝灭亡之后，一个奔放、热情的时代也就宣告结束了，女子们张扬的面妆、发型和她们漂亮、脱俗的衣裳也渐渐失去了原来的地位。

五　宋辽金元时期的内衣

　　因此自隋唐代以后，开放之风慢慢变为保守、收敛的风气。张

---

① 刘百吉：《女性服装史话》，百花文艺出版社2005年版，第21页。

扬女性身体之美的黄金时期宣告结束。特别是程朱理学得到提倡之后，整个社会架构起了一种"男尊女卑"的文化体制和社会规范。在服饰上表现为淹没个性、趋于一统的时代风尚。样式变化不多，色彩也不如前代绚丽，以质朴、洁净、自然为其特点，体现出的是一种含蓄、清淡、矜持的审美效果。在封建社会的大部分时期，观念接近欧洲中世纪的"禁欲主义"。然而上衣下裳的束腰势必会突出胸部，因而就有"束胸"之说。宋代妇女的服装和束胸都强调了身材的瘦削和庄重，正好与唐代相反，以瘦为美。所谓的束胸，不过是用一条长长的白布或者白绫裁成宽度适合的长方形，然后将女性的上体完全包裹在其中，取消了胸部的线条，抹杀性别之美。宋代女性贴身穿的内衣主要有抹胸、裹肚。抹胸上可覆乳，下可遮肚。裹肚是另一种内衣。从形制上讲，裹肚长，抹胸短。从功能上看，抹胸侧重于遮护胸部，裹肚则着重于包裹肚子，起束腹作用。

由契丹族人建立的辽代，其服饰保留着契丹游牧民族的风格。辽代内衣主要有裙裤、吊敦、短裤、膝裤、套裤等。辽代妇女穿的抹胸只是一块横幅布，裹于胸前。辽代穿抹胸的主要为两类人，一种是大家闺秀、贵族妇女，另一种是相扑运动员。大部分下层劳动妇女并无穿抹胸的习惯，或许是因为契丹本为游牧民族，没有汉人那么讲究规矩和礼仪。从辽墓壁画中可以看到，大部分契丹妇女不但不穿抹胸遮挡胸部，反而以暴露胸部为荣，干活生产、家居生活，坦胸露乳，自然率真，毫不避讳。笔者认为，也许这是当时当地的一种习俗。金代是由女真族建立的政权，由于女真族生活在气候寒冷的北方，服饰以皮衣、棉衣为主，很少有机会展露内衣，因此，金人并不注重内衣，金代的内衣也不丰富，大致上男子有亵衣，女子有佰腹。"佰腹是一块横置于腹的幅巾，幅巾缀有布带，便于扎系；妇女使用佰腹，除了遮羞，还兼有束腰作用。"[①] 换言之，金代

---

① 高春明：《中国服饰名物考》，上海文化出版社2001年版。

女子内衣——佃腹,具备了现代束身美体内衣的功能。元代创立者为蒙古族,蒙古族女子青睐主腰、裹肚。主腰,是妇女着于胸前的贴身小衣,作用与抹胸相似。裹肚,即元代妇女所穿的肚兜,关汉卿《拜月亭》第一折中就有提及。汉族女子内衣主要也是肚兜、抹胸。寻常人家的女子内衣倾向于肚兜,风月场所的女子则倾向于穿抹胸。还有一款内衣,叫"合欢襟",主要特点是由后向前系束。面料用织锦的居多,图案多为四方连续花样。

六 明清时期的内衣

明清是中国封建社会最后两个朝代,程朱理学在这一时期已占据了统摄地位,对服饰等级、礼俗的影响依然很大。明代是封建社会汉民族占统治地位的最后一个朝代,清代是中国封建社会的最后一个时代,因此明清时期的服饰都具有末代收敛性的特点。

明中叶武宗朱厚照的正德朝是明代服饰最为松弛的时代,服饰禁忌不严格,僭越现象非常严重,明武宗是这样的一个提倡者,纵情酒色成为时尚潮流。服饰自然也体现出奢华、暴露、情色的风格。由于内衣秘不示人,在此时"存天理,灭人欲"的思想统摄下,很难见到,文字记载也寥寥无几。尤其是官方的《舆服志》只言片语,资料非常有限,为后世的研究带来了诸多困难。不过我们从当时的艳情小说、春宫图中可略窥一斑。

明代女子内衣以紧身、合身为主,旨在展示身体曲线的婀娜。而且,明代内衣以"薄、透"为美,如薄纩短襦,强调朦胧之美,性感风情。闺房秘事,不受礼教的约束,从中也可见人性的解放,性欲的放纵。当时有种类似于内衣的服饰,叫合欢襕,按照明人田艺蘅的说法,"自后而围向前,故又名合欢襕"[①]。据说这个是福建一带女子的内衣。除此之外,明代女子内衣还有抹胸、主腰、扣子

---

① (明)田艺蘅:《留青日札》,上海古籍出版社1992年版。

衫、里衣、小衣、罗裙、单裙等，大致可按上衣、下裳分为两类数种。开放风流的女性对内衣色彩的选择，倾向于明亮、艳丽之色。一般内衣价值平平，但也有价格不菲的，比如珍珠衫，说明内衣在明人的眼里也有讲究享受的一面。抹胸是明代女子最主要的内衣，这种围在妇女胸前的围裹，名曰"腰子"，是胸前后都有的，即在天寒时也有上身只围此者，露出肩臂及乳上部的。与抹胸形制相仿、作用相近的内衣还有主腰。抹胸重在遮胸，主腰重在覆腰。明代女子受外来文化的影响，已经深谙利用主腰来凸显自身的曲线美。

明代妇女更为大胆的装束就是将贴身的内衣外穿，比如说主腰。由于当时的衫子多采用对襟形式，一些妩媚女子，特意将外衣领口敞开，使主腰外露。《金瓶梅》第一回中的潘金莲以向武松敬酒为名，表露她的爱慕之情，当时她身着暴露内衣，展现优美的身材、风情的魅力。由此可见，明中叶时开放的社会风尚已经使具有开放意识的妇女意识到服饰之美，不仅在于外表的秀美，而且可以传递情感、性感的内容。换言之，服饰表述着性爱的信息。与其说抹胸起着护乳的作用，还不如说是为了增加性感视觉效果，满足视觉的快感。

明朝末年，个性解放思想对社会生活产生着重要影响，人们服饰离规越制、追求新奇的现象比较普遍，当时甚至出现了男子服饰女性化的倾向。这种服饰相对宽松随便的生活，几乎一直持续到清朝初年。

满族是清朝统治的核心。衣规服制方面，他们在保留汉式风格主体的前提下，融合进了满族民俗礼式的不少特点。受西方文化的影响，清代宣统年间，上海妇女服饰变得崇尚线条和暴露。同时，一些时尚女子崇尚西方男式服装，"戴西式之猎帽，披西式之大衣"，女扮男装，招摇过市。此时内衣的形制与明代差不多，但远不如明代开放、放纵。主要有抹胸、肚兜、小衣。抹胸一般做成菱形。系束用的带子不局限于绳，富贵之家多用金链，中等之家多用银链、铜链，小家碧玉则用红色丝绢。红色为肚兜常见的颜色。清代抹胸注意做工的精致，而且绣了吉祥纹样，大致上分为福寿祝福寓意，如三多之相；求嗣送子信息，如麒麟送子、连生贵子；中举及第做官的前程祈求，如三元及第。清代末期，内衣的形制发生了些许变化，突破了以往的菱形，有了矩形、方形、圆弧形等。寓意风格上，以图案来表述含义。如"蝶花恋""长命富贵""河塘鸳鸯"等。"秋韵"以直身结构处理，素雅的调和色绣以花蝶纹样，更显女性的妩媚与洁净之美。麒麟是中国传统的祥兽，代表着吉祥，内衣也是为了表达这样的含义。

第二节　特定时期内衣文化的性别解读

千百年来，社会制度发生了重大变化。然而，无论是在传统的封建社会，还是在开放文明的社会主义社会，中国女性始终处于男权压力之下。这种压力不断强化女性的"附庸"角色，致使女性在自觉与不自觉之中承受不同形式的摧残，更有甚者使女性"乐于其中"。下面选取历史上几个特定时期，从女性人类学角度解读中国女性内衣文化现象，进而推动女性对于自身存在及其存在意义的思考。

一　民国的束胸及天乳运动

1911年，中华民国建立。从政治体制到经济制度乃至社会生活的方方面面，都在不同程度上发生着变化。中国服饰开始进行转型。转型的方向，主要是将目光投向英、美等国。共和思想横空出世，打破了封建保守的藩篱；西服东渐，服饰多元化发展。没有了封建服制的束缚，崇洋风气顿时形成，所有的洋装洋饰都成了时髦之物。崇尚时髦、追求新奇尤为新潮女子一大特点。以穿西装为时髦的不仅仅是男子,许多女子也穿西装,并以"长身法"① 和"凸乳法"②变换体形,以使自己着西装更加性感美艳。

有了民主自由思想的女性,将自己身体曲线美一点点地展现出来。所有这些,都是受到西方风气的影响。虽然到了民国,但传统保守的巨大惯性还在起着阻挠作用。1917年夏季,京沪等地开始流行无领、袒臂、露胫的妇女服装。这种服装获得一些人的赞同,他们认为这种服装避免了高领"既遮其蟫蜳之领,于美观不和,且喉部忌热,于卫生尤不宜"的弊病,何况西方早已流行。但许多人拼命反对,北京警察厅还发出通告,指责该时装"不中不西,亦殊失大家风范",为维持风化,特令男女学生不得着此奇装异服,以端风化。尽管有关当局一再禁止时髦女装,但并未收效,新潮女装仍风行一时。夏季着低领袒臂露胫服装,是妇女服饰朝自然、简便、美观发展的必然趋势,因此而引发的这场争论深刻地反映了社会上新旧思想观念的冲突。

女子袒臂露胫与中国传统的伦理规范和审美心理不相容,在传统观念根深蒂固的中国是绝对不允许的。当局和社会一些人对时髦女装的非议,实际上反映了人们对新的女子服饰及审美趋向的抗拒,是文化保守心理的体现。虽然非议之声不绝于耳,然而新式服饰以其极大的吸引力博得时髦女性的欢迎,女子新潮服饰已成不可阻挡之势。内衣也再次出现了开放、辉煌的景象。

(一)束胸——身体的枷锁

约从1930年起,旗袍又慢慢向长和松紧适宜的方向追寻美感,最后下摆又回到脚面,袖子也回到了适中的长度。但在此时,女子内衣变化并不大,仍沿袭明清时代的抹胸。与此同时,由于受封建

---

① 就是身材短小的女子"以烈火炙发"(烫发),头发膨胀变大后再着西装,好像身材也高了很多。

② 就是"苦于双乳太低"的女子,"塞以棉絮使胸前凸出"后再着西装,显得乳突性感。

意识的影响，女性健康的双乳被视为淫荡的象征、罪恶的源泉。于是，少女发育成熟后，社会时尚必须用布一层一层地将乳房束缚起来，以免显现出女性的性感特征。至于肢体的裸露，就更骇人听闻了。"譬如说，一只胳膊被陌生男子拉了一把，便将它砍掉。"① 张爱玲所说的这个故事在《明史·烈女二》中确有记载。

尽管当时已经有了抹胸这种本来是保护女性乳房发育的内衣，但是实际上生活中女性往往以束胸布来束缚双乳的自然发育。由于长期束胸，以致一些女性胸部被束变形，双乳的乳孔堵塞，有的女性因此塌胸驼背，疾病缠身，甚至无法生儿育女。从一些传世图片中可以看到，20世纪初期的中国女性基本上都是胸部平坦的形象，缺乏女性独特的性感魅力。三寸金莲的小脚，以摧残女子的肢体为美，这种陋习竟然从宋代延续到了民国之初，让经历过的女子痛苦万分，外国人往往对此大加渲染，把它看成近代中国不文明的象征；对胸乳的束缚，则是另一种枷锁。佟新是这样来评价缠足和束胸的："作为一种历史现象展示了在中国封建社会，男权文化通过对女性身体的控制塑造女性柔弱、顺从与依附的气质，并以此衬托男性强壮、自主与能干的气质。"②

的确，在西方文明中同样存在对女性身体的压迫。从中世纪直到20世纪初几百年间，欧洲妇女的服饰并不像我们现在所看到的那样大胆、开放。从20世纪以来欧洲妇女就一直在寻求更能凸显女性体形美的服装，并逐步地露出双臂、双腿，最终在20世纪70年代出现了极端化的泳衣。即便这样，欧洲妇女的服装开放还是走在了多数亚洲人的前面，这大概与欧洲人古老的传统有关。

古埃及由于地处北非，气温偏高，人们的衣着都很少。但古希

---

① 张爱玲：《更衣记》，载张晓春、龚建新编《闲情逸致》，上海社会科学院出版社1995年版。

② 佟新：《社会性别研究导论：两性不平等的社会机制分析》，北京大学出版社2005年版，第46页。

腊和古罗马的女装，往往是披挂式的长衣，有时在乳下和胯部各系一根腰带，显示出女性婀娜的体态，此时已不见公然裸露的情况。古希腊人认为女性裸体既可以表示猥亵，又可以表示神圣。只不过，在数量方面，裸体的女神像比较少，而且出现的时间也比较晚。其中最著名的就是米洛的维纳斯。总之，欧洲的传统风俗不但不避讳人类自身的形体美，反而用艺术手段加以赞美。

中世纪的欧洲女装，绝无露出肢体的可能。因为妇女一直处于宗教和家庭的双重拘束中，服装不可以成为个性的标志，胸部的曲线是一个不可以提起的话题，只能被深深藏在长裙之下。不说并不代表不存在。亚麻布的紧身胸衣却使腰身更细，势必突出了胸部。女体上身的曲线显露，似不在宗教禁欲主义的限制范围之中。在极其爱惜自己的女人那里，有一件合适的、舒适的内衣，绝对是一件重要的事情。到了文艺复兴时期和古典时期，胸衣的发展开始有些让人眼花缭乱了：鲸鱼骨、稻草、皮绳作为必不可少的元素加入紧身胸衣之中。当时被认可的女性美必须是细腰、丰胸的。我们在小说《乱世佳人》中还可以略窥一二。

紧身胸衣在西方盛行了三百多年，它是西方人追求和强调女性"细腰之美"的产物。西方人认为女性的细腰是女性性感特征和女性魅力的重要表现因素。西方最早的胸衣出现在古罗马时期。欧洲文艺复兴以前，女性身体几乎不加束缚，贵妇们穿上衬裙作为内衣。到了17世纪，人们认为衬裙太放荡。由此出现了"束衣"，也开始了折磨女性的历史。当女孩到了社交年龄，就开始被要求穿戴用钢条支撑的紧身围腰，或者是价值不菲的鲸骨紧身胸衣。18世纪，制作西方女子必备的紧身胸衣和帮肚有极高的技术标准：鲸须被切割成条，用以支撑衣物；每件胸衣上面布有40条以上鲸须，而且其长度和厚度都不同，这依其所在的位置而定；人们用手工缝制，使之固定。这种紧身胸衣可以把腰围从19英寸束到14英寸。在《泰坦尼克号》描写的20世纪初，正是紧身胸衣最后的辉煌时代。束胸不仅不舒服，而且对身体健康极为不利。妇女们用几近残酷的手法，把自己的身体，用重重的布条勒起来时，很多女士因此而导致肋骨骨折、流产、内脏移位等。这种被女性自觉戴上的"刑具"，被当时的媒体称为"舒服的工艺"。对女性如此有害的事一直流行的主要原因，是因为束胸使女性性征突出，腰部纤细婀娜。麦尔·戴维斯认为："束胸限制和阻碍了身体的积极运动，实际上显示出妇女的生理被迫从属和依赖于男性。"①

西方女性服装的发展历史就是围绕人体性感美这个主题的。从审美观上来看，西方是最大限度地强化女性曲线美，中国是最大限度地弱化女性曲线美，这些不正常的现象折射出特定社会畸形的审美观和扭曲的价值观。无论是束胸还是缠足，对女性身体何种部位进行束缚并不是件重要的事，重要的是这是一种象征，它象征着女性的身体要被重新塑造，而重新塑造女性身体的过程就是对女性的规制过程。它让女性了解并屈从于一个外在于她们的社会力量，并将这种压迫转化成她们自觉的行为。

（二）天乳运动——内衣短暂的繁荣

1911年的辛亥革命结束了几千年的封建帝制，建立了中华民国。进入民国后，妇女地位开始上升，社会风气也随之开放。女性可以上学读书，也可以走上社会参加工作。五四运动使民主、科学之风盛行，女性的地位进一步上升。在突破袒露禁忌和求新求变观念确立的前提下，中国女装逐渐与世界接轨。在一些女性中出现了新的内衣服饰，开放之风渐渐抬头。有一种叫"小马甲"的内衣，在女性中流行。小马甲突出了女性胸部圆润的特征，展示了女性身体的曲线之美，摆出了一种向束胸叫板的姿态，为天乳运动的诞生奠定了基础。

---

① 转引自 Davies, M. "*Corsets and Conception: Fashion and Demographic Trends in the Nineteenth Century*," Comparative Studies in Society and History, 1982, p. 616。

当时流行一种社会风尚,就是部分追求开放的女子利用紧身背心演绎风情。由于此种服饰较为暴露,会露出胳膊和肌肤,所以受到了思想保守的人的强烈攻击。最初这样的服饰只是流行在妓女中间,后来慢慢地被越来越多的人仿效。

1920年上海市政府发布了通告,禁止女子穿低胸、露胳膊露腿的暴露的服装。凡是违抗命令的,就会被抓捕入狱。但是由于西学东渐思潮的迅猛传播,人们观念日益开放,虽然禁令一再发布,却于事无补,反而出现了一场女性内衣界轰轰烈烈的革命——天乳运动。

20世纪20年代,性学博士张竞生提倡放乳,是他倡导了这场解放女性胸部的革命,一些走在时尚前列的女子纷纷放乳。什么是"天乳运动"呢?简言之,就是不再用白布束缚胸部,让女性胸部自由呼吸,自由生长。张竞生认为,束胸掩盖了女性美的性征,非但自己不美不舒服,而且使这个社会失去了一道亮丽的风景。并且他还呼吁废止"反自然、不卫生、无美术的束奶勾当与小脚、西药、扁头诸恶俗",要求女性内衣解放前胸支拖乳部。[①] 到1927年,政府开始倡导"天乳运动",反对女子继续束胸。不执行放乳政策的人会被罚款。这样一来,那些新潮女性,尤其是追求思想解放、身体解放的女性们,纷纷扔掉了束缚胸部成长的束奶帕。尽管天乳运动并没有持续多长时间,但是女子放足与天乳运动,是民国时期女性地位提高的两个明证。女性身体得到了解放,精神面貌也发生了很大变化,在当时产生了一定的影响。

"西风东渐,风气开放,着洋装成为时尚。部分女性开始模仿西洋女子束腰凸胸的样子,穿起文明新装"[②],追求女子的曲线美。1914年到1915年间,从旗人旗袍脱胎换骨的现代意义上的初兴旗袍

---

① 张竞生:《美的人生观》,《张竞生文集》上卷,广州出版社1998年版。
② 包铭新、马黎等:《中国旗袍》,上海文化出版社1998年版。

应运而生。好的旗袍对女人的身体来说并不是一种拘束，而是对其美好形体的开发和彰显。"旗袍使中华女子秀美的身段得以展示出来。"① 但因为当时没有合适的内衣衬托胸部的丰满与性感，一些受过西方教育、思想开明的女子开始琢磨，试图改变胸部的平坦但都往往适得其反，很难达到预期的目的。直到20年代末期，乳罩（当时人们称之为"义乳"）漂洋过海来到中国，给女子内衣带来了划时代的变化。乳罩是舶来品，它的发明给女性身体带来了解放。它可以更好地突出女性的身体曲线和性感特征，而不再充当压迫胸部的角色。

由于传统社会中的广大女性缺乏护乳意识，也由于西式胸罩的过于严密，很多人不习惯穿戴。所以，当这个新事物最初进入中国市场时，遭到了很大的波折。好在有众多电影明星身体力行，先行体验，才使中国女性摒弃了传统的肚兜，开始选用这个新鲜的洋玩意。据说，民国时期的巨星阮玲玉便是第一批试穿义乳的新女性之一。从这之后，不但西式胸罩被引进了，中国国内也产生了改良式内衣。《上海竹枝词》记录了一股袒胸露臂的服饰风尚潮流，30年代风气开放的上海滩上，胸、腰、肩、臀完全呈直线伸展的传统女装造型风格开始被改变，随着女性开始追求身体曲线的风韵之美，女装也开始转而追求性感元素，能展现女性身体立体感的设计风格逐渐被热捧。新型女装也凸显了新的特征：露、透、瘦。

袒露装走上街头，不再像20年代那样遭到政府禁止。爱美的女性们完全可以穿着奇装异服漫步在大街上，吸引高回头率。尤其是在40年代，随着电影的传播，很多爱美的、追求时尚的年轻女孩开始模仿美国好莱坞影星，在穿袒胸装的同时，把漂亮的内衣展示在了世人的面前。1930年前后，洪筠穿着西式泳装在外游泳，引来了

---

① 黄强：《变化中的时尚风景——百年女性服饰回放》，《江苏科技报》1999年4月5日。

很多人鄙视的目光。这是挑战封建礼教走出的第一步。后来通过电影的倡导，泳装的开放观念又被狠劲地推了一把。

民国时期的内衣，贯穿着共和思想，纷纭变化的天乳运动、束奶布的遭弃、义乳的诞生、乳罩的引进，一方面是对女性身体的一种解放，另一方面也体现为对女性人格的尊重。随着西方内衣文化进入中国，中国内衣的功能得到了提升，由单纯的护体、御寒向保健功能发展。与义乳并行不悖的传统肚兜在修饰上也有些亮色，通过绣花、装饰，表现了人们对真善美的肯定，对美好生活的向往，对时代的讴歌。

二 "文化大革命"时期的"中性风"

1949年新中国成立，服饰也发生了很大的变化。花枝招展这个字眼，渐渐在现实生活中收起了美丽的羽翼，成为舞台上才可能存在的景象。女性服装强化了劳动人民当家做主的意识，着装风格呈现出朴素节俭和实用、统一的特征。这一方面与经济水平的落后有关，另一方面也是集体政治意识的反映。民主、艰苦奋斗和集体主义等时代精神在服装上的体现是简朴和实用。50—70年代，中国实际上信奉的是"存阶级斗争，灭人欲"的理念，所以这一阶段的服饰处在停滞不前的状况。而同一时期，西方服饰则像万花筒那样多变，尤其在女性服饰的大胆开放方面跨出了一大步。在40年代后期出现的"比基尼"泳装和60年代风靡世界的"迷你裙"就是典型。

1966年5月至1976年10月的"文化大革命"是一场空前的浩劫。它使刚刚恢复的女性曲线美时尚再次成为泡影，历史倒退了，紧跟时代的服饰也倒退了。军便装大行其道，扼杀了时装之美。女性内衣更是受到压抑，再次被宽大的解放装掩盖了，处于发展停滞阶段。

自50年代初起，解放服一直是中国妇女服饰的主流。社会意识推崇劳动风尚，身体曲线的性征被淡化，乳罩等女性护体、展示性感风情的服饰受到社会的鄙视,成为被禁止的服饰。在当时,胸部发育较好、乳房丰满是很难堪的事情。所以大胸脯高乳房的女孩子,穿衣时有意无意地都要收紧胸脯,有的还要用布或者衬衣勒紧胸部,目的是使胸部收敛变小,弱化女性性别特征。对女性身体的压迫、摧残,卷土重来。

在宽大的解放装掩盖下,女性的胸部变得平坦,即使穿上比较紧身的列宁装①,胸部依然一马平川。消灭了性别差异,女性向男性靠拢,似乎这样才使自己摆脱了资产阶级、知识分子意识,靠近了劳动者行列。因为当时与苏联友好,服饰也受苏联服饰的影响。外衣方面主要是列宁装和布拉吉②,而女士内衣的款式,则只有传统的"苏联制造"的巨无霸胸罩。这种胸罩是用一种金黄色的类似华达呢那样的布料制成的。因为苏联人制造东西一向讲究结实耐用,所以两根带子上的扣子都是钢的。在当时的中国来说,这是一种不可多得的奢侈品。

这种巨无霸胸罩,实在不适合身材瘦小的广大中国女性。本身应该很优美的女性曲线却被宽大的干部服列宁装等军装所掩盖了,毫无美感可言。从当时的文献来看,在很多中国妇女眼里,能穿戴庞大的苏式乳罩是一种时尚潮流。为了政治的需要,以身体实践苏式乳罩,以牺牲女性身体的舒适性为代价,当年中国女性戴苏式乳罩的感受可以想象。除了苏式乳罩外,一些爱美的年轻女性也会偷偷地戴上传统的布质胸罩,即两根简易的系带,两块巴掌大的布片

---

① "文化大革命"时期的服装,以军装和蓝、黑、灰等单色调为主流。本是男装上衣,却在当时的中国演变出女装,并成为革命"时装"。其外观是西服领、双排扣、双襟中下方均带一个暗斜口袋。它属于中西合璧的产物。穿列宁装、留短发是那时年轻女性的时髦打扮,看上去既朴素干练又英姿飒爽。列宁装或多或少带有装饰性元素——双排纽扣和大翻领,腰带的作用有助于女性身体线条的凸现。

② 俄语(платье)的音译,在俄语中布拉吉就是连衣裙的意思,布拉吉是一种短袖连衣裙,而不是无袖或吊带的,所以有别于资产阶级作风的连衣裙。衣服从来是一种文化政治符号。

组成的束胸罩子。有点类似民兵装子弹的武装带，民间戏称"武装带"。当时的胸罩还没有罩杯的概念，两块布片几乎是平面的，只是用针线简单的缝了几圈，既没质感，也没美感。

没有松紧的布条紧绷绷地裹住正在发育的胸部，使女性身体的自然发育成为一种罪过，身体生长都受到压抑、摧残，这种内衣似乎没有更好。心灵手巧的女子，自己悄悄动手制作胸罩。稍微讲究点的人，通过改造男人穿过的针织背心，加上松紧带做成胸衣，它可以拖住胸部，比上过浆的白布条舒服多了，托住乳房的效果也更好些。

三 改革开放后的"再解放"

20世纪80年代初，人们重新找回了自己的审美主体地位。女性对时尚有着更加热切的需要：加了宽大垫肩的衣服、卷发和色彩浓烈的化妆品变得抢手，乳罩又一次出现。不过在这一时期，乳罩的做工非常粗糙，布料仅仅只是棉布，样式造型呆板，像苏联的布拉吉，主要作用是护胸。当时的女性内衣以背心、汗衫为主，乳罩较少。

70年代以前，穿汗衫和背心对大部分女性来说，是她们唯一的选择，这根本谈不上对胸部有保护作用。如果某个女人故意突出了胸部曲线和乳房轮廓，就会被社会处处鄙视，被视为丑行，被认为有资产阶级意识。有些女孩子，甚至会为自己胸部的正常发育而感到自卑，于是用束胸布约束它的生长。以牺牲自己的身体为代价，只是为了获得社会的认同，不被划入有资产阶级意识的行列之中。到商店里买乳罩，还要小心翼翼，生怕被别人发现。丈夫陪妻子逛商场，遇到妻子买胸罩，丈夫不敢正视，把头扭向一侧，唯恐别人误会自己心术不正、意识下流。

到了70年代末期，社会发生变革，随着超短裙、牛仔裤的进入，海外的胸罩也进入国门，女性不需要再压抑乳房的发育，开始恢复它自然的挺拔。一时间，穿胸罩之风风靡全国，都市里刚刚长大的女孩子、少妇、半老徐娘，都拥有了属于自己的胸罩。不过，当时的款式还比较简单，相当于传统布胸罩的翻版，质地略厚实了些，两块三角布有了点弧度。当时用的还是几十年前那种老款式的内衣。女性也没有自我意识，不觉得自己的身体区别于男性，或者说是由于社会环境，她们没有办法正视自己的身体。就如同一个先天失明的盲人，脑海中从未有过色彩意识，无从谈起色彩的缤纷美丽。

从 80 年代开始，由思想解放引起的观念更新，使长期压抑的人性和欲望得到释放，人们很自然地重新审视服饰的社会价值。大部分人开始关注自身健康，也开始用一种崭新的目光去看待女性隐秘的内衣。由于改革开放的原因，中国与国外的交流日益频繁，女性的服饰、内衣等的开发受到了重视，出现了很多新的款式。但是男权社会以女人为私产的旧观念并没有完全消除，西方女性意识的渗透和西方女性的开放作风，才使中国人对女性人体美的认识变得自然了。现在丰乳广告已经满天飞，服装显示曲线就更是天经地义的事情了。西方影视作品的大量播放，使人们对暴露肢体的女装司空见惯，相比之下，中国的背带裤、露脐装都是小巫见大巫，女孩子敢穿，社会也就自然而然接受了。内衣中的"三围"概念在这时候也出现了，人们终于重新认识了内衣，肯定了内衣在塑造女性体型方面发挥的巨大作用。

如今的内衣发展迅猛，短短的十几年超过以前数百年的发展。从 20 世纪 80 年代中期到 90 年代中期，中国当代服饰开始走向色彩缤纷的与世界服装潮流接轨的新阶段。女子内衣由背心、衬裤、单一的乳罩，演变为内衣的系列产品。从形式到内容都有了很大的变化和发展，形式的多样、质料的改观、功能的完善，使传统内衣脱胎换骨，进入了一个全新的时期。

在欧美等国家，女性内衣作为一个新兴产业，发展迅猛。诸如黛安芬、欧迪芬等国外品牌大面积涌入国内市场时，给了国人一份莫大的惊喜。此时女性内衣的分类越来越细，色彩上也实现了突破。传统内衣属于隐秘性的服饰，秘不示人，当然内衣色彩也就不怎么讲究。当代内衣在白、红、黑等普通常见纯色的基础上，增加了更多漂亮鲜艳的色彩，像蓝、黄、灰、绿等。当代内衣由内而外扩张，具有内外兼备的特性。对内是内衣，呵护身体，体贴关怀；对外是一种开放的服饰，与其他服饰搭配相得益彰，塑造着穿着者更加完美的形象。缤纷艳丽的色彩赋予了内衣全新的概念，改变了人们对它的传统看法，使内衣具有服饰的时尚元素，也使内衣成为更新快、多样化、受关注、符合时代潮流的服饰品种。

与此同时，中国女性内衣继承并发扬了唐代内衣"面料轻薄露透"的传统，又借鉴了西方内衣的妩媚风情，演绎出新的性感风暴。内衣的一些新功能正在逐步被人们接受。比如，内衣首先要吻合身体，符合保护乳部、感受舒适的功能要求。其次，内衣由内到外，传递的是性感信息，要具有诱惑、吸引异性的作用，通过视觉的感官，给人们以美感、性感。因此，在内衣设计、制作时，大量采用蕾丝、网纱、莱卡等。华丽的外观，不仅给人一种美的享受、一种华贵的氛围，而且还让女性对新时尚、新生活的渴求体现到一个更高的境界。这时候的内衣，不但重视款式方面的创新，而且注重弥补身体缺陷。比如在乳罩内衬水液的魔术胸罩，它适合胸部平坦的女性穿戴，穿着这种内衣可以弥补胸部发育的缺陷。新技术不仅为女性内衣增添了更多艳丽的颜色，更注重为女性带来自信——修正身体曲线，尽显女性魅力。

复古情调的内衣服饰风格在此时也"忽如一夜春风来"，呈现出多姿多彩的特点。传统的肚兜经过改造，由闺房走向了街头，也成为内衣外穿的一种方式。改造后的肚兜仍然保留了传统的样式，颜色以大红为主。一时间，肚兜走俏，成为新时尚。当代内衣繁荣，与明星穿着内衣标新立异、引导潮流不无关系，还有一点，就是明星为各种内衣产品代言，为内衣市场推波助澜。正因为性感是内衣的时尚元素，所以现在几乎所有新款内衣的推出，都与性感挂钩。

第三节　当代女性内衣文化现象的性别解读

与封建时代对"美女"的要求不同，现代市场经济的社会非但不制约女性的"抛头露面"，更鼓励她们走出家门，走出国门，展示女性特有的妩媚和风姿。一时间，各种类型的选美比赛层出不穷，整容、瘦身手术成为女性的"新宠"，"性感"也成为当代内衣的关键词和时尚元素。商家利用女性的"爱美"心理，从减肥瘦身和女式服饰等一系列女性专用品中获取暴利。

女性的身体始终被看成是一种有待加工的平面和立体，而加工的方式是社会对女性身体的文化控制和文化操纵。从某种意义上说，比基尼的流行、美体塑性内衣的被青睐、内衣外穿以及T字裤、内衣秀的流行，可以理解为女性对社会及男性审美观的屈从。它们作为一种行为方式、思维方式和感觉方式存在于女性身体之外，同时通过一种强大的无形的力量，施加于每一个作为个体的女性，使女性感受并服从它。

一　对比基尼（Bikini）的文化透视

真正意义上比基尼的诞生，是在1946年。作为一种人性自由与解放的象征，比基尼是20世纪现代主义文化的一个标志，并且很快被后现代社会所接受，成为表达后现代文化种种观念的时尚符号。

比基尼一进入时尚圈，马上成为新宠。各家制作内衣的品牌商相继推出各式比基尼，工艺方面，料子越来越薄，而坚韧度却不断增长。女性的身体在各种颜色和款式的比基尼衬托下变得更加惹人注目。比基尼的简约、裸露，表达着一种未来观念。更自由、自在地暴露身体会是一个显著的趋势，不再靠刻意的线条修饰体形，而是让衣服随着体形自然垂落或紧贴。在大多数人的眼中,这样的事还无法接受,但是看一下报纸,你就会发现,对于激进者,这已经算保守的作为了,因为在越来越多的国家出现了"天体村""天体营"①"裸泳海滩",在这些地方,连比基尼也看不见了。天体运动是 20 世纪 20—30 年代的中国人对于从西方传进的裸体运动的称呼。"天体"意为"天生之体"。裸体运动最早起源于古代希腊文明。当时的人们认为,人体是大自然里最美的事物,是人类用以显示自己的自信与自豪的最好载体。因此,人们不仅在体育活动中和节日庆典中实行裸体,而且用各种艺术形式来表现和赞美人类的裸体。这种观念和实践一直延续到古代罗马帝国的后期。从中世纪到 19 世纪,这种观念为禁欲主义所压抑。20 世纪初期,人们开始向往和呼吁重返人类的自然状态并在海滨及体育活动中实行裸体,不分男女在山间、水畔赤裸着身体,尽情地享受阳光、做操、戏水、打球,至今方兴未艾。

虽然目前尚难证明其观点的科学性,但在 60 年代一片反叛的喧嚣声中,确有一批先驱者脱光了衣服,实践了裸体。这就是当时沸沸扬扬的"裸体文化""天体运动"。他们声称:"唯有裸体才能和自然真正融合到一起。"他们身体力行地脱得一丝不挂,他们脱掉了人类花上几千年经营的服装。

显然,他们"脱"得太彻底。许多到过天体营的人都表示:裸体的人类身体比穿衣还无趣。作家克拉克说:一般人的裸体不会令人兴奋,看到那一堆裸体让人感到晕眩。不过当时的时装界并不甘示弱,也掀起一股不大不小的"无上装"(topless)的时尚潮流,有前卫靓女脱去上衣,但终未获得更多的追随者。也许可以这么说,人类脱衣史中最具冲击力的应该是比基尼泳装。实际上,在大多数

---

① 指的是在一定的区域里,人不分男女老少都一丝不挂,无论游戏、娱乐、运动、休憩。警察除外。

人眼中,"欲露还掩"这种装扮效果才是最可取的。社会文明发展到今天,大有推崇性感风尚的趋势。服装对于表现女性胴体性感的一面也将有崭新的演绎,适当的裸露与装饰都能表达出性感的艺术,露得含蓄性感才是当今流行的主题。

二 美体塑型内衣——女性自我的迷失

女士内衣是个缤纷的世界,各种不同类型的内衣让众多女性沉迷其中,无法自拔。圆润丰满原本是女性之美的本质。从生理的角度讲,丰富的皮下脂肪是女性特征之一,它既可以维持女性区别于男性的优美曲线,又在生存和生育的过程中有着不可或缺的重要作用。从原始的动物本能来说,圆润丰满的雌性通常意味着旺盛的生命力和出色的繁殖能力,通常能使雄性产生本能上的冲动。这点对人类同样适用。但颠覆传统的观念导致了现代社会对"病态美"的推崇,男性开始欣赏女性"骨感"的线条美。女性社会地位的提高使得她们有资格背离传统"富态"的体型约束,以"消瘦"和"苗条"为"干练"和"自信"的代名词,踏入社会,实现她们"成功女性"的角色。当代,越来越多的女性开始意识到,美应该是一个整体,而形体之美是其中不可分割的一部分。既有倾国倾城的貌,又有玲珑曼妙的形,这才是现代时尚新女性的完美理想。于是商家迎合了女性这一热切的需求心理,美体塑型内衣应运而生。它的出现受到诸多爱美女性的青睐。"美体塑型内衣"又被称为"基础型内衣",属于调整内衣。调整内衣旨在矫正人体某些部位,调整人体的曲线达到较完美的状态,为外衣穿着美观作良好准备。美体塑型内衣起源于14世纪的欧洲宫廷,对人体的骨骼发育曾有很大的影响。因此,从健康的角度来说是非常不足取的。19世纪末20世纪初美体内衣在英国空前流行。中产阶级以上的女人从她的少女时代开始就要穿一种紧身胸衣,把腰勒得细细的,从而凸显出乳房的丰满。这通常需要有强壮的女仆帮着将紧身衣带子抽紧。于是我们在电影中看到一些细腰女子动不动就晕过去了。穿好上衣就要套长裙,裙子的腰身很小,裙摆却在靠近臀部的地方,用鲸骨撑的大大的,造成一个天生大臀的样子。于是她便有了丰乳、细腰、肥臀——这种性感的曲线。因为内衣很紧,使她们在晚宴上基本吃不下东西,淑女的样子自然而然就出来了。

现代美体塑型内衣以"移动脂肪"为原理,采用有一定弹性的面料,通过"脂肪引流、脂肪阻挡、脂肪定位"来修正体型,使得身材比例更为匀称。大多数都市爱美女性都想通过美体内衣摇身一变成"窈窕淑女",面对高昂的天价,也不惜花费血本。美体塑型内衣常见的款式有胸腰腹三合一束衣、束腰、连体束衣、束裤等。美体塑型内衣的主要功能实际上是起束身作用,穿着后的确看起来身材"曼妙"了许多,但一些商家宣称的减肥、丰胸等作用,只是夸大其词的宣传罢了。"'苗条文化'表现在审美理想上的狭隘性,远不仅仅在于它代表的是男性文化,今天,它几乎压倒了其他各种对理想女性身体美的文化理解,导致了对女性体型审美狭隘乃至病态的社会追求。"① 长时间穿着过于紧绷的美体内衣,会使人出现呼吸不畅的现象,造成血液循环不良等健康问题。

内衣是一种人类独创的束缚之美。塑形美体内衣追求的结果,无非是使自己的身材符合某种"美"的要求。在女性人类学的视野下,这种"美"的标准的制定者无可厚非的就是男性。妇科医师曾做过一次调查,所有的妇女病有60%是因为穿着不合适的紧身内衣裤所造成的,过紧的内衣还会压迫子宫、卵巢等脏器,过度挤压腹部腰部,容易引起子宫下垂,年纪太轻的女孩子如身穿着不当,可能影响这些器官的发育甚至造成不孕等严重的后果。对"美"的追求无可厚非,但是她们似乎走得太远,以至于有人说女人成长的历史其实就是不断雕琢自己身体的历史。这种女性生存状态说明了一

---

① 苏红:《多重视角下的社会性别观》,上海大学出版社2004年版,第119页。

个事实：在男性占主导地位的社会中，女性的行为模式是以男性的行为取向为依据的。男性文化始终是社会的主流文化这一事实依然没有改变。

广大女性对塑形美体内衣的热衷，也可以理解为"一种在权利控制下对身体的规范"，它表明"一种社会的性征化，为了能被社会接受，我们不得不使自己具有性吸引力，以适应这个社会的性经验机制"。[1] 从消费文化的角度看，苗条的体形更多地与个人幸福、社会成功和社会接受程度等自恋目的相吻合。大众传媒控制下的商业社会，不断地制造各种类型的"身体时尚"以刺激人们的消费欲望，无论屏幕上推陈出新的形象，还是生活中无孔不入的广告，苗条而富有曲线感的女性身体必不可少。在塑身广告不断地诱惑和鼓励下，人们感觉到个人的生活基本上失去对自我的主宰，禁不住想通过对身体的塑造找回自我。这一切都在权利的运作之下，具有相互冲突的多个层面上的价值。塑身者在获得苗条身材的同时，也压制了自身的欲望。所以，"塑身"不仅是权力微观运作的体现，而且是晚期资本主义文化的产物。从这个意义上说，它说明了妇女在一个根据父权制价值观组织的社会中的从属性价值。

三 "内衣外穿"等流行现象分析

在人类历史的发展进程中，男性的审美主体价值追求和价值创造，使女性很容易被物质化、客体化，误导了女性对于美的种种认知。事实上，日常生活中大多数女性形象并不符合男权文化确立的审美标准，以致中国有如此多的行业通过让女性确信自己长得不够标致而盈利。从西方传入的隆胸术、束腰、贞节带和传统中国的裹小脚一样，正危害和摧残着女性健康。它们在不知不觉中让现实生

---

[1] 黄华：《权力，身体与自我——福柯与女性主义文学批评》，北京大学出版社2005年版，第110页。

活中的女性对标准化的"女性美"望尘莫及,进而自惭形秽。隆胸和中国古代的束胸尽管社会用心截然相反,但都是以损害女性自然的外貌特征为代价,以人工手法对女性肉身不断挖掘、修理,让自然赋予女性的躯体不断被修剪成为男人们称道的形态。更悲哀的是,当下女人们的隆胸、塑形都完全出于自觉自愿。在所谓尊重人的意愿的前提下,做着违反自然、违反人性的事,危害当然也就比强制更大。

美国社会学家约翰·奥尼尔将人的身体划分为两种:生理身体和交往身体。这种划分试图表达人的所谓的"自然"身体实际上都是通过一种"文化移入"的形式被构建出来的观点。在对身体的"文化移入"中,女性的身体显然比男性的身体受到更多的"关照"。对女性美的品鉴标准虽然因人、因时、因地而异,但在女性主义审美视域中,女性也是审美主体,其心有多大,审美的舞台就有多大。挣脱男权社会性别意识的枷锁后,女性人生的魅力将会是无穷的。眼下内衣外穿、T字裤、透视装的流行,可以说是女性自我意识的一种觉醒,对传统观念的一种宣战。

(一)"内衣外穿"现象分析

内衣穿着方式的变化在某种程度上反映出社会发展的基本趋势,同时也是人们对内衣态度和心理需求转变的真实反映。内衣刚刚产生的时候,是为了遮掩,出于女性对性器官的羞耻心理。然后,随着社会的发展,如今内衣所起的作用却恰恰相反,体现了一种欲盖弥彰的美。"内衣外穿"是近年来人们对内衣穿着方式的又一种新的尝试。所谓"内衣外穿",包括两方面内容,其一指将内衣作为外衣穿着,其二指将本不应该外露的内衣外露穿着。内衣外穿,展示女性的体态美,现已成为一种时尚。

露背装的流行,再加上受T型台上模特的影响,越来越多追求时尚的女性开始抛弃内衣,解放身体。21世纪流行一种"无胸罩风貌",这刚开始只是存在于T型台上,是在时装模特中时兴起来的。

后来生活中的女性也慢慢地受到了影响。一直崇尚以自然为美的法国女性率先引领不戴胸罩的潮流。她们认为，不穿内衣才有舒服的感觉。无胸罩风尚吹来的是摆脱胸部束缚、解放自我的回归自然之风。美国女性向来以新潮、开放著称，她们也推崇让乳房自由发展，而不是用胸罩来束缚它们。许多崇尚自然、返璞归真的国家，早就有天体营的团体出现。

内衣对外衣的颠覆，是蓄谋已久的事情。有资料是这样记载的：1902年，文胸第一次出现在人们的视野之中；1905年，内衣界产生了第一件杯型文胸；1923年，文胸上开始有了花边和刺绣的装饰；1926年，文胸没有了吊带；20世纪六七十年代，流行超短裙和骨感美人。也许这证实了女权主义的一个口号：不再取悦男人。于是内衣不再固守优雅的形式，女人们可以自由选择。渐渐地，进化到现在，只留下了文胸和衬裤。1968年美国小姐选美时，过激的女性主义者们曾一把火烧了摘下的乳罩。20世纪80年代，内衣外穿掀起了一阵狂潮。有直接穿着背心出门的，也有在高级套装下面直接穿内衣的。正因为装饰主义盛行，内衣才有了自我展现的机会。内衣外穿的最高水准就是与各种流行饰品搭配穿着。

内衣外穿一时间能这么火，最主要的一个原因就是由于很多影视名人出席盛会时穿着蕾丝内衣，这直接带动了世界的时尚潮流。然而在今天，内衣外穿的现象已经很普遍，而且内衣外穿的设计比起以前也较为收敛，已经逐渐融入了日常服装之中。其实早在半个世纪以前，欧美一些女明星就已经将内衣外穿，在荧幕上展示她们窈窕的身姿、优美的身体曲线。这引导着后面很长一段时间的时尚趋势，并且对后世的服饰习惯起着很大的影响。

持续流行的内衣风潮，被内衣外穿的着衣概念发挥得淋漓尽致。与外衣相比，内衣是比较纯粹地穿给自己看的衣服，所以，内衣的情感本质上是一种隐秘的快乐。内衣具有性的暗示，但是显然又不等同于性。从红肚兜到内衣林林总总的各种款式的演化，可以看出，如今女性对内衣的需求精益求精，显然已经不仅仅是肌体的需要。"女为悦己者容"的传统文化，在市场经济中不知不觉地被商家转化为妇女的主动追求。女性内衣正朝着日益性感、日益开放的方向发展。

（二）T字裤、透视装的流行

T字裤即"迷你内裤"，后片是嵌入臀部内的超细条设计。在内衣不再遮遮掩掩的这个过程中，最显露的，毫无疑问，是T字裤的爆发。T字裤，一些人又称它为"丁字裤"。提起丁字裤，大多数人认为那只是时尚的玩意，与自己远了点，而近年来这种情况却发生了变化。舞台上轻薄贴身服饰的盛行，也带动了内衣的变化，使过去被视为另类产品的丁字裤成为内衣市场上令人瞩目的流行焦点。如果说20世纪90年代第二肌肤内衣是一大堆样式朴素的米黄色附饰物，那么进入21世纪不仅仅突出乳房，也突出下肢——迷你裙的轮回和丁字裤的诞生。尽管认为丁字裤不舒服的妇女总是人数众多，但这并没有打消她们穿丁字裤的念头。丁字裤最重要的功能是：它消除了短裤在服装里的痕迹，满足了牛仔服和塑身长裤的现代风格要求。

早期的丁字裤大多强调性感风格，后臀丁字部位的波浪蕾丝或超细松紧带，在妩媚上做足文章，但也因此局限了消费人群。近年来随着女性对于内衣穿着舒服度要求的提高，加上无痕内衣的流行风潮，使得素面丁字裤开始流行。年轻姑娘经常穿丁字裤或丁字裤式的平脚管短裤，并且让它从长裤的裤腰或低腰裙的裙腰上露出。内衣品牌制造商清楚了解年轻姑娘的这种强烈的期待，于是开始在设计中以极端女性化为定位。Morgan品牌将秋季内衣定名为"爱情内衣"，Dim品牌推出"丁字裤的传说"系列，有7个不同的样式以适合所有体型。Variance品牌在Showit系列中推出第一款适应胸脯变化和增大的弹性接缝文胸，并且果断地与从长裤裤腰上露出的丁字裤的流行趋势相沟通。Surfant品牌推出主题"我什么都没有隐藏",我们从中重新发现在腰部具有性感的刺绣细节的款式。此外,配合时装界上衣往上缩、裤腰往下移的流行风潮,最近也出现了一种强调青春活力和休闲风格、小露丁字裤裤头的另类穿法。这种外露式的丁字裤,设计重点在裤头前后的特殊配件,或是单朵绣花,或是迷你缎带蝴蝶,或是在裤头露出 logo,展现出另一种内衣外穿的个性美。

几乎与此同时,"透明"也已成为不可抗拒的潮流——不只是时装,还有化妆、建筑、室内设计等。欧洲人一直认为透明的潮流是现代女性对严肃上班服的挑战。设计师 Alberta Ferretti 就曾这样说:"生活的压力似乎让人觉得透不过气来,所以我才会被轻盈的设计所吸引。这种感觉可以说是压力之下的解脱。"虽然透明装大多还停留于 T 台,但半透明的潮流还是使设计师们找到了摆脱怀旧潮流的途径。过去,透明性感的内衣,因普遍被视为情趣商品,使得许多"良家妇女"对这类商品只敢远观不敢亵玩,但拜透明刺青内衣所赐,透明性感的内衣就像所有其他服饰一样,成为流行单品。透视装(See-Through Look)就是流行单品中的一种。透视装的特征为着装者不穿或尽量少穿内衣,仅穿质地轻薄透明或镂空的外套。裸露风潮在 20 世纪 60 年代曾风靡一时,当时最为流行的是透明薄纱洋装。1964 年,美国设计师格雷奇率先设计出透明"居家衫"。1968 年,又演化出透明女衫。在 80 年代浓郁的复古风潮中,我们又发现了透明薄纱装的身影,它的代表——雪纺衫,在各种被再度标举的 80 年代重要流行元素中,最引人入胜。近年流行的透明雪纺衫所诠释的风情抛弃了 20 世纪 80 年代的婉约典雅,散发出一种肆无忌惮的狂野魅力,与 20 世纪 60 年代那颇具爆发力的性感风情前后呼应。

20 世纪 90 年代之前,透空风貌还只属于 T 台上的模特儿,普通女性即使看得目眩神迷,仍是有此心没此胆,无人敢在大街上尝试一下滋味。到 90 年代临近终了,确切一点说是在 1996 年至 1997 年的夏季,透明的衣料、透明的鞋("水晶鞋")、透明的包席卷大大小小的服饰店,街上的女孩转眼间变得通灵透明。但她们没有走极端,还不能完完全全"see - through",她们所展示的有限空间感代表了透空风貌与习俗的妥协。1998年夏季,"透"向"露"偏移。但透空风貌并未远去。从某种意义上说,内衣的情感本质上是一种隐秘的快乐。越来越多的时尚女人把自己的身体看作思想、精神、智能的载体,而非取悦男人的工具。

第四节 内衣广告的性别解读

"广告是一种商业推销手段,通过形象塑造来吸引目标消费群注意,以影响与引导人们的消费行为。"① 女性作为一种重要的审美对象,拥有特殊的魅力,自然成为传媒手中的王牌。尤其是在各类内衣广告中,被塑造得最多的就是女性形象。

女性身体在男权话语中呈零散化。当代广告以分割身体的策略,强调身体各个部分的魅力,进而构成身体的局部标准和审美观念。消费社会对女性身体提出了审美要求,即对女性身体的某些部位加以改正、突出或大力压缩。女性身体被分解为各个部分,并被加以精心改造、着力装扮。商业文化从满足男性感官需要出发,界定女性美,并利用这种"美"吸引消费者,影响女性大众。电视广告中,女性形象在某种意义上是通过作为主体的男性目光凝视而凸显出来的,女性成为被凝视的客体。观赏性成为评价女性的标准,外在美成为衡量女性价值的砝码。这些规范的美实际上是一种权力的话语形式,它代表的是男权文化和男性霸权。

在现代社会,女性形象所具有的不容忽视的商业价值、社会价值和审美价值被广告界和商家所运用。审视中国媒体广告,广告中

---

① 翟文盼:《解读电视广告中的女性形象》,《作家》2009年第2期。

的女性形象,大多依照男性价值与欲望而塑造,不仅表现了男性心目中"香甜而又不具威胁"的理想形象,又在诱导女性将此内化为对自身形象的自觉期待。可以认为,男性文化孕育了媒介模式,媒介模式反过来反映并强化了这种文化。女性形象一次次地被建构,成为媒体接收者潜意识中的行为导向。现代广告文化的基本特征在于"渗透性",它几乎无孔不入,"决定着广告受众主观偏好、商品选择","决定着广告受众对于世界、社会、人生的基本观念,还常常成为社会受众的行动指南"。许多行业,比如内衣,利用描绘"美丽"女性的狡猾广告,利用女性对自己不够"完美"所怀抱的不安全感和恐惧心,向人们热情兜售产品,从而获利。

一 品牌内衣广告分析

纸质出版物、影视、网络广告中的女性形象大都仍旧处在男权文化主导的权力架构和审美关系中。由于大众传媒的制作被男性控制,女性被符号化,以至于形成了一种刻板印象。不过,随着人类文明的不断进步,在女性的生存可以不再一味地依附于男性之后,新的性别文化时代大幕将启。

"仙黛儿"(Chantelle)创始于 1876 年,拥有百年以上的辉煌历史,是法国第一品牌内衣,被法国女人公认为"内衣界的天后"。如同法国女人有着女性主权思想与意识一样,仙黛儿也是从女性的角度思考,并创造许多极具话题性的产品宣传手法。它扮演着带领女性走出自我的激励角色,致力打造出属于全球女性优雅、自信且忠于自我的知性之美。

"维多利亚的秘密"是美国顶级内衣品牌,自成立那天起,公司的名字就一直成为充满魅力、浪漫、从容的女式内衣的代名词。完美的奢华感成就了女人的品位、挑剔与自我的坚持。"维多利亚的秘密"公司生产的最漂亮、最具浪漫情调的女式内衣,达到了不可思议销售记录,这也再次证明女人仍在追求那种能提高性感与自信感的知己服装。

"欧迪芬"以自信亮丽的女性美为诉求重点,强调婀娜多姿的曲线,推崇"健康、活力、清新"的设计理念,希求符合"自信的女人,选择欧迪芬"品牌精神,让每一位都市女性都能借助欧迪芬展现自我风采。

"都市丽人风"的广告语"要舒服不要束缚",体现了女性意识的觉醒。

"婷美真肤紧身衣穿上后立即合胯、立刻变瘦、立显美体,为你拢胸美乳、减腰收腹、合胯提臀、修长美腿。"这是婷美公司新产品广告中的一句广告语,事实上它真的像广告词中说得那么神奇吗?这就需要从那些有亲身体验的消费者身上找答案了。

古今胸罩的广告语是"一代天骄,王者之气;一戴添娇,无限妖娆"。从阳刚的男性风格,非常巧妙地转化成阴柔的女性风格。尤其适合女性内衣的穿着动作和上身效果,可以说是对接得非常完美。

思薇尔在台湾并不是名声最响的品牌,在内地影响也谈不上很大。但是它的广告语"玩美女人",无论是电视广告、街头海报,还是这句广告语本身,都成为中国内衣广告口水大战的导火索。这句广告词在台湾可以说是风平浪静畅行无阻,在大陆却引起了非常大的争议,最后在全国绝大多数地区被禁止刊登。对大陆主流的广告专家和学者而言,多数解读成"玩弄美女",可能引发不良的社会风气。结果,上海市工商局黄浦分局控告思薇尔公司,勒令停播包括在地铁的所有广告,并罚款20万人民币。理由是广告词中"玩美女人"的词语搭配,极易误导观众产生"玩弄美女"的不良印象,有悖于社会主义精神文明所倡导的社会良好风尚。思薇尔南海服装有限公司副总经理刘达君则表示,"玩美女人"是新文化体现,意思为玩美的女人,也可以解释成"完美女人",无法接受上海市工商局黄浦分局的处罚,并称该广告在其他地方均无问题。即使在大陆的法律当中,有关的法律也没有清晰界定。按照法律不禁止即可以做的原则，刘达君认为，该广告不存在任何的问题。随着这句广告语掀起的广泛争论，思薇尔的名声在大陆，尤其是女性知识分子这个阶层，得到了最广泛的传播，达到了意想不到的用金钱打广告也做不到的效果。

浪莎的广告语"不只是吸引"，给人感觉意味深长，充满想象力，制造神秘感，尤其吻合女性心理。仿佛告诉你，不只是吸引，还有更多，实力、感情、质量、爱情、冒险、诗意等，有无穷的想象和发挥空间。

在这些广告中大部分隐藏的思想仍然是对男权制度的维护，女性充当的只是男权文化的装饰性符号。广告影响与引导着人们的消费，潜移默化中也影响着人们的价值观念、生活方式乃至社会风气。而广告中女性形象塑造的种种误区会产生相应的价值导向作用及社会负面效应，影响社会对现代女性的认识和评价，影响人们对两性平等原则的尊重和倡导，影响女性地位的全面改善和提高。

二 软广告的文本分析

软广告是指广告主并不直接介绍商品、服务，而是通过在报纸、杂志、网络、电视节目、电影等宣传载体上插入带有主观指导倾向性的文章（特定的新闻报道、深度文章、付费短文、案例分析等）、画面、短片，或通过赞助社会活动、公益事业等方式来达到提升广告主企业品牌形象和知名度，或促进广告主企业销售的一种广告形式。

在电视媒体的很多内衣广告中，都是女主角穿着性感的内衣向众人展示着肢体美，似乎穿了这类内衣就能和广告中的美女一样性感。三源美乳霜的广告语是"做女人'挺'好"。女人的美由两个方面构成，一个是形体上的美，另一个是自信产生的美。三源美乳霜用产品来促进女性形体上的美，并用这样一句给女性充分自信心的话"做女人挺好"来促进女性心理上的美。

一些广告把女性身体肢解化，以女性本身暗示商品特质，损害了女性独立健康的形象。德高家具广告把家具与女人并列为三宝，把女人降低到物的水平，公然宣称："现代家庭有三宝：娇妻、美子和德高。"广告中把女性单纯地当作一种"性"对象进行渲染，以迎合一些人的低级趣味乃至阴暗心理。女性成为商业文化的载体，沦为一个符号、一种包装乃至一个卖点，在大众审美中被消费。只有靠青春美貌与魔鬼身材才能吸引男性，她们已没有了自身存在的社会价值，一切依附于男性这一主体，靠色来维持在男权社会的立足之地。如某洗发露的广告词"某某洗发露，留住你的青春，留住他的目光"，某丰乳广告词"挺不起胸，怎能抬起头"，这些词语常常俗不可耐，极端地贬抑了女性的形象。亚运新新家园的一则平面广告上，一位年轻"斑马美女"侧身躺在绿油油的草坪上，文案为"自然冲动"，显然为暧昧话语。

作为一句日常用语，"没有什么大不了"显示出一种洒脱，一种成竹在胸的雅量和霸气。这个广告语是丰韵丹美胸胶囊的，同样适用女性内衣。

三源美乳霜的广告语"做男人无法一手掌握的女人"，有双层含义，一指女性的胸围足够大，让男人无法用一只手抚摸覆盖；另外一个含义，就是女性不再作为一种附属品，上升到与男性对等的甚至超越的地位，既然他无法一手掌握，那就需要更大的手，或者更多的手，那么女性就真正解放了。

在习惯以男性为消费对象的广告中，商家则使用漂亮、性感的女模特吸引或暗示男性，一些拍摄手段和表现手法也刻意突出女性的性感部位、性意义。例如，特写镜头对某些部位的追逐，模特服装的薄露透，一些广告词的直截了当，一些构思挖空心思耐人寻味，都在着意突出女性的性感部位。此时，女性充当的仅是招徕消费者的角色。

三 内衣秀的流行

内衣隐藏在外衣之内,不示于人前。内衣秀让内衣从"幕后"走到"台前",成为一种雅俗共赏的艺术。"秀"起源于英语的"SHOW",意思是展示,内衣展示会或发布会,其潜台词就是"露"。在20世纪90年代,"内衣秀"专指服装商家聘请模特身着女士内衣,进行公开的内衣促销演出。目前的内衣秀主要是通过模特走秀的方式展示内衣的欣赏性。伯杰曾经说过:"男性观察女性,女性注意自己被观察。这不仅决定了大多数的男女关系,还决定了女性自己的内在关系。女性自身的观察者是男性,而被观察者为女性。"[1] 内衣秀一出现,就以其性感、奢华、靓丽的风格风靡整个时尚界,引领了时尚的风潮。内衣秀集性感、时尚于一身,展现了女人深层的美感。内衣秀体现了内衣文化的张扬,"性感"的凸显和"性"价值的自然化,这些方面所起的作用远远超越经济和文化本身。内衣秀,是品牌推广的一个重要手段。从长远看,能提高品牌的知名度,树立品牌形象,从短期看,能带动销售,提高销售额。举办内衣秀,最重要的是要把握好内衣秀的出发点、受众群,同时在操作过程中要坚持科学、规范的原则,创新但不出格,通俗但不低俗,商家在通过内衣秀拉动市场、带动促销的同时,也必须"行之有理","理"就是社会道德规范。只有这样,才能将内衣秀真正做到雅俗共赏。

1998年北京上演了中国内地第一场商业"内衣秀",将原本小范围展示的"内衣秀"公开在众目睽睽的公众场合。此后,全国各大城市"内衣秀"接连不断,每一场几乎都能引来成百上千的观众。到2001年,"内衣秀"演出如火如荼。在这一年里,中国部分商家操起了"此衣是我卖,此台是我摆,只要你敢露,送你作秀财"的

---

[1] [英]约翰·伯杰:《视觉艺术鉴赏》,戴行钺译,商务印书馆1999年版。

口头禅,一窝蜂地举起了"内衣秀"这把温柔刀。4月初,北京进行了"黛安芬梦醉霓裳内衣秀"演出。随后,该演出队在全国30个城市巡回演绎了200场,时间长达3个半月,行程长达2.5万公里,被上海大世界吉尼斯总部授予"行展数量最多的时尚内衣秀"称号。这一称号将"内衣秀"推向了一个新高潮。从初夏到年尾,北京、武汉、南京、深圳、济南、成都,到处都是"内衣秀"表演。当人们对模特的"作秀"司空见惯时,有的商家打起了消费者的主意,以配送内衣为诱饵,要求接受者穿配送的内衣内裤在卖场走一圈。随后,这种有消费者参与的"内衣秀"又在各地被普遍翻版,而且态势有过之而无不及。

"内衣秀"最大的观看者是男性,而其最大的消费者却是女性。"女性的裸与美,美与肌肤、容颜的关系,依然是现代传媒商家大做文章的领域。"[①] 用商家们自己的话说,"内衣秀"之所以火爆,不仅仅在于它满足了一些人的好奇心,更在于其带来的巨大经济效益。

对此,舆论界见仁见智。有人认为,商家打的这种擦边球应称之为准色情。这种在街上或店堂里的"内衣秀"不仅侮辱了妇女的人格,也有违社会的良好风尚。也有人认为,内衣辩证地从历史走到今天,社会文化大环境影响人们的审美意识,这是商家经营方式的自由选择与社会文化大环境之间的一个矛盾。在古希腊,人们就认为裸体最美,认为健壮的体格、优美的身段是很美的人体艺术。现在也不必把"内衣秀"看作洪水猛兽。更有人认为,在现在的审美意识中,女性的胸乳具有了更多的审美的内涵,因为女性的生殖责任正在不断减弱,而自我张扬的个性化进一步加强。内衣已经没有"亵"的概念,而是作为性感显现的一个十分重要的部分来体现女性的魅力。但到2001年下半年,随着"内衣秀"的逐渐变味,谴

[①] 艾晓明:《那一盆泡了两千年的洗澡水——"苏娜娜与长老"或裸女沐浴的原型及演变》,《妇女研究论丛》2003年第1期。

责之声逐渐多了起来。有的女士指出:"买内衣不是值得招摇的事情,因为内衣本身就有很强的私密性。事实上,内衣的款式、质地都需要较长时间的精心挑选。如果在专柜,不仅有充裕的时间,还会有专业的销售人员根据你的身材、年龄等特点加以推荐,这样更能买到合适的。"有的专家指出:"'内衣秀'是在借商品推销之机,传播性感刺激和低级趣味的生活方式。它利用人性的弱点,激发性唤起,引诱性犯罪。毫无疑问地具有出卖色情、出卖色相的成分。"

也有专家表达出另一种担忧,指出"内衣秀"可能会对青少年的成长产生负面影响,因为孩子的自制力和认知力有限,"内衣秀"严重影响了孩子的审美观。很多国家对"内衣秀"管得很严,规定只能在夜总会或专业的服装展示会上展出,不允许进入商店、街道等公众场合,在大街上搞就是色情活动,是要被查的。2002年年初,天津市文化市场稽查队发出通知:从该年2月起,商场要举行"内衣秀"等促销演出,必须经过有关部门批准,如果"商场未经允许而擅自举办此类活动,将由文化部门予以取缔,没收违法所得,并处以违法所得的3至5倍的罚款。没有违法所得的处以5000元以下的罚款"。与天津相比,北京则显得比较宽容。3月中旬,北京展览馆连台演绎了多场"内衣秀"。对此,北京有关部门表示:目前我们尚无明确政策法规加以限制,但是不排除以后对此问题进行调研,并作出某种规定的可能性。也有的舆论指出,我国的性教育和性知识普及是一个应引起有关部门高度重视的问题,愚昧和少见多怪,必须走向另一极端,因噎废食的举措缺乏真知灼见。

第七章

电视亲子节目的性别分析

第一节 亲子节目概述

一 亲子节目的概念

"亲子节目"也叫亲子真人秀节目,主要是以父母和孩子为呈现对象,这是该类节目留给大众最直观的印象。关于亲子节目的具体概念,张乃瑜在其硕士学位论文《〈爸爸去哪儿〉的叙事学分析》中将其定义如下:"亲子真人秀是以家庭成员为参与者,以完成某项任务为目的,通过在已设置的规定情境中参与者的表现,来体现孩子与父母、他人、社会环境的关系的真人秀,其中又着重关注亲子关系与亲子沟通,在为大众充分体现儿童童趣、提供娱乐的同时,更由于其中关于教育方式理念的传播,从而引发观众对亲子关系、育儿及教育方式等多方面的重新思考。"[1] 这个定义比较完整,据此,有关亲子真人秀节目的特点可以总结如下:首先,必须有家庭成员的参与;其次,要表现亲子双方的互动和沟通;最后,亲子节目在娱乐大众的同时,必须注重亲子教育问题的传播和导向。根据

---

[1] 张乃瑜:《〈爸爸去哪儿〉的叙事学分析》,硕士学位论文,华中师范大学,2014年。

以上分析，对亲子节目的辨别有两点需要注意：一是亲子节目不等同于少儿节目。少儿节目以儿童为表现重点，或是儿童之间的游戏，或是儿童的才艺展示，这类节目缺少父母的参与。二是亲子节目不等同于成人类访谈节目，比如某些父母或专家坐在一起讨论亲子教育的谈话节目。"亲子"必须是孩子与父母互动、沟通，割裂二者就失去了亲子节目所具有的意义。

二 国内亲子节目的发展

我国最早的亲子节目雏形是2003年深圳卫视推出的大型娱乐节目《饭没了秀》。此节目以儿童语言为笑料，突出"家庭秀"这一概念，以真人秀为节目的核心，重点表现儿童的童言无忌。《饭没了秀》分为周五版和周六版，周五版又称为《宝贝赖上大明星》，周六版又称为《魔力宝宝找妈妈》。按照亲子节目的定义，只有周六版的《魔力宝宝找妈妈》才可称为亲子节目。该节目会设置一系列的任务，真实记录儿童在任务中快乐搞笑的行进过程，并且通过异地孩子互换、异地寻找妈妈等不同主题形式的策划，在不同地区不同语言、文化、饮食等多方面的环境中，记录儿童在完全陌生的环境下的所见所闻，从而加强孩子们的社会责任感、安全意识感、独立自信心和团结协作性等多方面能力，以一种轻松欢快娱乐的气氛来培养儿童的成长励志心态。继《饭没了秀》后，2008年至2010年，也有四档亲子节目推出，这些节目都不是在重量级的电视台播出，2008年的《宝贝星计划》在北京卡酷动画卫视播出，2012年停播；2008年年底浙江电视台民生休闲频道推出的《我老爸最棒》则一直持续至今；2009年江苏广电总台优漫卡通卫视推出的《我爱饭米粒》，节目虽几经改版，但也一直播出至今；最后就是2010年中国教育电视台推出的《成长不烦恼》，在2013年年底完结。在这几年中，亲子节目虽未完全淡出大众的视野，但在社会中也未引起大的影响和关注。直至2013年，亲子节目的市场才真正打开。据统计，从2013年3月开始，直至年底，相继有 11 档亲子节目播出，而 2014 年各大电视台相继有 23 档亲子节目推出。因此，2013 年是亲子节目的高涨期。

亲子节目以其独特的形式和积极的价值观登上了电视荧屏，除了自身独创形式外，还有部分节目是从国外引进的。这 23 档亲子节目，共有 6 档是引自国外的。其中厦门卫视的《老爸拼吧》引自英国《My Dad Is Better Than Your Dad》节目，湖南卫视的《爸爸去哪儿》以及香港 TVB 的《爸 B 也 Upgrade》引自韩国《爸爸！我们去哪?》节目，青海卫视的《老爸老妈看我的》引自日本《我家宝贝大冒险》节目，而央视一套的《宝宝来啦》则引自美国亲子类节目收视冠军《Bet On Your Baby》。不管国内推出的亲子节目是本土的还是引进的，大部分的节目都获得了较高的收视率，同时也给大众带来了欢乐和思考。

三　亲子节目的分类

从 2003 年的《饭没了秀》至今，在各大省会、卫视电视台共有 23 档亲子节目，这些节目大致可分为五类，分别是亲子益智游戏类、亲子励志成长类、亲子生活体验类、亲子情感教育类以及亲子角色互换类。从参与主体上看，可分为四类，分别是以家庭为主、以孩子为主、以爸爸为主以及以妈妈为主。具体列表如下：

表 7—1

序号	节目名称	播出时间	类型	参与主体	播出方式
1	饭没了秀	2003 年 12 月 27 日至今	励志成长	孩子	户外+演播厅
2	宝贝星计划	2008 年 4 月—2012 年 9 月 8 日	益智游戏	家庭	演播厅
3	我老爸最棒	2008 年 12 月 21 日至今	益智游戏	爸爸	演播厅
4	我爱饭米粒	2009 年至今	励志成长	孩子	户外+演播厅
5	成长不烦恼	2010 年 12 月 22 日—2013 年 10 月 8 日	情感教育	孩子	演播厅

续表

序号	节目名称	播出时间	类型	参与主体	播出方式
6	中国亲子秀	2013年3月25日	角色互换	爸爸	演播厅
7	宝贝你怎么看	2013年3月29日—2014年7月8日	益智游戏	家庭	演播厅
8	老爸拼吧	2013年6月1日—2014年5月31日	益智游戏	爸爸	演播厅
9	人生第一次（1）	2013年7月17日—2013年10月16日	励志成长	孩子	户外+演播厅
10	爸爸去哪儿	2013年10月11日至今	生活体验	爸爸	户外
11	好爸爸坏爸爸	2013年10月11日—2014年1月3日	情感教育	爸爸	户外
12	我家有梦	2013年10月12日—2014年4月4日	益智游戏	家庭	演播厅
13	老爸老妈看我的	2013年10月13日—2013年12月15日	励志成长	孩子	户外+演播厅
14	星星知我心	2013年10月23日—2013年11月20日	生活体验	家庭	户外
15	宝宝来啦	2013年11月10日—2014年6月1日	益智游戏	家庭	演播厅
16	爸B也upgrade	2013年12月9日—2013年12月19日	生活体验	爸爸	户外
17	宝贝大猜想	2014年1月2日—2014年3月27日	益智游戏	家庭	演播厅
18	人生第一次（2）	2014年1月11日—2014年3月29日	生活体验	家庭	户外
19	宝贝大赢家	2014年4月4日至今	益智游戏	家庭	演播厅
20	爸爸回来了	2014年4月24日—2014年7月3日	生活体验	爸爸	户外
21	爸爸请回答	2014年6月24日—2014年9月16日	角色互换	爸爸	演播厅

续表

序号	节目名称	播出时间	类型	参与主体	播出方式
22	妈妈听我说	2014年6月29日—2014年9月28日	情感教育	妈妈	演播厅
23	爸爸回答吧	2014年7月17日—2014年9月25日	角色互换	爸爸	演播厅

通过以上表格，各类型的亲子节目分布如下：

表7—2

节目类型	节目数量
益智游戏	8
生活体验	5
励志成长	4
情感教育	3
角色互换	3

表7—3

参与主体	节目数量
家庭	8
孩子	5
爸爸	9
妈妈	1

益智游戏类的亲子节目主要在演播厅进行，节目通过设置一系列的游戏任务，按照游戏规则，或由父母孩子单独完成，或由父母和孩子合作共同完成。游戏的种类也有很多，有表现父母和孩子的默契程度的，如《宝宝来啦》《宝贝大赢家》等；有表现爸爸的勇气和力量的，如《我老爸最棒》《老爸拼吧》等；也有表现孩子的智慧的，如《我家有梦》。通常是好几组家庭共同竞争、比赛，由于

结果不同,参赛家庭会受到相应的奖励和惩罚。

四 亲子节目的性别总述

通过上述对亲子节目进行的分类,不难发现:首先,亲子节目对男性或者说父亲的角色给予了更多的关注。从节目类型上来说,亲子益智游戏类节目设置了一系列的游戏和任务,这些游戏从某种程度上是为男性设置的,因为它们可能要耗更多的体力,如此一来,男性成为游戏的主要参与者,女性的角色则是在台下为丈夫和孩子加油,最具代表性的就是亲子节目《老爸拼吧》。而部分亲子生活类节目则直接将女性排除在外,专门对爸爸与孩子的相处进行实拍记录,从而表现父亲角色的缺失,如《爸爸去哪儿》《爸爸回来了》。从节目参与主体的分布情况来看,以"爸爸"为主的节目明显多于以"妈妈"为主的节目。其次,亲子节目在表现家庭生活时,通常都是妈妈出镜,这尤其表现在亲子励志成长类节目中。孩子第一次单独出去冒险或者说完成任务时,节目里的镜头中只有妈妈在场,妈妈或劝说,或鼓励,宝贝们最终在与妈妈依依不舍的情境下勇敢地迈出了第一步。最后,亲子节目在呈现爸爸和妈妈的形象时,也是有区别的。爸爸们参与的亲子益智游戏类节目要多一些,而妈妈们参与的亲子情感教育类节目则要多一些。以上三点,是对亲子节目进行性别视角分析的前提,正是由于以上现象的存在,才引发了笔者对亲子节目的性别价值观进行思考。但之所以选择以湖南卫视的《爸爸去哪儿》为例,其中有两个方面的原因。

第一,从节目类型来说,《爸爸去哪儿》属于生活体验类节目,从某种程度上说,生活体验类节目涵盖了另外四种节目类型。在生活体验类节目中,也会有游戏比赛,也有孩子们第一次单独出去完成任务,同时还伴随有亲子情感教育以及角色互换等环节。因此,生活体验类的亲子节目涵盖的内容丰富多样,并且具有概括性。而在 5 个"生活体验"类的节目中,以《爸爸去哪儿》最具有代表性。

第二,从参与主体来说,亲子节目把更多的焦点对准了父亲这一角色,亲子节目引发的亲子讨论也基本上与父亲在教育方面的缺失有关。并且,亲子节目中以爸爸为主体的节目有 9 个,而以妈妈为主体的节目却只有 1 个。除了数量上的巨大差距以外,在节目内容和形式上也有很大差别。以爸爸为参与主体的节目,涉及益智游戏、情感教育、角色互换、生活体验等多种类型,而以妈妈为参与主体的节目却只有一种,就是情感教育类。这也在一定程度上说明了亲子节目的性别意识,男性——或者说父亲是亲子节目最主要的表现对象。《爸爸去哪儿》将亲子节目与社会对爸爸的关注推至了顶点,其热播、热评与热议就是对此最好的证明。

由于《爸爸去哪儿》中的爸爸们都是明星,是公众人物,因此,他们的言行与表现将更具有社会影响力。媒介的霸权在星爸们的言语行为中不露痕迹地表现出来,它建构着社会的主流价值观,也建构着大众的性别意识。下面,我们将对《爸爸去哪儿》进行性别视角的分析解读。

第二节 对《爸爸去哪儿》的性别解读

一 父爱神话的打造

亲情是人类之间的一种很奇妙也很复杂的感情,父母与孩子之间的感情就是其中最重要也是最受人重视的一种。在孩子的成长过程中,父爱、母爱都是不可或缺的。然而由于男权制社会现实的存在,父爱、母爱的作用和影响却存在着巨大的反差。中国传统社会中所表现的母爱都是无私的,"母亲的自我牺牲精神被归纳为一种伦理学模式,这种模式将女性的母爱天性演化为一种自觉的无条件的责任感"①。因此，谈到母爱，母亲在孩子成长过程中的付出和牺牲，就被认为是理所应当的。在这种亲子教育模式下，父亲是缺席的，也正是基于此，才有了《爸爸去哪儿》的主题和市场。《爸爸去哪儿》宣扬父爱的回归，节目总导演谢涤葵曾表示："亲子问题是关系到祖国未来一代健康成长的大事。现在较为普遍的问题是，一些父亲往往忽视甚至放弃自己的教育责任，使孩子所受到的父性教育严重不足。"② 父爱的缺失，父性教育的不足使得父亲和孩子的相处成为大众的关注热点，同时也使父亲这一角色在教育中的作用引起热议。尽管缺失，但社会依然将其置于至高无上的地位，其重要性仍然不容忽视。而正是由于《爸爸去哪儿》的热播，让父爱的神话得以创造，下面我们将从三个方面来论述父爱神话的建构过程。

（一）父爱缺位的认可

现实社会中的每个人都有多种身份，都在扮演着不同的社会角色。社会角色是指"与人们的某种社会地位、身份相一致的一整套权利、义务的规范与行为模式，它是人们对具有特定身份的人的行为期待，它构成社会群体或组织的基础"③。身份不同，社会角色的定位也会不同。一个女性可以是女儿、妻子、儿媳、母亲以及社会职务所规定的角色，同样，一个男性可以是儿子、丈夫、女婿、父亲以及社会职务等角色。男权社会中，女性要做好前四种角色才能被认可，而男性则只要做好最后一种就算是成功的。在男性众多的角色缺失中，要数父亲这一角色的缺失最严重，影响也最大。《爸爸去哪儿》让父性教育这一话题广泛地进入人们的视野，并引发社会对此的讨论。

---

① 王虹艳：《解构"母亲神话"与重建"母性关怀"——切入女性文本的一种视角》，《辽宁大学学报》（哲学社会科学版）2003年第2期。
② 《湖南卫视关爱亲子〈爸爸去哪儿〉温情发声》，2013年9月3日（http://ent.qq.com/a/20130903/010981.htm）。
③ 程世寿、胡继明：《新闻社会学概论》，新华出版社1997年版，第59页。

从节目名称上来看,选择"爸爸"为节目的参与主体就已经将父亲这一家庭角色引入思考的范畴。为什么是爸爸,而不是妈妈呢?很多人都会有这样的疑问。从节目嘉宾的选择以及嘉宾自身的独白来看,无论是第一季还是第二季,几位爸爸都是各行各业的明星,有影视界的,如郭涛、吴镇宇;有体育界的,如田亮、杨威;有歌手,如林志颖、曹格;还有模特界的,如张亮。他们注重事业,并且在各自的领域都很有成就,这种成就的背后就是牺牲了自己的父职。在提及为什么参加这档节目时,他们都纷纷表示因为常年忙于工作,很少有时间陪伴孩子,《爸爸去哪儿》给了他们一个可以跟孩子相处的机会,可以让他们真正地做一次爸爸。节目想要表达的以及爸爸们的这种充满自责和带有歉意的独白让父性教育,或者说父爱的回归得到大众的共鸣。

随着节目的播出,收视率的高涨,父爱的缺失得到了前所未有的回馈。据中国教育新闻网和《中国教育报》报道,在记者的采访中,超八成的受访者认为父亲教育缺失;2013 年"10 月,重庆晨报永川读本舆情调查中心,对 2180 名重庆市民进行了一项有关家庭教育中父亲教育状况的调查,结果显示,81% 的受访市民感觉当前社会父亲教育缺失现象普遍,其中,24% 的人觉得非常普遍,57% 的人觉得比较普遍"①。同时,这些受访者也表明了父亲教育缺失的原因,"61% 的受访者认为是因为父亲'加班应酬多,无暇顾及孩子';44% 的人将原因归咎为'回家晚或少,没时间参与互动';39% 的人觉得是'观念有问题,认为教育只是母亲的事';37% 的人直指当前不少父亲'缺乏责任感,不愿承担义务'"。从以上数据可以看出父性教育缺失的程度以及它所引起的社会反思。

节目的播出、社会的讨论,父性教育的话题占据了主流位置,父爱的缺位也迅速得到大众的认可。这种认可是一种主流意识形态

---

① http://news.xinhuanet.com/edu/2014-01/09/c_125979687.htm.

下的认同感,也是一种主流价值观的默许,即对"男主外,女主内",男女两性公共领域与家庭领域二分法的认同。这种认同确立了男性的主体地位。"'主体是在话语内生产出来的'。这一话语的主体不能身处话语之外,因为它必须在话语中被主宰。它必须服从于话语的规则和惯例,服从于其权力/知识的处置。主体能成为话语所产生的知识类型的承载者,它能成为权力通过它而得以传递的客体。"① 主体只有在话语内才有其自身存在的价值和意义,话语之外没有主体。也就是说,话语建构了有意义的主体位置,个人只有认同话语所建构的这些位置,并使自己成为这一权力/知识的主体,才能有意义。在《爸爸去哪儿》这一话语范畴内,在父爱缺位的话题中,男性拥有绝对的话语权,女性或者是母亲在这一节目中是没有话语权的,是处于无声的状态。在父爱缺失的情况中,母亲的声音被覆盖了。这种覆盖承认了以下事实:第一,父亲所说即是全部事实;第二,对父亲所言说的内容表示理解和赞同。

同时,这种认同还巩固了男性的权力。福柯认为,话语即权力,权力是通过话语来实现的。"在当前已有的文化传统结构中,男性操纵了话语权,制定了人类生活中的一切范式,他们通过'话语'来实现自己的权力。女性生活和存在于男性所创造的逻各斯中心主义文化陷阱中,处在话语的边缘地带,无法进入'话语'圈。在'话语'权力分配失衡的情况下,女性没有也无法形成自己的话语体系,只能按照男性的逻辑说话。正是男性对话语权力的绝对控制,使得女性的声音受到长期压抑或者销声匿迹了。"② 话语再现权力关系,"话语'说什么'、'怎么说'、'以什么身份说',即其内容、形式和倾向内蕴着权力,而这种权力关系的系统再现则成为

---

① [英]斯图尔特·霍尔:《表征——文化表象与意指实践》,徐亮、陆兴华译,商务印书馆2003年版,第56页。
② 刘利群、曾丹娜、张莉莉:《中国媒介与女性研究报告:2005—2006》,中国传媒大学出版社2007年版,第194页。

了意识形态。"① 《爸爸去哪儿》制造了父爱缺位这一话题，这一话题是由男性或者说父亲来进行表达和陈述的，男性对这一话题拥有操纵权，他们从自身的角度对父职进行了反思，同时也表达了他们的歉意和无奈，从而构建了一个常态下的"男主外、女主内"的家庭生活模式。这样，不论是在家庭中，还是在工作上，男性都拥有主动权，他们有权力决定一个家庭应该是什么样的，也有权力决定一个社会对男女两性的角色分工和认知。这些明星父亲们的妻子在影视圈内也都小有名气，原本也都有自己的事业，即使如此，她们也难逃"正常"的家庭生活模式和社会角色分工。在父爱缺位话题中，她们被理所应当地看作那个为家庭为孩子的付出者和牺牲者。就像社会所认为的那样，家庭和孩子才是一个女人最重要的存在价值。

（二）父爱母爱的博弈

父爱缺位的热议让父爱回归成为当下社会的热烈呼唤，于是，亲子教育中父亲的重要性与不可或缺的地位得到社会各方面的强调。在户外亲子真人秀节目《爸爸去哪儿》中，五位爸爸单独带着孩子在一个完全陌生甚至条件还很艰苦的环境中进行两天一夜的生存大考验，这种父亲与孩子的相处方式无疑是对父职一角的检验与考察。节目将地点放在户外，同时设置一系列的游戏与任务，这种父与子的相处模式可以说与孩子在家跟母亲的相处方式是大不相同的。即使节目设置了一些看起来平时是母亲所做的事，比如做饭、给孩子洗澡、哄孩子睡觉等，但是他们所处的环境依然是公共性质的，不是私人家庭领域的。节目的整个过程更像是游戏，"在这种类似野外的环境中，节目人为地剥夺或者限制家庭成员的生活资料，让他们置身条件拮据的环境中展开生

---

① 王虹艳：《解构"母亲神话"与重建"母性关怀"——切入女性文本的一种视角》，《辽宁大学学报》（哲学社会科学版）2003 年第 2 期。

存体验和与大自然的认知互动，这其实又把规定情境进一步深入到游戏的规则框架中"①。在这种游戏的环境中，不管是大人还是孩子，感受最多的应该是新鲜与刺激，而这种感受在日常的家庭生活中是体会不到的。一般认为孩子与父母亲不同的相处方式对孩子会有不同的影响，从育儿专家的点评中，从媒介所表现的孩子与父母亲不同的相处方式中，这一观念都得到了体现。《中国教育报》曾报道过一位专家有关父亲教育的观点，这位专家认为，一个父亲对孩子的性格和智力的影响体现在四个方面："第一，父亲更善于把孩子引向外部世界。同样是做游戏，母亲喜欢进行一些安静的、柔和的游戏，而父亲则更多地带孩子进行一些运动性、冒险性、探索性的游戏。第二，父亲能帮助孩子了解性别角色。如果男孩在向父亲学习方面受到阻碍，男孩常常会表现出更多女性化的趋向。同样，女孩也会从父亲身上了解很多男性的特征及品质，在与父亲的相处中使自己性格更开朗，更具有探索、独立等精神品质。第三，父亲会影响孩子的情绪情感。如果父亲在养育婴儿的过程中是积极的，那么孩子对陌生人的态度就比较友好。孩子的父母如果能经常分担育儿的责任，那么孩子便习惯于父亲或母亲的离开。第四，父亲影响孩子的认知和思维。研究显示，6 岁的儿童在父母离异而缺乏父爱的两年后，其认知能力与完整家庭里的孩子存在差异。"② 这段话表明了父爱的重要性以及父亲教育不同于母亲教育之处，父爱与母爱的区别长久以来一直存在，而亲子节目的热播，尤其是《爸爸去哪儿》的播出使这种区别得到了强化。美国哲学家艾里希·弗罗姆在其著作《爱的艺术》中曾表示母爱是无条件的爱，而父爱是有条件的爱。他认为："如果辜负了父亲的期望，父亲的爱就会丧失。顺从就成为主要的美德，不顺从就是莫大的过失——这种过失的惩罚是父亲的

---

① 吴雨蓉：《一次真实感与戏剧感交错共生的收视体验——浅析亲子真人秀节目〈爸爸去哪儿〉的虚实建构特色》，《电视研究》2014 年第 2 期。

② http：//news.xinhuanet.com/edu/2014-01/09/c_125979687.htm。

爱被收回。那就是父亲的爱的本质。"① 在弗洛姆看来，母爱是自然，是大地，是海洋，是无私的付出，带给孩子的是温暖，是微笑，是和平；而父爱则是社会，是法律，是约束，"父亲是儿女的教育者，是儿女走向世界的指路人"②。这种看法与当下社会的一般看法基本一致，可以说，父亲对孩子的影响是通向外部世界的，并且能使孩子更具有独立性和探索性，而母亲对孩子的影响则与此相反。

亲子节目接受了这一意识形态观念，并且在节目内容和设置上倾向于再现这种观念。众多的游戏竞技类节目都是由父亲担当主体，如《我老爸最棒》《老爸拼吧》等，同时，由母亲担当主体的亲子节目却只在演播厅进行，并且是以情感教育为表达主题。《爸爸去哪儿》直接由父亲带领孩子离开家庭，离开母亲，进入外部世界，也即公共领域，并在这一过程中在大众面前，在孩子面前展现了他们面对困难和窘境时的决心和勇气，而孩子在节目中也同样得到了锻炼和成长，这种成长正是他们在家庭中，或者说在母亲的带领下可能无法实现的。节目的主题由此得到彰显，父亲和孩子的共同成长更加确定了父爱的伟大和重要性，也因此与母爱的区别更加明显。男性代表着理性、独立、社会、竞争等；而女性则代表着情感、依赖、自然、和平等。这些特征既是对男女两性的规范，也是对父性和母性不同特点的认识。如果承认了这种区别，就等于认可了男女两性在生理上的性别差异，也就等于认可了男性在社会上的统治性和权威性。

（三）父亲与母亲的权力关系呈现

穆勒认为家庭是男权制的主要机构，"他把家定义为'内部奴役'制度的核心"③。米利特在其著作《性政治》中提道："对我们

---

① ［美］艾里希·弗洛姆：《爱的艺术》，亦非译，京华出版社2006年版，第38页。
② 同上书，第37页。
③ ［美］凯特·米利特：《性政治》，宋文伟译，江苏人民出版社2000年版，第41页。

两性关系的制度进行公正的调查后,我们发现,从历史上到现在,两性之间的状况,正如马克斯·韦伯说的那样,是一种支配与从属的关系。"① 两性的关系是一种支配与从属的关系,父亲和母亲的关系也是这样。这在《爸爸去哪儿》节目中也有所体现。

首先,从节目中父亲和母亲的角色分工看,参加节目的爸爸们都是各行各业的佼佼者,而孩子的妈妈们也原本都有自己的事业,而当结婚后,大部分都相应地在事业上做出了让步。如,郭涛的妻子李燃,原本从事建筑行业,与郭涛结婚后,便做了全职太太;陆毅的妻子鲍蕾也是演员,而在婚后尤其是有了孩子以后,工作量明显减少,接拍的电视剧以及在公众面前的出镜率都没有以前多;黄磊的妻子孙莉也是演员,而在有了家庭和孩子后,于2009年宣布退出娱乐圈;曹格的妻子曾是造型师,而在婚后和有了孩子以后,也开始更多地打理丈夫的事业和家庭生活了。这些妈妈们很好地诠释了一个女性的妻性和母性,她们的选择也告诉社会家庭才是女性最后的也有可能是最好的归宿,而男人则永远是那个挣钱养家,在外工作的不二人选。这种角色分工使得男女两性在经济不可能实现平等,正如哈里雅特·泰勒所言:"已婚的妇女除非能'在物质上支持家庭',除非有做这种具体的物质贡献的信心和名分,否则她是不能真正和丈夫一样平等的";"为了成为丈夫的同伴而不是仆人,妻子们必须走出家庭赢得收入"。②

其次,从母亲所处的镜头位置上看,与父亲处于聚光灯的光亮处相反,母亲处于聚光灯的背面、阴暗面。当父亲出现在舞台上的时候,母亲只能在台下仰望。而每周五晚《爸爸去哪儿》在电视上播出时,父亲是万众瞩目的焦点,母亲则退位到观众的位置;几位

---

① [美]凯特·米利特:《性政治》,宋文伟译,江苏人民出版社2000年版,第33页。

② [美]罗斯玛丽·帕特南·童:《女权主义思潮导论》,艾晓明等译,华中师范大学出版社2002年版,第22页。

爸爸为节目宣传参加娱乐节目《快乐大本营》的录制时,妈妈们依然坐在台下,仰望着台上备受关注的父亲。再如,在亲子节目《老爸拼吧》中,父亲和孩子在台上进行游戏和闯关,而母亲们则在台下为丈夫和孩子加油。台上的父亲是焦点、是亮点,而母亲则是配角,是父亲和孩子的附属,是他者。这一观点也恰好体现在下一方面。

最后,从此节目对父亲和母亲的影响上看,毫无疑问,节目的热播让爸爸和孩子们都获得了知名度,爸爸们可谓是名利双收,事业上也算是进入了另一个高峰,如张亮实现了从模特向演员的转变,田亮在娱乐圈的发展也更向前了一步,几位爸爸也都不约而同地出了自己的书籍,拍了众多的广告,同时接受了众多节目、杂志的采访,那么,妈妈们的收获呢?妈妈们也因《爸爸去哪儿》节目的热播火了一把,曾经不出名的出名了,如张亮的妻子寇静、郭涛的妻子李燃;小有名气的如今更有名气了,如黄磊的妻子孙莉、陆毅的妻子鲍蕾。但妈妈们最大的收获是拥有一个幸福的家庭——有一个能干的老公和一个可爱的孩子。社会的评论对此更有说服力。中国青年网上对寇静的评价是:"全国女人的情敌——天天妈寇静一定是上辈子拯救了银河系,这辈子才找到这么高大帅气高情商还有责任感的男人,生了一个善良懂事的小暖神儿子天天。"① 当记者问孙莉是否介意被"黄磊的妻子"这种身份所累时,孙莉是这样回答的:"随着年纪增长,慢慢成熟起来,也接受了这种说法。我们是密不可分的,我的就是他的,他的也是我的。他的成绩就是我的骄傲。"② 吴镇宇的妻子王丽萍一直是节目中最低调的妈妈,《爸爸去哪儿》的播出让这个曾经的模特被封为"国民婆婆",新浪新闻中心网有报道说:"曾经的嫩模如今因为儿子费曼、老公吴镇宇在《爸爸去哪儿》

---

① http://fun.youth.cn/stzx/201311/t20131126_4280749.htm.

② http://baike.baidu.com/subview/4343/6478682.htm?fr=aladdin.

中的出色表现也再度火了一把！"① 此外，体操世界冠军杨威的妻子杨云，虽然曾为中国体操女队的队长，但如今能被大众所熟知的恐怕要数杨威的妻子和杨阳洋的妈妈这两个称谓了。这些都表明，一个女性的成功要依赖其丈夫的成功，她自己就是丈夫的附属。作为一个妻子，她是丈夫的附属；而作为一个母亲，她则是孩子的附属。然而大部分的妻子和母亲对此不会有所体会，因为只有这样才能构建一个幸福完满的家，妻子和母亲的角色让她感到满足和幸福。然而正如弗里丹所评价："女性奥秘的错误不在于看重婚姻和母亲身份，而是过分重视这两种实践方式，把这些看作妇女全部人性需求和欲望的答案。关于做妻子和母亲的女人没有时间去追求事业，这样的看法，正如穆勒和沃尔斯通克拉夫特也曾认为的，其实是限制她作为充分的人的发展。"②

以上有关父亲和母亲的权力关系呈现是社会也是媒介的一种建构，其结果都是建构了一个幸福美满的家庭幻象。恩格斯认为，妇女只有走向劳动，拥有一定的经济基础，才有与男性实现平等的可能。波伏娃也认为，家庭、妻子的角色阻碍了妇女实现自我、追求自由的可能，她为妇女的解放指出了四条途径，在最后一条中她指出："为了超越自己的限制，女人可以拒绝内化她们的他者性，拒绝通过社会里占统治地位群体的眼睛来认同自己。"③ 女性的妻性和母性都是社会建构的结果，更是男性利用自己的权力建构女性的结果，否认和拒绝女性的他者性，就要拒绝内化女性的妻性和母性，男权社会所认同的女性并非是真实的女性自我，女性需要自己来思考自己的价值到底何在。

---

① http：//news.sina.com.cn/o/2014-08-08/005930649267.shtml.
② ［美］罗斯玛丽·帕特南·童：《女权主义思潮导论》，艾晓明等译，华中师范大学出版社2002年版，第34页。
③ 同上书，第274页。

二 男性刻板印象的建构

刻板印象也称为刻板形象,它体现的是对某一事物的固定化或定型化。"从认知理论的角度出发,刻板印象可以定义为'一种涉及知觉者的关于某个人类群体的知识、观念与预期的认知结构'……刻板印象具有作为指导整个群体乃至于群体成员的信息加工预期的功能。"[①] 也就是说,刻板印象是大脑中的一种预先存在,当提起某个群体或类别时,大脑会自动呈现出有关该群体的特点的画面、词语等。刻板印象是一种社会文化的建构,这种建构需要符号的帮助。刻板印象"选择并且构建简化的、泛化的符号,用它们来对社会群体或是群体中某些个体进行区分。用来构建刻板形象的原始符号一般代表了相关群体的价值观、态度、行为和背景。刻板形象隐含着的事实是,被选择的符号对涉及群体进行了普遍的预设"[②]。从以上论述中可以看出,刻板印象有以下特点:首先,将对象的特征简单化、概括化,忽视了其内在的复杂性;其次,关注对象的相似性、共通性,忽略了其差异性和多样性;最后,它体现了一种权力的运作,权力的持有者有权对自己、对从属者进行刻板印象的建构,这种建构仍然为有权者服务。刻板印象涉及的范围非常广,包括种族、阶级、社会团体、性别等,性别刻板印象主要体现在对男女两性职业角色、能力、个性或气质等方面。性别刻板印象的形成有多方面的渠道,从传统男权制社会的形成,到现今男女两性在社会各个领域的不平等对待,从书籍、小说、杂志到网络、电视、电影等媒介塑造中,大众都能看到对男女两性刻板印象的建构。作为重要媒介的电视节目,无疑也在进行着这种建构。亲子节目重点在于表现父母与孩子,从某种程度上看,它在表现父母形象时,也存在着刻板

---

① 王沛:《刻板印象的社会认知研究述论》,《心理科学》1999 年第 4 期。
② [英]泰勒·威利斯:《媒介研究:文本、机构与受众》,吴靖、黄佩译,北京大学出版社 2005 年版,第 37 页。

印象的建构，下面将从三个方面来探讨亲子节目中对男女两性刻板印象的建构。

（一）自我价值的追求者

波伏娃认为女性是他者，是男人的底片或影像，因此，女性是没有自我的。社会传统将女性锁定在家庭领域，因此，女性又成为家庭、丈夫以及孩子的牺牲者。亲子节目加剧了有关"男主外，女主内"的认知，但同时，它也试图将男性塑造成为自我价值的追求者。这一点在有关男女两性的职业和能力方面表现得尤为突出。几乎所有的亲子节目在介绍家庭成员时，母亲的职业成为空白，而父亲的职业或由字幕显示，或由节目短片介绍，或由主持人现场提问。并且在介绍父亲的职业时，还会附加一些感情色彩，如成功、努力、艰辛等。母亲的职业，则无从得知。亲子节目《爸爸回答吧》与《妈妈听我说》非常典型地表现了这一点。在《爸爸回答吧》节目中，每一期参加节目的爸爸和孩子都会有一个小短片来表现他们之间的相处和问题，在这个短片中，每个孩子都会提到自己的爸爸是干什么的，同时还会加上对爸爸的评价，这些评价一般都是赞扬性的，并且每个孩子都会表达以爸爸为榜样、以爸爸为骄傲的感受。比如说，在 2014 年 7 月 24 日这一期的节目中，女儿对潜水教练爸爸的表白，认为爸爸在她心目中是最帅的、最棒的；7 月 31 日的节目中，儿子认为矿工爸爸几乎没有缺点；8 月 7 号的节目中，儿子认为爸爸就是一个超人，会很多东西，同时还有很多特别厉害的技能；8 月 14 号的节目中，女儿对拳击爸爸的表白，说爸爸非常厉害，只要有爸爸在，就不怕任何困难；8 月 21 号的节目中，儿子对 IT 爸爸的感受是：爸爸像神一样，爸爸是他最信任也是最爱的人。可见，不管爸爸从事什么职业，他们在孩子的心中都是一个成功、优秀的榜样。妈妈的情况则与此大不相同。亲子节目《妈妈听我说》的节目形式与《爸爸回答吧》有些相似，每期参加节目的妈妈和孩子也会有短片来进行说明，但在短片中，没有对妈妈职业的介绍，没有对妈妈个人能力的评价与赞扬,节目重点放在了妈妈与孩子相处过程中出现的各种日常生活、学习教育等方面的问题,最后由节目组从中加以沟通和解决。

同样,在《爸爸去哪儿》节目中,也对爸爸们的职业状况进行了详细的介绍。第一季的节目采取爸爸们自述和字幕显示的方法,第二季的节目则在此基础上加入了前期宣传片和后期专题短片的形式。很明显,第二季的《爸爸去哪儿》对爸爸们的个人职业发展情况介绍投入了更大的力度。节目将每位爸爸人生中的每一阶段性状况以及人生最辉煌的时刻都进行了图文并茂的描述,比如杨威的奥运冠军光环,陆毅曾是最年轻的中国电视剧金鹰奖最佳男主角的得主,黄磊的多才多艺以及吴镇宇的影帝地位等,可以说,每一位爸爸在各自的岗位上都是成功的,他们的成功更像一出励志剧,值得社会去效仿和学习。爸爸们的成功使他们自然成为孩子们的骄傲,在节目中,节目组会刻意设计一些问题,比如问孩子们爸爸在他们心中是什么样的,在游戏环节中还会问你觉得哪个爸爸表现最好等,孩子们都会表达出觉得自己的爸爸最棒。和其他亲子节目一样,《爸爸去哪儿》也从未对妈妈们的职业作出相关的介绍,相比第一季,虽然第二季的节目增加了妈妈们在节目中的出镜率,比如在节目的第四站和第八站,妈妈们都有参与到节目中,然而除了大众熟知的几位明星妈妈,如孙莉、鲍蕾等外,其他几位妈妈的职业节目中并无体现。忽视对妈妈们的职业的关注,可能隐含着以下事实:第一,认为母亲的职业介绍与否并不重要,社会不会关注,大众也不会关注。有父亲在场的情况下,就更不重要了。因为,对于一个女性来说,有家庭,有丈夫,有孩子,这就足够了。不管一个女性的社会职业是什么,都抵不上她作为一个妻子、一个母亲的身份。因此,当《爸爸去哪儿》在节目中展示杨威一家人在动物园的快乐时光时,没有人会关注杨云是干什么的;当节目展示陆毅一家人在海洋馆游玩时,也没有人会关注鲍蕾是做什么的。正如有网友曾赞叹寇静才是人生的大赢家,"这辈子才找到这么高大帅气高情商还有责任感的男人,生了一个善良懂事的小暖神儿子张天天"①。这都表明,一个女性的成功不是来自她在职业上的成就,而是她拥有一个幸福的家庭,嫁对了人,养育了一个可爱的孩子,总之,女性的职业相较于家庭来说,是不重要的,女性的成功依附于家庭。第二,从职业本身来看,跟男性的职业相比,女性的职业不重要。由于男女两性间的生理和社会差异,一般认为男性适宜从事技术类的工作,而女性则较多从事服务类工作,"女性的劳动'具体表达'了男人对世界的概念,并把这些概念塑造成适合于管理工作。而且,女性越成功地完成'女性的工作',男性就越视而不见……这就是为什么男性认为'女性的工作'不是真正的人类活动,他们认为真正的人类活动应该是以自我选择和自觉意志为特点,而'女人的工作'仅仅被看作是自然的活动,一种类似蜜蜂和蚂蚁的本能劳作。女性就这样被排斥于男性关于文化和历史的概念之外"②。再加上女性与家庭的紧密联系,女性的职业也就越发的不重要,也越来越不被重视。

亲子节目展现的是一个家庭的生活情况,是向大众展示父母与孩子之间的相处场景,诚然,父母的职业状况展示与否与节目本身并无太大关系,不管父母从事什么样的职业,都并不影响父母对孩子的爱。然而,从女性主义的角度出发,亲子节目展示的有关男女两性职业方面的差异不能不引发相关的思考。"大众媒介通常从男权文化中心角度对两性特征进行概括和归类,即女性容易被定型为从属于男性的依附者、装饰品或性对象,男性则通常是社会上具有创造性的行动者,并在两性关系中处于主体地位。"③ 在工作领域也不例外,男权社会认为男性才是建设世界的大力神,而女性则是慈爱

---

① http://fun.youth.cn/stzx/201311/t20131126_4280749.htm.
② [美] 佩吉·麦克拉肯主编:《女权主义理论读本》,广西师范大学出版社2007年版,第527页。
③ 卜卫:《媒介与性别》,江苏人民出版社2001年版,第8页。

抚育的母亲女神,因此,男性长期居于公共领域的主体地位,女性并非自愿接受母亲女神的称谓。"妇女经常被拒于人类有威望的活动领域之外(例如,政治或者科学),因而,这些活动显得很'男性化'。而在女人未被拒于门外的领域(例如,维持生活的工作),她们的贡献却被歪曲为比男人所干的次等和低劣。"[①] 这也就解释了为什么妇女的工作不重要,为什么妇女的职业不被过分关注,这才是深层次的原因。

(二) 自我力量的彰显者

亲子节目《爸爸去哪儿》全程记录了爸爸与孩子们单独相处的72小时,在这段时间内节目组为爸爸与孩子们设置了一系列的活动和任务,在这些任务中,爸爸们除了做饭、照顾孩子起居外,还有许多的游戏活动环节,这些活动恰恰就凸显了男性的力量。第一季和第二季爸爸们的活动内容分别列表如下:

表7—4

站点	活动内容(第一季)
北京灵水村	教小孩唱歌,做午餐
宁夏沙坡头	搭帐篷,填埋麦草方格,滑沙,下湖捕鱼,抓捕家鸡,做晚餐
云南普者黑	干瞪眼比赛,放飞大雁,撑船,做午饭,撒网捕鱼,挖藕,卖食材
山东鸡鸣岛	钓鱼,做海鲜晚饭,出海,修补房顶,
湖南白寺村	捉泥鳅,做晚饭,换装
黑龙江雪乡	抢房子,堆雪人,丢手绢和萝卜蹲,给孩子写信,做晚餐
站点	活动内容(第二季)
重庆武隆天坑	拿缸顶碗蹲马步,足球赛,做晚餐,热气球取餐,蜂房取食材,修猪圈
浙江新叶村	和妇女搭戏,古村篮球赛,铁人五项,舞台剧

[①] [美]佩吉·麦克拉肯主编:《女权主义理论读本》,广西师范大学出版社2007年版,第540页。

续表

站点	活动内容（第二季）
湖南地笋苗寨	踢鞋子，做家乡菜，袋鼠宝宝游戏，做糍粑，榨油，怀旧运动会
四川虹口乡	寻找空投食物，进丛林，干瞪眼比赛，搭帐篷，扮野人吓孩子
内蒙古伊利牧场	卖菜赚早餐钱，射箭，比厨艺，挤牛奶，抓羊，摔跤，滑草
甘肃黄河石林	做拉面，划船问答，找食材，拍电影，吃西瓜大赛
台湾花莲县	溯溪，跳水，吃饼干，做晚餐，采槟榔，凤梨，划船取海鲜，烧烤演唱会
新西兰	搭车，悠波球比赛，抓鳗鱼，骑单车，做晚饭，学跳毛利兰战舞

从以上内容来看，做饭是每一季每一期都必备的一项任务，第一季的爸爸中除了张亮外，其他四个在做饭方面均很生疏，而到了第二季，除了杨威外，做饭对于其他四个爸爸来说不仅不再是一个难题，反而成为一个可以展示自己的平台。此外，第一季的节目在爸爸与孩子们的单独相处上给予了更多的时间，节目更侧重于展示爸爸对孩子的教导、关心和照顾。比如说张亮对赖床做法的角色互换教导，王岳伦给女儿梳头发，郭涛对儿子的严厉唠叨以及林志颖对儿子的细心照顾等。第二季的节目虽然也有这些方面的表现，但明显弱化了。节目将更多的时间放在了游戏和集体活动上，这从两季节目的活动内容和数量的变化上都能看出来。第二季的活动明显比第一季每一期的活动都要多一些，并且趣味性也更强一些，更重要的是活动的难度也加大了。如第二季中的泥地足球赛、篮球赛、铁人五项、进丛林、射箭、摔跤、跳水等，这些活动或者说是比赛都是比较耗体力的、辛苦的，同时也是需要以一定的勇气的。从节目的第一季到第二季，爸爸和孩子的家庭生活体验已渐渐被淡化，娱乐性和游戏性逐渐成为节目的主题。在游戏和比赛中，爸爸们的自我力量得到了彰显，这种自我力量主要体现在以下几个方面。

1. 体力

较之于第一季,《爸爸去哪儿》第二季对爸爸们的体力进行了考验。用爸爸们自己的话说,每期节目录制完都有种筋疲力尽的感觉。从泥地足球赛、古村篮球赛到铁人五项、做糍粑、进丛林,再到摔跤、划船等,都让爸爸们的体力得到了展示。男女两性在体力方面的差异曾被认为是男权制的原因,体力上的优势可以看作某种男性特质。然而正如米利特所说:"大男子主义的根本起因并非体力的大小,而是对一种非生物性的价值体系的认可……文明始终能以其他方式(技术、武器、知识)来替代体力,现代文明已不再需要体力。"[①] 从社会发展的角度看,体力不再占优势,但从性别角度看,体力仍然在两性特质差异中占有重要地位。游戏竞技是耗体力的,女性在体力上不如男性,因此也就自然被排斥于某些游戏范围外。从这点上说,游戏竞技类的亲子节目是排斥女性的,女性的体力不支也许会减少节目的趣味性和娱乐性,这也就不难解释为什么益智游戏类地亲子节目多是以爸爸为参与主体了。

2. 勇气

不管是第一季还是第二季,节目中都有对爸爸们的勇气的展示。从第一季的下湖捕鱼、挖藕到第二季的蜂房取食材、溯溪、跳水以及单车滑坡等,都表现了爸爸们在面对挑战时的勇气。节目组为爸爸们设置的一系列任务和活动大部分都是他们未曾经历过的,有些任务甚至有一定的危险性,这就需要他们拿出相当的勇气才可完成,拿曹格跳水来说,节目中他显得十分害怕,几次跃跃欲试都未曾成功,犹豫再三最终还是完成了任务。其实,对于参加节目的爸爸们而言,除了完成任务,他们没有别的选择,而且由于是在孩子们面前表现,他们还必须很出色地完成才行。在《爸爸去哪儿》中,

---

[①] [美]凯特·米利特:《性政治》,宋文伟译,江苏人民出版社2000年版,第36页。

"勇气"不是由自己来掌控的,当爸爸们置身于游戏中时,他们还必须是自然而然地拿出勇气。

3. 技能

爸爸们除了要在自己的事业上获得成功,获得认可外,还必须得掌握一些生活技能。因此,在《爸爸去哪儿》中也有对爸爸们的个人能力的展示。在第一季中,爸爸们搭帐篷、独自撑船、挖藕、修补房顶,充分展现了他们的动手能力及适应能力,而第二季更是加大难度,从一般的生活技能表现——修猪圈、做糍粑、怀旧运动会、抓羊,到个人才华的展示——舞台剧、拍电影、烧烤演唱会等,都让爸爸们的个人能力获得了展现,这也正契合了男性是"建造世界的大力神"的观点。

体力、勇气和个人技能让参与节目的爸爸们的自我力量得到了彰显,也在某种程度上对一个父亲的形象进行了定型。父亲是强壮的,即使个头小,也必须是有力气的,而且要有勇气,不畏惧任何困难,最后还要掌握一定的生活技能,随时能够应对生活中出现的问题。不管在大众心目中如何,这样的形象最起码在参与节目的孩子眼中更深刻了。

母亲的形象是远离这些的。在益智游戏类的亲子节目中,爸爸和孩子参与竞争激烈的游戏,妈妈则在台下为其鼓劲、加油,比如《老爸拼吧》,而唯一一个以妈妈为参与主体的亲子节目《妈妈听我说》则是在演播厅进行,并且是以情感教育为主题,对于母亲自身并无太多的展示,更多的是将目光聚焦于教育孩子方面。在《爸爸去哪儿》中,母亲的形象也很单一,出镜的妈妈们都显得端庄大方,温柔贤惠,拥有美丽的外表暂且不说,她们对家庭、对孩子的奉献也都在爸爸们的言语中得到承认。尽管是爸爸带着孩子出行,然而每次出行前的行李却都是妈妈们帮忙收拾的,田亮和林志颖都曾在节目中表示参加节目的衣服都是妻子按天打包收拾好的,就连每天穿什么也都由妻子标注;每次出发前,一般都是由妈妈来叫醒熟睡中的爸爸和孩子,爸爸未起之时,妈妈已将奶瓶塞入了孩子的嘴里,比如天天的妈妈、Joe 和 Grace 的妈妈。这就是镜头所展现的母亲的形象,基本上符合社会对"男主外、女主内"的定义,也基本上表现了常态下的父亲和母亲的形象组合。

不管现实生活中这些爸爸和妈妈是什么样子的,节目所表现的就是拥有自我力量的爸爸和温柔贤惠的妈妈,这种塑造不一定具有真实性,毕竟,它存在于镜头中。"尽管对镜头有一种信任,认为它能让我们看到对世界非常客观的描述,它的形象和图画一样从属于表意代码。符号学让我们意识到所有媒介文本都介质化了,它们运用了传播符号系统中的代码和成规。因此媒介绝不可能简单地被认为是我们能够获取'真相'的透明介质。"① "媒介并非如一些人所说的,是一面反映世界的镜子——按照世界的本来的多样性反映社会现实。新闻故事是以某种特定的方式被架构出来的。传播者选择某些故事而舍弃其他故事,将事实排入特定的叙事格式之中,或偏执于某个特定的角度来叙事,强调某些细节而舍弃其他细节。"② 新闻故事如此,电视媒介同样也有自己特定的叙事格式,亲子节目与其说在展现如何做一个好父亲,不如说在展现身为一个男性所应具备的男性特质。媒介仍然是按照男权的标准来表现男女两性的特质,因此,亲子节目会设置一系列旨在表现男性体力、勇气和能力的任务和活动,并在游戏比赛中对父亲的形象定型,从而将其霸权建立在对男性特质的塑造上,由于这种塑造是在一片欢声笑语中以及温暖的亲情中进行的,因而也就变得不易察觉并自然而然。

(三) 家庭领域的"入侵者"

用"入侵"一词,有三层意思:第一,进入原本不属于自己的领地;第二,在进入的领地享有某种特权;第三,夺取某些权力。

---

① [英] 利萨·泰勒:《媒介研究:文本、机构与受众》,吴靖等译,北京大学出版社 2005 年版,第 20 页。

② 陈健强:《媒介生产的社会学思考》,《国际新闻界》2006 年第 2 期。

第七章 电视亲子节目的性别分析

亲子节目中的男性——也就是爸爸们,正是以一种"入侵者"的身份回归家庭,重新进入家庭的。亲子节目《爸爸去哪儿》的主题原本就是宣扬父爱的回归,召唤父亲回归家庭,这也就意味着父亲一角在家庭领域的缺席,这种缺席将父职和母职、公共领域和私人领域区分开来,使男性的公共领域地位和女性的家庭领域地位普遍得到认可。在这种情况下,男性回归家庭——即从公共领域进入私人领域,是第一层次的"入侵"。这种"入侵"假定了男女两性各自的角色,并且男性在此具有主动性,家庭领域的固守者无力反抗甚至还会配合这种入侵。从"入侵"的第二种层面来讲,男性和女性在家庭领域的地位是不平等的。"家"对于女性来说可能是一个工作的场所,而对于男性来说,则可能是一个放松休闲的地方。在亲子节目《爸爸回来了》第一期中,王中磊的妻子就曾表示自己的丈夫就是家中的大老爷,只要他一回到家,全家人都得伺候着他;在《爸爸去哪儿》中,陆毅也曾说到他觉得家就是一个可以放松的地方,一般回到家他什么都不用干,只需坐在沙发上放松休息。正因为男女两性内外的分工,女性被看作家庭的主人,男性才会理所应当地置身于家务之外。也正是由于他们对家务的陌生,对照顾孩子缺乏经验,才会让他们通过参加节目来切身感受。亲子节目虽然展示的是家庭私人生活,但从它进入镜头的那一刻开始,它本身就已进入公众视野,进入公共领域,可以说,亲子节目《爸爸去哪儿》本身就是将私人生活公开化,是男性——爸爸,促成了这一事实,女性——母亲,则没有主动权。通过节目的展示,男性得以在公共领域和私人领域自由出入,游刃有余,顺利将家庭纳入自己旗下并为自己所用,同时,只有男性具有对外言说自己家庭的发言权,因为媒介只将权力交给了爸爸们。参加节目的爸爸们虽然体验了一次家庭生活,但事实上他们不可能真正地回归家庭,从某种程度上说,他们更像是家庭领域的掌控者,而真正打理家庭的主人——女性,则像是被掌控者。"入侵"的第三个层面,夺取权力。由于呼吁男性回归家庭，对父职更加重视，女性特质再一次被规训、被固化。父亲与外界的联系和母亲与情感的联系再次被强调，因而即使一个母亲花再多的时间和精力照顾孩子，她都取代不了父亲的作用和影响。男性在家庭领域的地位和作用不可替代，在公共领域，却有替代女性的趋势，最好的证明就是有关广告的代言。一直以来，有关儿童和家庭生活的产品如小儿感冒颗粒、洗衣粉、洗衣液、学习机等都是由女性来代言的，《爸爸去哪儿》播出后，男性也开始涉足这些领域，张亮和其儿子代言了999小儿感冒药，林志颖和王岳伦代言了伊利QQ星果汁酸奶，田亮和其女儿则代言了步步高点读机。这些广告使父亲的形象更加美好，也让父亲与孩子的关系显得和谐融洽，但是实际生活中这些爸爸们是否有时间陪伴在孩子身边并照顾孩子的学习及饮食，却让人怀疑。不可否认，利用这些爸爸们的明星效应，可以提高这些产品的知名度和销售额，但反过来讲，这些广告同时也提高了爸爸们的公众影响力，又把他们往公共领域推进了一步，而对此最有发言权的妈妈们只能隐退幕后。

亲子节目《爸爸去哪儿》中所建构的男性或者说父亲形象便是自我价值的追求者、自我力量的彰显者以及家庭领域的"入侵者"，这些刻板印象的建构也正反映了男女两性在公私领域的对立，在两性特质上的对立，以及在家庭中的不平等地位。对男性刻板印象的建构也是主流意识形态利用媒介实施霸权的一种方式。表面上看，亲子节目的播出让父职被唤醒，使家庭关系更加和谐融洽，同时也是对母职的肯定、赞美与歉意，但从节目内容及其展现的人物形象上看，却是对男性特质、男性自身的一种肯定。如果男性的这些印象定型化，女性——作为男性的对立面，其特质就会成为男性的对立面，如此一来，有关两性的生存状态依然不会有所改变，家庭将继续成为女性的主战场。

三 二元对立的叙事

每一个文本都有自己的叙事模式，在媒介文本中也存在一定的叙事结构。西方某些学者将媒介中的叙事定义为"叙事可以被理解为把两件或更多的事件(或者是一个场景和一个事件)联合起来叙述。事件之间有逻辑联系,发生在不同时间,通过一个一致的主题连成整体"①。这样看来,电视媒介的叙事可以理解为镜头是如何将表现一个主题的众多不同的画面组织起来的,是通过怎样的顺序来展现的以及其内在联系是什么。结构主义理论对叙事做出了一定的贡献,受到索绪尔语言学理论语言—言语、共时—历时的影响,结构主义将话语分为深层结构与表层结构,对于文学文本来说,结构主义文学批评的策略是把"一篇作品的'表面'完全当成对它隐蔽的深层的反映,作品的一切'表面'特征可能被归纳为一种'本质',一种赋予作品各个方面以活力的单一的中心意思,而且这种本质已不再是作者的精神或'圣灵',而是'深层结构'本身。原文成了这种深层结构的一种'复制',而结构主义批评则是这种复制的复制"②。人类学家克劳德·列维-斯特劳斯将结构主义批评的应用范围扩大到文化研究上,他认为:"深层结构支撑着所有社会活动,因为人们的思想有一种普遍的倾向,对所有的文化制品都进行分类、组织和完全的构造。"③列维-斯特劳斯通过对神话的研究,发现了隐藏在神话背后的深层二元对立叙事结构,并且认为"这些二元对立适用于所有文化的普遍深层结构模式的中心"④。根据列维-斯特劳斯的观点,作为电视亲子节目的《爸爸去哪儿》在其叙事上也存在着某种程度上的二元对立叙事结构。

---

① [英]利萨·泰勒:《媒介研究:文本、机构与受众》,吴靖等译,北京大学出版社 2005 年版,第 63 页。
② [英]特里·伊格尔顿:《当代西方文学理论》,王逢振译,中国社会科学出版社 1988 年版,第 164 页。
③ 同上书,第 67 页。
④ [英]利萨·泰勒:《媒介研究:文本、机构与受众》,吴靖等译,北京大学出版社 2005 年版,第 69 页。

表7—5

	父亲	母亲
表层	工作	家庭
	城市	农村
	熟悉	陌生
	社会	自然
深层	中心	边缘
	权力	无权

从表层来看，也就是从镜头直接呈现给大众的画面上看，《爸爸去哪儿》总是倾向于将镜头由工作环境切换到家庭环境，由城市切换到农村。节目一开始，先从家庭内部开始录制，爸爸因工作不在的情况下，节目会以字幕提示并直接从外部环境开始录制。比如，第一季第一期中林志颖因工作在外，其儿子 Kimi 独自一人收拾行李；第二季第一期中吴镇宇也因为工作的原因，其儿子 Feynman 由工作人员带领与爸爸会合；对杨威父子的拍摄则从儿子杨阳洋在机场接工作完成后回家的爸爸开始，而其他的家庭则直接从家庭生活开始录制。这样就形成了两方面的工作与家庭的对立，其一是单个家庭中爸爸的工作与其自身的家庭生活的对立，爸爸因工作的原因造成家中的孩子不能与其同时出发，可见父亲在家中的缺席；其二是从整个节目来看，外部工作环境的拍摄与家庭内部生活的拍摄同时进行，形成一种大的对立，在播出的时候两种环境相互转换，由此形成工作与家庭的对立。众所周知，《爸爸去哪儿》的拍摄地一般都选择在农村，或者说是偏离城市的地方，而节目组在到达目的地之前，都会对出发地的情况有所展现。出发地基本上都是在城市，汽车、飞机，都市的喧闹、车水马龙都将与目的地或者说农村环境的秀美、宁静形成鲜明的对比。每一次节目组的进入或离开都会以远镜头的形式展示汽车在山里或田间的小路上缓慢行驶的画面，使得城市与农村的切割更加鲜明。在城市与农村的切换中，爸爸们和

孩子们也进行了一次熟悉与陌生的情感体验。每次出行时，随行的工作人员会询问爸爸们和孩子们对有关此次目的地的期待与感觉，大众可以看见众人在到达目的地时的兴奋与激动，而节目本身也会在此之前对目的地进行一番介绍和解说，同时配以优美的画面，将自然风光展露无遗。除了对当地做了适当的宣传外，这也让参与节目的嘉宾和大众都产生了新奇和刺激感。正如黄磊在第二季第五期节目中所说，他认为节目做得很好，"因为它真的是真人秀，我完全不知道后面、前方，往前走会发生什么，这多像真实的生活，就像我们不知道前方会发生什么一样，所以很珍贵"。从某种程度上说，这些生活在城市里的爸爸和孩子，正因为在城市与农村的二元对立中，才有了从熟悉到陌生的情感变化，也才产生了熟悉与陌生的二元对立。除了在情感上，此次单独带孩子出行并照顾孩子起居对爸爸们来说也是陌生的，这又与常态下爸爸与孩子的关系或相处模式形成了熟悉与陌生的对立。因此，大众能在节目中看到王岳伦因梳不好女儿的头发而急得满头大汗，面对女儿的哭闹田亮也束手无策，因缺少和儿子的沟通交流使得郭涛在严厉对待儿子时被儿子认为也许爸爸不爱自己。

表面上看，工作—家庭、城市—农村以及熟悉—陌生的二元对立也直接引出了父亲与母亲的对立，父亲从属于工作、城市，而母亲则从属于家庭、农村，父亲所陌生的正是母亲所熟悉的。仅仅知道表层结构还不够，这只是现象，而隐藏在现象背后的深层结构才能揭示事物的内在联系与社会的认知模式。这种表层结构类似于巴尔特理论的直接意指层，深层结构则类似于含蓄意指层。正如巴尔特所认为的含蓄意指层已"不再是一种明确的描述层。在此，我们开始根据社会意识形态——普遍信仰、概念结构以及社会价值体系等更广泛的领域，来解释各种完成了的符号"[1]。因此，亲子节目

---

[1] ［英］斯图尔特·霍尔：《表征——文化表象与意指实践》，徐亮、陆兴华译，商务印书馆2003年版，第39页。

《爸爸去哪儿》所展示的表层对立结构，实则隐含了社会与自然、中心与边缘、有权与无权的深层二元对立结构，而这些对立直接呈现了男/女性别的对立与权力关系。很明显，男性是属于社会的，处于社会中心地位，因而也是权力的拥有者；女性则与家庭、与自然相联系，处于社会的边缘，是被掌控者。《爸爸去哪儿》从节目的总导演、监制到主持人再到节目的参与者以及第二季的嘉宾，都是男性，此外，拍摄以及工作人员也基本上都是男性，可以说，节目的总体效果、拍摄角度、镜头组织等，都是由男性来决定的，因此，节目最终所呈现的表层二元对立实际上反映了男性对社会、对自身的认知结构，这种认知可能是无意识的，但却是符合男权标准的。列维-斯特劳斯认为："人类以分门别类方式赋予周围世界一定的'特征'，又反过来用这种特征去分割、解释、关联周围世界。显然，经过人类大脑整理的有关世界的'内容'，就是由各种事物的联系（并非哲学上的真实）组成的所谓的'无意识结构'。"① 这一观点类似于玛丽·埃尔曼的"性类推思想"，在埃尔曼看来，"性类推思想"就是"根据我们原有的简单的性别差异来理解全部现象（无论这些现象怎样变化）……并以性类推的方式对几乎全部的经验进行分类"②。从此种角度出发，《爸爸去哪儿》节目的叙事结构可以说是性别对立的延伸，男性与女性的二元对立使得节目组在无形中运用了这种对立，于是有了工作与家庭、城市与农村的镜头切换，又由于男性占有话语权与对节目的掌控权，他们自然处于社会的中心，代表了主流意识形态，或许这也是节目会呈现男性事业的成功、表现男性特质、塑造各种男神的原因，而他们的对立面——女性，则被边缘化，是失语者。

---

① 李广仓:《结构主义文学批评方法研究》，湖南大学出版社2006年版，第146页。
② ［挪威］陶丽·莫依:《性与文本的政治——女权主义文学理论》，林建法等译，时代文艺出版社1992年版，第41页。

第三节　节目受众的性别解读

一　女性受众的建构

亲子节目《爸爸去哪儿》虽然取得了较高的收视率与关注度，但其受众的性别比例却显出很大的差异。对于第一季，"据新华社新媒体中心联合数托帮创意分析工作室抓取的新浪微博上提及'爸爸去哪儿'的45.5万条原创微博，并对36.7万独立原发作者用户（去除疑似水军账户）、1300余万条用户微博及近1亿的关系进行数据分析，其中女性观众占到了八成"[①]。有研究者在2013年12月22日到2014年1月14日期间对节目的受众做过网上问卷调查，并得出结论："在被调查者中，男性占29.84%，女性占70.18%，总的来讲，《爸爸去哪儿》节目比较受女性受众喜好。"[②] 对于第二季，网易娱乐曾在2014年9月19日报道："收视方面，女性观众依然是节目收视群体的主力军，并且更热衷于谈论和分享节目内容，倾向于在新媒体上发表观点、制造话题和扩散内容。"[③] 从以上数据和报道来看，在《爸爸去哪儿》节目的受众中，女性占据了很大的比例。"大众媒介进行的是传播活动，这些活动表面上是在传递信息，但最终要达成的却是意义的理解，它总是在建构一些话语，并通过这些话语来宣扬某些意义与价值，从而影响受众。"[④] 从表面上看，《爸爸去哪儿》节目宣扬的是父爱的回归，其潜在的背景是当下社会父性教育或者更直接地说是父亲在家庭中的缺失，以此为基础，则节目的理想观众应是男性，节目所要达到的目标应该是：男性通过观

[①] 刘黎：《〈爸爸去哪儿〉的文化影响力》，《论坛》2013年12月。
[②] 刘冰：《〈爸爸去哪儿〉受众数据解析》，《青年记者》2014年2月。
[③] http://www.tvmao.com/tvcolumn/MmIpKSA=/news/154517.html.
[④] 李琦：《传媒与性别：女性媒介的传播社会学阐释》，湖南师范大学出版社2008年版，第219页。

看此档节目找到心中的父爱,回归家庭,关心孩子的成长。然而,从节目内容的安排、节目嘉宾的选择以及节目的商业性来看,节目实际上建构了女性观众的位置。

第一,从节目内容来看,《爸爸去哪儿》安排由爸爸单独带孩子出门旅行,更确切地说是体验生活,这本身就是一种反常态的行为。再加上这种体验要照顾孩子的饮食、起居,还要对孩子进行适当的教育、安抚孩子的情绪,爸爸们在节目中的表现和种种行为对大众来说都是好奇的。以日常生活中,女性更熟于照顾孩子为参照,男性对孩子的照顾和陪伴构成了一种陌生化,而这种陌生化恰恰是吸引观众的一大看点。进一步说,这种陌生化对女性来说更有吸引力,女性在这种陌生化中更容易有主体感。"阿尔都塞认为意识形态国家机器给个人定位的主要方式之一是对其进行'唤询'(interpellation)或'召唤'(hailing)。媒介和其他文化文本'召唤'和'呼唤'读者,在这个过程中把读者的定位和他们所消费的东西联系起来。唤询的结果是个人把自己看成是独立的、自主的个体。这样一来,个体认为自己是意识形态的'主体'。"① 根据阿尔都塞的"唤询"理论,《爸爸去哪儿》也在对女性观众进行着唤询,节目的主题和内容都召唤着女性经验,因为爸爸们陌生的正是她们所熟悉的,从而使女性观众根据自己的经验对节目中爸爸们和孩子们的表现进行评论和批评,让她们以为自己最具有发言权。由于居于"裁判"的位置,女性观众很容易将自己看成是独立的、自主的、有自我意识的,并且会获得强烈的自身感。《爸爸去哪儿》中爸爸们照顾孩子的陌生感从反面肯定了女性作为母亲的价值,使母亲与孩子的亲密关系普遍化,而女性观众正是在这一意识形态中感受到了自己的"主体"地位。对女性观众来说,《爸爸去哪儿》是站在自己的立场对男性的质

---

① [英]利萨·泰勒:《媒介研究:文本机构与受众》,吴靖译,北京大学出版社2005年版,第30页。

询,对社会的质询,看起来是对女性权益的维护与帮助,因而也就更能引起女性在情感上的共鸣,从而能够成功地将她们锁定在荧幕前。

第二,从节目嘉宾的选择来看,《爸爸去哪儿》节目所挑选的爸爸们都是公众人物,是明星,这种身份不可忽视。为了提高节目的收视率,节目组选择的嘉宾都是相对来说很有名气的,这些男明星们本身就拥有很多的粉丝,而粉丝中女性居多。这样一来,偶像参与的节目,并且是展示私人生活,自然会吸引粉丝的眼球。第一季的五位爸爸中林志颖在人气上可能要更占优势,具有"少女杀手"称号的他无疑会吸引众多的女性观众。随着节目的播出,五位爸爸吸引了越来越多的粉丝,这从爸爸们在目的地所收获的人气也能看出,当节目组的车到达酒店或当地的集市时,都会引来大量的观众围观、尖叫以及拍照,而在这群围观者中,大部分都是女性。因此,"追星"也是《爸爸去哪儿》节目女性观众居多的原因之一。

此外,节目重在打造"男神"形象,如节目播出后,张亮、吴镇宇等都获封"男神"的称号,原因在于他们不仅事业有成,而且在教育孩子、做饭等方面也是能手。有网友表示:"张亮是一个生在北京农村,中专毕业,先做厨师后当模特,和开服装店的女人结婚,25 岁有了儿子的普通男人。我们要的不是高富帅,只要你肯上进,爱你的女人就敢嫁,与其羡慕林志颖拥有梦幻浪漫的爱情,不如羡慕寇静能找到张亮这样上得了秀场、下得了厨房、扮得了酷、犯得了二的全能大男神。"[①] 张亮不仅获封"男神"称号,更是在 2014 年湖南卫视跨年演唱会上演唱一曲《我不是男神》,这也算是其对获封"男神"的回应,这首歌的歌词与网友的评论不谋而合,"男神"在事业和家庭中都必须是全能的。如歌词写道:"莫名其妙我成了男神/聚光灯下的一人璀璨/没人知道过往有多难/每天醒来习惯忙乱/

---

① http://culture.people.com.cn/n/2013/1106/c22219-23452795.html.

这不是我想要的答案/我哪是什么男神/庆幸遇上好女人/不想当什么男神/真实就是最大神圣/我哪是什么男神/只想做个好男人/不想当什么男神/有家才是幸福人生。"表面上看歌词是在对男神的拒绝，实质上这首歌更是对张亮"男神"形象的肯定。继张亮对男神的诠释并大获成功后，《爸爸去哪儿》第二季似乎有意在复制第一季中张亮的形象，比如爸爸们的过往经历都很丰富，做饭也都擅长，对家庭也都表现出相当的重视和责任感，可以说，第二季中的爸爸们较之于第一季中的爸爸更能在事业和家庭中把握平衡。当然，这些形象的塑造和情景的表现与节目组的制作有很大关系，节目的制作方把控整个节目的氛围，而"男神"形象、兼顾家庭和事业的男性正是女性所青睐的，因此，女性观众自然是《爸爸去哪儿》节目的主力军。

第三，从商业性来看，或者说从消费主义角度看，《爸爸去哪儿》节目建构了女性消费群体。电视节目的商业性最突出的表现就是对广告的推销和插播。《爸爸去哪儿》的广告冠名费价格高昂，"吸引了房地产、手表、电商、汽车、婴幼儿产品等不同领域的多家赞助商。而第二季的总冠名费竟增长了十倍，高达3.1199亿元，预估第二季的广告总收益将超过15亿元"[1]。广告的目的在于引导消费，而广告商将消费的群体锁定在了女性身上。据《中国经营报》报道："中欧国际工商学院市场营销学副教授向屹表示，广告主都是理性的。这档节目其实是填补了一个空白，就是中国还是男权社会，家务主要还是女性来做，把爸爸和孩子放在一起天然地会吸引女性及孩子观众，而家庭生活中的物品购买决策者很多时候就是她们。所以从电商还是日用品、儿童用品的企业来说，目标客户很精准。"[2] 对广告商来说，盈利是主要目的，因此，对节目受众的定位至关重要。纵观《爸爸去哪儿》中的广告，主要有999小儿感冒药、

---

[1] 周伟婷：《〈爸爸去哪儿〉大挖宝》，《成功营销》2014年第1期。
[2] http：//www.boraid.cn/article/html/266/266168.asp。

思念水饺、去渍霸洗衣液、伊利QQ星等等产品，这些都是与家庭、孩子密切相关联的，购买者自然定位为女性，而节目组总导演谢涤葵更是坦陈："节目从策划之初就是定位在女性受众，现在的受众调查分析发现确实如此。"①

此外，从大众娱乐角度看，女性也是其潜在的受众。《爸爸去哪儿》从本质上说属于真人秀节目，虽然打着"亲子"的旗帜，但其娱乐性无处不在体现，这从画面的剪辑、字幕组的制作、音乐的搭配等方面都能看出，很多时候，观众都会捧腹大笑，而节目的搞笑正是其高收视率的原因之一。正如尼尔·波兹曼所言："娱乐是电视上所有话语的超意识形态。不管是什么内容，也不管采取什么视角，电视上的一切都是为了给我们提供娱乐。"② 因此，《爸爸去哪儿》也具有大众娱乐性，是一种大众文化。英国学者克里斯蒂娜·格莱德希尔认为："从高雅文化的角度讲，所有的大众娱乐都是低一等的，是与内在地女性化的那些素质相联系的，而现实主义的文化的黄金标准，则被拉入与被标识为男性的那些价值的联盟中。"③ 克里斯蒂娜将女人味与大众文化/娱乐相联系，将男人味与高雅文化/艺术相联系，并为这两组对立的相关特点列表如下：

表7—6

大众文化/娱乐	高雅文化/艺术
通俗文类规范	现实主义
浪漫化的定型	丰满的心理上的人物造型
魅力	苛刻
情感	思想

---

① http://www.boraid.cn/article/html/266/266168.asp.
② [美]尼尔·波兹曼：《娱乐至死》，广西师范大学出版社2004年版，第114页。
③ [英]斯图尔特·霍尔：《表征——文化表象与意指实践》，徐亮、陆兴华译，商务印书馆2003年版，第358页。

续表

大众文化/娱乐	高雅文化/艺术
表达性表演	别有深义、话留三分
谈论感情	寡言、决定性的行动
狂想	实际的问题
逃避主义	达成条件
私人家居性	公共世界
快感	困难
肥皂剧	西部片
女人味	男人味

尽管克里斯蒂娜对大众文化与女性之间联系的观点是建立在对肥皂剧的分析上，但大众文化底下所列举的特点也正好与《爸爸去哪儿》节目的某些方面相契合。《爸爸去哪儿》的娱乐性使其通俗化，节目对情感的表达是很直接的，在节目的播放过程中时常会穿插爸爸们的内心独白，这也算是一种表达性表演，可以让爸爸们直接表达自己的感受和情感，节目重在展现爸爸和孩子的单独相处，这种私人家居性也是显而易见的，最后，节目带给观众的快感——追星、对明星窥视欲望的满足、心理放松等，大大加深了观众对此节目的喜爱。因此，可以说，《爸爸去哪儿》节目大致上是符合克里斯蒂娜对大众文化的定位的，因而也是具有女人味的，这样才能牢牢锁定女性观众。

二　对女性受众的影响

大众媒介对女性受众的影响是多方面的，节目生产者对节目意义的预期除了以上三种被解读的方式外，女性受众还会结合自己的生存背景、以往的经验、固有的价值倾向、个人兴趣爱好等因素，主动成为文本意义的生产者。具体说来，《爸爸去哪儿》节目对女性受众的影响还表现在以下三个方面。

首先,节目对女性受众的赋权体现。"传播权、知情权和媒介接近权是受众所享有的基本权利,特别是进入21世纪之后,大众传媒更加注重贴近人们的生活,多元化的媒介内容和渠道千方百计地满足了社会不同阶层的文化精神内涵,在为人们提供丰富多彩的信息的同时,也为女性打开了一扇了解外部世界的窗口,进一步拓展了女性自身的视野空间。随着一些女性受众群体受教育程度的提高和独立自主意识的增强,她们越来越多地参与社会公共事务,把自己的主张和言论通过大众传播媒介表达出去。"① 在对《爸爸去哪儿》节目的受众构成调查中,"女性观众占到八成"的结论正是通过对45.5万条原创微博进行数据分析得出的结论,这说明绝大多数的女性受众都会通过微博积极参与相关主题的讨论,并发表自己的观点及看法;同时,微信、QQ、论坛等社交软件也在发挥着各自的作用,为女性发表言论提供一定的平台。《爸爸去哪儿》节目的女性观众既作为节目受众,同时也作为节目内容的传播者而存在,并通过这一媒体平台,发表着各自对家庭,对孩子,对爱情、婚姻等各方面的看法,涌现前所未有的多元价值观相互碰撞的场景,进而实现了女性受众的媒介接近权,对其他社会女性受众提高自我角色认知起到重要的推动作用。

其次,节目对女性择偶观的影响。《爸爸去哪儿》节目中对十几位成功爸爸的形象塑造无疑会影响未婚女性在选择自身配偶时的标准。这些明星爸爸们事业成功、重视家庭、有责任感,并且对自己的妻子深情专一,这些正是适婚女性所需要的。可以说,节目为这类女性受众打造了一个"完美丈夫"的形象,并且告诉她们这样的"完美丈夫"是存在的。女性受众择偶观的背后其实仍然是对男性权力的传播,因为男性再一次被推向了公共领域,被置于与家庭领域

---

① 孙玉昆:《女性主义视角下的电视交友真人秀节目研究》,硕士学位论文,吉林大学,2012年。

相对的一边,同时,男性"完美"形象的塑造也将对父亲的形象形成刻板印象,正如前文所说,男性将成为自我价值的追求者、自我力量的彰显者以及家庭领域的入侵者,这些刻板印象都加强了男性的权力和社会、家庭地位。女性受众越是追求这种男性,就越会加剧两性的二元对立及社会二元分工。

最后,节目加剧了女性受众对自身的性别角色认同。福柯认为:"性别化意味着臣服于一整套社会规则,让指导着那些规则的律法不止成为一个人的生理性别、社会性别、快感与欲望的形成原则,同时也成为诠释自我的解释学原则。"[1]《爸爸去哪儿》节目对男女性别角色的分工进行了预设,父爱回归的背后就已经将男性定位为公共领域的主人,女性则理所应当地归属于家庭领域。这种定位贯穿于节目始终,一个幸福美满的家庭这是在这种定位下形成的。只是因为这种男权的体现是隐含在虚假的家庭叙事中,大众不易察觉而已,这一点正是媒介所掩盖的,并且正是隐藏在媒介背后的社会规则或者说是主流意识形态。然而这一有关家庭的虚假叙事却恰恰迎合了女性受众的心理需求,女性受众正是在这一心理满足中认同了节目对性别角色的预设,这些性别角色不仅包括"男主外,女主内"的传统分工,也包括节目所塑造的男性"刻板印象",甚至是女性形象——温婉的、沉默的、无私奉献的、理解和支持男性的等,因为节目或许在委婉地告诉女性受众,什么样的女性才会拥有一个幸福美满的家庭。媒介的这种性别管控策略促进了女性对自我的认识与阐释,并朝着主流意识形态的方向继续发展,因此,女性对自我性别角色的认同正符合男权的标准,从而也就加剧了两性的二元对立。

---

[1] [美]朱迪斯·巴特勒:《性别麻烦——女性主义与身份的颠覆》,宋素凤译,上海三联书店2009年版,第127页。

结　语

　　亲子节目为最近两年的电视荧屏带来了新鲜的空气，节目所传播的主题不可否认是具有一定意义的。《爸爸去哪儿》作为亲子节目中的代表，其影响与意义无疑最引人关注。虽然亲情的宣扬是其主旋律，但节目所隐含的两性权力关系仍不可忽视。本章从女性主义视角出发，以社会性别建构理论、福柯权力与话语理论等为理论基础，对《爸爸去哪儿》节目进行了文本、受众、媒介生产机构等方面的解读，从而得出节目的背后仍然是男权的彰显以及两性二元对立的加剧等结论。

　　节目的主题是否得到了彰显呢？仅从节目的受众组成上来看，这一点就值得怀疑。节目希望男性重视家庭、重视亲子关系，然而观看者却大部分是女性，也就是说，男性并没有积极参与到节目中来，男性的观念受到节目的影响很小，在这种情况下，父爱的回归、父性教育的宣扬要由谁来执行？再者，在《爸爸去哪儿》第二季中，节目的娱乐元素在不断增加，吸引大众的不是其亲情的展现，而是那些能戳中观众笑点的画面及语言。在消费明星、消费星二代的过程中，娱乐已成为亲子节目的最大看点，这离亲子节目的初衷已是相去甚远，而这也正是制约亲子节目继续发展的重要因素。到目前为止，亲子节目的热潮已逐渐退去，若其未来还想在电视荧屏上占据一席之地，就不得不对其定位及发展方向进行深入的反思。

　　但不管《爸爸去哪儿》节目是对主旨的背离，还是对其自身的娱乐化，它背后所隐含的两性权力关系不会变，男权标准依然是社会的主流，男女两性的二元对立及社会性别角色分工都会维持其原本的模样，甚至还会加剧。虽然女性受众会根据自身的情况对节目有不同方式的解读，但节目有关家庭的虚假叙事依然会潜移默化地影响女性受众的择偶观以性别角色自我认同感。

第八章

网络吐槽视频的性别分析

近年来,"吐槽"随着 ACG（Animation、Comic、Game 的缩写,是动画、漫画、游戏的总称）行业的蓬勃发展得到了广泛传播,它虽然出现的时间不长,但很快就成为网络生活的时尚,开始被动漫爱好者以外的人群及大众传媒广泛使用,由此吐槽成为一种重要的网络文化现象。在此基础上,网络上兴起了一种以吐槽风格的话语点评商业化、庸俗化的影视剧或调侃公众社会热门话题、奇葩新闻的原创视频,即网络吐槽视频,其所兼具的娱乐性与批判性正是它盛行的重要原因,因为网络吐槽视频不仅以一种娱乐化的方式传播内容,而且敢于冲破平日体制的束缚,积极争夺话语权,以一种自由开放、公正平等的精神批判社会公德心的缺失和道德滑坡现象,为社会弱势群体争取生存权利,因此可以说网络吐槽视频在一定程度上具有规范社会秩序和促进社会和谐发展的积极意义。

然而当吐槽涉及性别关系时,虽然自称以自由平等的姿态对待女性、同性恋、忘年恋等,但它是否在维护处于边缘地位的性别群体？当谈到女性遭遇侵害（如性骚扰、强奸）时,吐槽者也是非常同情女性的遭遇,但在表达了同情之后总会加上"妹子夜晚不要独自出门、不要穿得性感、最好多穿点"等言论,似乎女性的悲惨遭遇完全是由自身造成的，为什么思想如此开放前卫的吐槽者，在针对性别问题时又总是把它划归为社会伦理问题？吐槽者是巧妙地有意为之呢？还是无意为之呢？为什么吐槽者总是站在一种人道主义立场去关怀性别边缘群体，而非基于性别平等的立场呢？这背后体现出什么样的性别权力关系？对受众又会产生怎样的影响？基于对以上问题的思考，本章将选取网络吐槽视频《唐唐 Big 笑工坊》对其进行性别解读。

第一节　网络吐槽视频概述

一　"吐槽"一词溯源

"当社会生活发生渐变或激变时，作为社会现象的语言毫不含糊地随着社会生活进展的步伐而发生变化……"[①]"吐槽"一词正是这样应运而生的，它随着 ACG（Animation、Comic、Game 的缩写，是动画、漫画、游戏的总称）行业的蓬勃发展广泛地传播开来，虽然出现的时间不长，但很快就成为网络生活的时尚，意义也变得更为丰富，具有评论、调侃、抱怨与发表看法等意义。此外，2014 年修订的《现代汉语规范词典》将"吐槽"一词收录其中，可见吐槽已然成为一种重要的文化现象。

关于"吐槽"一词的来源，目前主要流行两种说法：第一种认为它源自日本漫才（类似中国的对口相声，是一种站台喜剧，由发呆役和吐槽役组成的二人搞笑节目，发呆役故意装傻、卖萌、犯低级错误，吐槽役则当面指出对方话语或行为的离奇之处，发出带有调侃意味的感慨或疑问）中的"突っ込み"，相当于相声中的捧哏角色，此角色用来提醒、引导观众，将笑点升华扩大至最佳。第二种认为它源自我国台湾闽南语"黜臭"（thuh‑tshàu，这是台湾闽南语

---

① 姚汉铭:《新词语·社会·文化》，上海辞书出版社1998年版，第21页。

罗马字拼音）一词，其发音与"吐槽"一词极其相似①，由于汉语中没有意思相近的词汇，于是音译为"吐槽"。"黜臭"在台湾地区经常有以下几种用法：在公共场合，不配合同伴或朋友，有意不顺着同伴或朋友的意思说话；在同伴或朋友说场面话或大话时，故意说实话揭穿，不给同伴或朋友面子；抱怨别人的不是，毫无顾忌地反驳；或者指讲出自己的八卦，或说出自己不为人知的一面。②

根据考察，漫才在日本并不十分流行，但漫才中的吐槽行为却被动漫领域广泛吸收，在新兴的动漫领域中，"吐槽"已经形成了一种风气，同时随着 ACG 行业的蓬勃发展"吐槽"现象也大范围流行开来，然而，普通话里却没有一个词语可以恰当地概括描述这种吐槽行为，而这正好与台湾闽南语中的"黜臭"行为如出一辙，再加上"黜臭"一词读音接近"吐槽"，因此网民利用谐音的方法译为"吐槽"，随后在大陆广泛传播流行开来。此外，汉语网络语言中广泛使用的"吐槽"一词意义极为丰富，具有评论、调侃、抱怨和发表看法等意义，可见其用法与台湾闽南语"黜臭"相同。鉴于此，"吐槽"应是源自台湾闽南语的词汇，只不过日本动漫的风靡加速了吐槽现象的传播而已。

随着 ACG 行业的蓬勃发展，吐槽很快成为网络生活的时尚，成为一种重要的文化现象。因此，围绕着究竟什么是吐槽，应该如何界定吐槽等问题，学界展开了普遍的讨论，也有不少的学者对吐槽进行了界定，如张恒君在《"吐槽"正流行》一文中认为"吐槽是一种无恶意的娱乐行为，自身蕴涵着诙谐、幽默、智慧，表现了言语主体对身边事情或社会的关注和深入思考"③。马未都的《吐槽》中认为"网友

---

① 可参考电子版《台湾闽南语常用词辞典》中"黜臭"的发音 http：//twblg. dict. edu. tw/holodict_ new/result_ detail. jsp? n_ no = 12497&curpage = 1&sample = thuh − tsh%C3% A0u&radiobutton = 1&querytarget = 1&limit = 20&pagenum = 1&rowcount = 1。

② 黜臭·维基百科 https：//zh. wiktionary. org/wiki/% E9% BB%9C% E8%87% AD。

③ 张恒君：《"吐槽"正流行》，《语文博览》2013 年第 4 期。

的吐槽是一个改变不良行为的社会力量,社会不良习气的改观需要每一个人的参与"①。学者王芳、吴君在《仪式的抵抗:网络"吐槽文化"的传播研究》中给吐槽下定义为:"吐槽是网络时代的一种新兴话语表达方式,通常采用反讽、双关等手法,言他物而表己意,加上采用娱乐化戏仿、拼贴的后现代表现手法幽默地反映社会问题,既娱乐大众、缓解社会压力,又扛起社会责任、表达民众心声,在言路并非十分畅通的中国社会突出重围,走到了言论表达的前沿阵地,以曲线的方式表达了民间话语权。"② 可见,学者们不约而同地认为吐槽是一种话语表达方式,具有较强的娱乐性和随意性,且着重指出了吐槽具有强烈的社会作用,认为其是一种以诙谐幽默的话语反映社会现实生活问题的方式。因此,吐槽应是指针对那些不符合常识、不符合逻辑的行为或事情,吐槽者能够快速地用一种犀利、简洁、明了的话语表达方式指出,这种话语表达方式重在"吐"得快、犀利、搞笑和有创意,具有及时性、犀利性和批判性等特征。同时,吐槽的表达方式形形色色,有图片、文本、视频等形式。本章专门研究吐槽的视频形式,指发布在网络上的,以视频形式展现的原创吐槽作品,即网络吐槽视频,它也是网络吐槽最主要的形式。

二 "网络吐槽视频"的界定

然而,目前关于"网络吐槽视频"的认识还没有形成共识,如宁白瑞普在《亚文化视阈下网络吐槽式影评短片的抵抗性初探》一文中认为"以恶搞配音视频闻名的胥渡吧与淮秀帮、Big笑工坊、老湿、司文痞子、欧子"③ 等视频都属于网络吐槽视频,因为这些视

---

① 马未都:《吐槽》,《新西部》2015年第1期。
② 王芳、吴君:《仪式的抵抗:网络"吐槽文化"的传播研究》,《现代传播》2015年第5期。
③ 宁白瑞普:《亚文化视阈下网络吐槽式影评短片的抵抗性初探》,《东南传播》2014年第7期。

频尽管在形式上不尽相同但目的相似。而在笔名花下的这篇《吐槽狂欢日》文章中认为网络自制剧《万万没想到》是代表着吐槽狂欢日来临的作品。"在这部系列剧里,我们能看到日和式的吐槽、看到叫兽式恶搞的往日背影、看到层出不穷的用梗以影射现世。"[①] 可见,他们在归纳界定网络吐槽视频时,不可避免地与网络恶搞视频、网络自制剧发生了混淆,因为他们认为只要以诙谐幽默的话语风格进行娱乐恶搞、针砭时弊的视频都应属于网络吐槽视频。

可见,人们所理解的网络吐槽视频可以说是广义上的网络吐槽视频,主要包括以下四大类:一是国内著名 A、B、C(AcFun、bilibili 和 tucao)网站上的弹幕视频,即视频在播放时,屏幕上出现大量观众发来的的弹幕吐槽评论,因为观众在弹幕视频网站上可以一边观看视频一边同步发表评论,即对视频进行"即时吐槽"。虽然此类视频的播放具有明显的吐槽话语风格,然而这并不是视频本身所具有的,因为该网站上的视频是由网站制作人上传的,大多数是转自主流媒体,如电视剧、电影、动画等。二是网络自制剧,如《屌丝男士》《万万没想到》等,剧中人物虽多采用幽默的吐槽说话方式,但这类视频仍属于电视剧范畴,因为其更注重剧情以及故事的完整性。三是网络恶搞视频,即由恶搞达人在原有作品的基础上进行二次创作,通常是依托前人已有的经典视频文本、经典图画进行编辑再创作,将原来崇高、精英的东西消解,变成反崇高的、反映草根生活的娱乐视频。虽有一部分视频在一定程度达到针砭时弊的作用,但它毕竟不是直指社会问题,而是有意恶搞而言他,如《胥渡吧》《淮秀帮》等。四是网络吐槽视频,即狭义的网络吐槽视频,这类视频最能够体现吐槽随感、随记、随发的特点,具有明显的吐槽话语表达方式和批判性思维,如《暴走大事件》《唐唐 Big 笑工坊》《天津妞犀利吐槽》《催绵大湿》等。本章的研究重点正是第四

---

① 花下:《吐槽狂欢日》,《数码影像时代》2013 年第 10 期。

类——狭义的网络吐槽视频（下文所称网络吐槽视频皆为狭义的网络吐槽视频），即由吐槽者运用数字化手段自主创作的，该视频通常有一位外在或隐在的吐槽者，力图对当前娱乐明星、世俗百态、国内外影视剧中的"槽点"（即不符合常理、不符合逻辑的话语、行为或事情）进行犀利吐槽解说，旨在以一种独特的视角带领人们领略身边和社会现实生活，时长多在5—15分钟，少数长于15分钟。据此，有关网络吐槽视频的特点可以总结如下：首先，必须是网络原创视频；其次，必须有位吐槽者（外在或隐在的）直指槽点进行犀利地吐槽解说；最后，网络吐槽视频在娱乐大众的同时，必须注重社会问题的传播和导向，凸显出其较强的娱乐性和批判性。

三 网络吐槽视频的分类

按照狭义的网络吐槽视频定义，中国最早的网络吐槽视频可以说是2011年土豆网推出的由吐槽者"老湿"创作的《老湿系列》。2011年7月，老湿因出于对其偶像"喷神James"[①]的崇拜而制作了第六部作品《令人蛋疼的西游记》，结果一夜之间被各大视频、微博、论坛网站转载，达到了上千万次的点击率，在网络上产生了非常大的影响，甚至各电视台的娱乐节目也开始争相模仿其不羁的吐槽风格。继《老湿系列》之后，各大网络视频网站也纷纷推出娱乐搞笑、风格独特的吐槽视频，从此网络吐槽视频开始崭露头角。据统计，从2012年至2013年年底，相继有6个网络吐槽视频系列（《不吐不快》《何仙姑夫》《暴走大事件》《天津姐犀利吐槽》《唐唐Big笑工坊》《胡狼吐槽》）播出，在2014年、2015年又相继播出了《笑点研究所》《催绵大湿》等11个网络吐槽视频系列，可见

---

① "喷神James"是美国的一部网络上的游戏吐槽节目，通常评论那些游戏性很差的游戏。2006年，其创作人詹姆斯·邓肯·罗弗在YouTube上以"Angry Nintendo Nerd"的名义发布了两段视频，由于其独特的风格而爆红，因此詹姆斯开始制作新的评论并形成"喷神James"系列。

网络吐槽视频发展之热。

从2011年的《老湿系列》至今,在各大视频网站上共有18档网络吐槽视频,具体列表如下:

表8—1

序号	视频名称	播出时间	吐槽对象	吐槽者	点击量①(万)
1	老湿系列	2011年6月至今	影视剧	老湿(男)	9324
2	不吐不快	2012年12月—2014年4月	影视剧	老湿(男)	5959
3	何仙姑夫·妹子说热剧	2012年4月至今	影视剧	婷婷(女)	34778
4	暴走大事件	2013年3月至今	社会热点	王尼玛(男)	111176
5	胡狼吐槽	2013年6月至今	社会热点	胡狼(男)	12475
6	唐唐Big笑工坊(唐唐神吐槽/唐唐脱口秀)	2013年11月至今	影视剧 社会热点	唐唐(男)	125038
7	天津妞犀利吐槽	2013年12月至今	影视剧	天津妞(女)	27601
8	萝莉侃剧	2014年3月至今	影视剧	萝莉(女)	7001
9	仰山人神吐槽	2014年5月至今	影视剧	仰山人(男)	4464
10	小黄人吐槽	2014年7月至今	影视剧	小黄人(男)	7087
11	催绵大湿	2014年9月至今	娱乐新闻	大湿(男)	14229
12	小操大吐槽	2014年11月至今	影视剧	小操(男)	1079
13	吐槽娱乐圈	2014年11月至今	娱乐新闻	小编(女)	6678
14	广式妹纸吐槽	2015年1月至今	影视剧	广式妹纸(女)	2199
15	畅姐哔哔哔	2015年3月至今	娱乐新闻	畅姐(男)	4164
16	妹子学吐槽	2015年5月至今	影视剧	妹子(女)	123
17	木头人吐槽	2015年5月至今	影视剧	木头人(男)	35
18	大湿兄剧能说	2015年8月至今	影视剧	大湿兄(男)	3582

---

① 视频点击量主要是依据优酷土豆网(中国第一视频网站)、56网(中国人气最为旺盛的网络视频短片分享平台)上截至2015年10月的视频点击量进行统计的数据。

第八章 网络吐槽视频的性别分析 ✲✲ 291

　　通过以上表格，网络吐槽视频根据吐槽对象不同，大致可以分为两类：网络吐槽式影评短片和网络吐槽式新闻评论短片。网络吐槽式影评短片主要是针对当下炙手可热的商业化影视剧中的"狗血烂梗"的剧情、"五毛钱"特效、"挂羊头卖狗肉"的宣传海报、人物角色等进行吐槽，其通常是由创作主体（吐槽者）从现成的电影与电视剧中选取所需的素材，对它们进行混剪与加工，重新配乐和录入评论性的旁白，以达到娱乐性和批判性的效果，如《老湿系列》《唐唐神吐槽》《天津妞犀利吐槽》等。网络吐槽式新闻评论短片吐槽的并非是严肃的政治、经济新闻，而是政治性较弱、人情味较浓、趣味性较强的社会新闻和娱乐新闻，吐槽者通常是站在社会道德伦理的立场上对社会中的趣闻逸事、奇葩事件进行吐槽，对违背社会道德伦理的行为进行吐槽批判的同时也达到了规范社会行为的效果，如《暴走大事件》《唐唐脱口秀》等。

　　以影视剧和社会娱乐新闻为主要吐槽对象的网络吐槽视频之所以能够盛行并非偶然。首先，随着市场经济的发展，影视剧产业虽然得到了快速的发展，但同时也趋向于以金钱、利欲为主导的商业化走向，一味地追求票房和收视率而忽视了影视剧的艺术性。尤其是近年来，这种风气日盛，大量的雷剧、烂片层出不穷，影视剧自然成为人们吐槽的对象。此外，如今的观众也早已被飞速发展的电影产业"惯坏"了胃口。影视剧本身已经不能满足观众的消费需求，由于电视和影院的普及化，对于一部影视剧看或不看很难区分出观众的地位差别或个性差异，因此，人们不得不在影视剧之外寻找能够体现差异的符号，而这时影视剧的吐槽及时地给了观众这个机会。于是，吐槽影视剧反而成为比观看影视剧更时髦的消费。最后，中国市场经济进程的加速，虽然带来了经济的繁荣，但同时也造成了显而易见的贫富悬殊、阶层固化，未尽完备的制度更是让"身份平等""机会平等"变得越来越渺茫，甚至使民众感觉到不平等本来就是一种生活的自然状态，我们对此无能为力，还不如在有限的生命里及时行乐,因此当今人们对社会娱乐新闻的关注胜于国家时事。人们更多地关注离奇的事件、市井杂谈,关注细腻的生活和琐碎新闻,人们在这样的过程中可以很好地放松心态,缓解身上的重负和压力,因此社会娱乐新闻便有了它广阔的市场,同时也成为网络吐槽视频进行吐槽的重要对象。

第二节 对《唐唐 Big 笑工坊》的性别解读

一 女性身体的审美泛化与审美暴力

处于当今以日常生活为审美中心的消费社会,女性身体的审美成为其中一个必不可少的重要方面。《唐唐 Big 笑工坊》就赤裸裸地凸显出对女性身体的审美评判,尤其是在吐槽影视剧时,唐唐总是不忘吐槽影视剧中的人物角色,吐槽其容貌、身材及着装打扮,很少涉及演技和内涵,更是基于"男儿无丑相,事业有成则万事大吉"的社会价值观,主要聚焦于对女性角色、女性外在美的吐槽,且其吐槽伴随着从影视剧中截取的魅惑妖娆、裸露性感的女性身体画面,致使女性身体陷入一种审美泛化的处境。因此,网络吐槽视频对女性身体进行纯粹的审美已不再可能,审美的精神尺度已经丧失,美与丑的评判成为其吐槽的一种借口,且这个借口允许人们对女性的身体进行近乎强迫的注视,允许人们如醉如痴地看个够,所以,此时的女性身体不仅是处于审美泛化境地中的审美客体,而且成为一种欲望的复制,在这种"欲望之下,身体已成碎片,不复为完整之身,成了承载欲望的无主体的空洞能指"[①],即只要是裸露性感的女性身体就行,不管她是谁。

于是,网络吐槽视频正是在此基础上常常利用女性的容貌、身

---

① 唐健君:《审美伦理视域中的身体问题研究》,博士学位论文,陕西师范大学,2011年。

第八章　网络吐槽视频的性别分析　※※　293

体以及性特征来挑起观众的欲望、刺激消费，在这个过程中它常常披着时尚的外衣，打着"美"的旗号，以"经济"的名义，在文化暗示中误导女性，在文化压力下塑造女性的形象焦虑，在文化霸权下边缘女性的身份。由此，在这种性别审美关系中对女性的审美转化为一种审美暴力，女性身体的差异性在这种消费欲望的审美暴力视线下渐渐趋于同一化。下面我们就从作为欣赏对象的身体、作为欲望对象的身体、作为符号被消费的身体三个方面来论述《唐唐Big笑工坊》中女性身体的审美泛化与审美暴力问题。

1. 作为欣赏对象的身体

网络吐槽视频对女性身体的关注已然超出关注身体的实用功能性，即身体原先被赋予的各种职责、使命、功能等在这里大多被消解、去功利化，而是越来越多地关注女性身体的容貌、身材、风格等这些非实用功能因素。在这里女性身体的实用功能衰退，审美功能得到凸显，对女性的吐槽及身体画面的呈现，皆旨在强调女性身体的外观、视觉效果、欣赏价值以及消费价值，如《唐唐神吐槽》第82期在吐槽电影《人间蒸发》时说："《人间蒸发》就是讲一个妹子失踪的故事！那失踪的这位呢，不妨先告诉各位，就是本片的主演之一，柳岩！其实，我个人是不太赞同柳岩饰演这个《人间蒸发》的角色的！你想啊，柳岩怎么可能失踪到难以寻觅，毫无线索呢？对吧？虽然柳岩的容颜没有什么特点，但是她这个……啊……这个胸大肌，还是很发达的！"此时视频中配有柳岩性感火辣、婀娜多姿的玉照，尤其对她那圆润挺拔、蠢蠢欲动呼之欲出的乳房给予了特写……"这样还能找不见!？你说就这一对，就好比去纽约找找世贸，去巴黎找找铁塔，去西藏找找珠穆朗玛，很容易的嘛！本片中柳岩饰演一个拥有很多粉丝的女明星，这个其实现实中柳岩的粉丝也不少，我就是其中之一，之前我就说过，我是柳岩最忠实的'球迷'。"在这里柳岩的乳房成为观众及广大粉丝欣赏的对象，使得广大观众和粉丝赏心悦目、为之倾心，甚至成了忠实的"球迷"，因此当人们谈到柳岩时似乎就只能联想到她胸前那对诱人的乳房，乳房成为她的标志，甚至就是她的全部，她被掩盖了，她变成了一对乳房。当影片中女主柳岩和闺蜜说"还是你最懂我"时，唐唐接着吐槽说："我也很懂你的呀！82、61、87对吧！"然而唐唐的懂仅限于知道她的胸围、腰围、臀围是多少罢了，因为对唐唐来说柳岩只是一个可以令他赏心悦目的对象而已，无须懂得她的内心及精神需要。

此外，唐唐对女性外在美进行吐槽批判时还坚持着一套严格的审美标准，如《唐唐神吐槽》第108期吐槽电影《校园风骚史之舞动青春》中三个女性的胸部时，"你看，凡事不能过头，胸像地雷也是有分别的！有的妹子地雷埋一半，完美！这位大姐地雷压根就没埋，圆滚滚，看着就想滚！当然有妹子，地雷属于全埋，我就不说了，埋得太深，痛得太真！"这里对乳房太大和太小的女性进行了含沙射影的嘲讽，认为只有拥有那若隐若现、圆润挺拔的乳房的女性才是完美的。又如第88期吐槽电视剧《新神雕侠侣》中小龙女陈妍希的扮相时说："以前的小龙女们看起来让人有占有欲，有性欲，有怜香惜玉！而这位大姐呢，让人颇有食欲，什么红烧大鸡腿呀，小笼灌汤包呀！……这是脸，还有身材，以前的小龙女们，轻盈飘逸。这位大姐，稳如泰山。"唐唐吐槽陈妍希版的小龙女无论是从颜值上、还是身材上，与前几版的小龙女相比，根本没有可比性。在《唐唐Big笑工坊》中类似这样的吐槽不胜枚举，女人的容貌、身材、乳房等似乎成为唐唐永远说不尽的话题，同时也成为视频中永远呈现不够的画面，对女性身体的审美注重的不是身体的内在品质，甚至也不是身体的健康，而仅仅是身体的外在显现，且对外在显现还秉持着一套苛刻的审美标准（当下消费社会的审美标准），即认为肤白貌美、身材苗条、前凸后翘、婀娜多姿的女人才是漂亮的女人，才是可供欣赏的对象，凡是不符合这一标准的女性都应遭到吐槽批判。

因此，唐唐在对女性的容貌、身材以及着装打扮进行吐槽时，一味地追求美女神话，甚至以美为中心，排斥发挥向心作用，表现出对"丑"女的拒斥，甚至流露出"非常美的人可以为所欲为，不太美的人不可以为所欲为，非常丑的人则无所可为"[①] 的态度。如《唐唐神吐槽》第90期在吐槽电影《失落世界的统治者》中的女主角（博士）时，唐唐称她为"西方失败"，"长得相当普通，罩杯让人放松。双臂厚实有力，肚腩垂到裤兜！特别是这两条粗壮的大腿，彻底地彰显了这个女人的'贤惠'，怎么就成了女主专业户呢？有的漂亮的女演员，被导演看上后，一炮而红，但是她这……"对女主角的吐槽欲言又止，从其吐槽的话语中不难看出完全能够接受女人以姿色换取工作、换取社会地位的行为，就是不能接受一个"丑"女人的成功，在这里女人的演技和能力都抵不过一张漂亮的脸蛋。

然而，事实上"'好看'不仅是获得社会接受的必要条件，而且是通向更加令人激动的生活方式的钥匙"[②]。"丑"女则反之，想要在社会上立足则非常艰辛。如《唐唐神吐槽》第102期吐槽美国大片《人造士兵》中的女主角时，称其为"大肉妹"，"卧槽！你是导演的亲戚吧？开后门来的吧！土肥圆！长得跟'地球仪'一样还女一号呢？"当电影中女主角救了男主角时，二人在悬崖下独处，女主角对男主角说："别乱想。"接着唐唐就吐槽："别乱想，大姐你这样的地球仪别人怎么乱想啊？光想想就吐了好吗？"实际上，影片中的女主角容貌还算姣好，身材丰腴，属于正常健康的身体类型。而唐唐出于女性身材就应该苗条的审美标准，对女主角进行了犀利刻薄地吐槽，甚至认为这样的女人根本就不会得到异性的青睐。因此，我们不难看出，唐唐所传达的性别观正是父权制文化下的性别观，即认为"女性只有在外貌、姿态、动作、声音、身材、精神和

---

① ［法］让-克鲁德·考夫曼：《女人的身体 男人的目光》，谢强、马月译，社会科学文献出版社2001年版，第262页。

② 陶东风：《消费文化语境中的身体美学》，《马克思主义与现实》2010年第2期。

价值方面达到所谓女性标准,才能受到喜爱、雇佣、提拔,才能被选中,任何拒绝和反抗就都要付出昂贵的代价。在这里,女性受到男性统治的惩罚和规训,这惩罚就包括:失去建立异性亲密关系的机会,不能过上体面的生活"[1]。

因此,处于男权社会被动地位的女性为了迎合当下流行的审美标准和男性期待模式,不惜以牺牲自己的身体健康为代价去整容、隆胸、塑臀、抽脂、削骨等,总之,加入"人造美女"的行列成为那些认为自己长得不够"标准"的女人趋之若鹜的梦想,她们甚至把整容视为"正常"和"自然"的行为。因而女性的身体意象就在这种审美暴力下进行了改造,特别是在先进的现代医学技术下一个个"人造美女"相继出炉,"美女"虽在社会中的竞争力有所提高,尤其是在恋爱婚姻市场上的竞争力增强,然而这并未改变女性在两性关系中所处的被动地位,也仍摆脱不了被吐槽。《唐唐脱口秀》第27期中吐槽韩国选美:"韩国新一届选美刚刚落幕,50名美眉'大撞脸'搞得像多胞胎一样的。当美有了标准,可不就是这种结果么!做韦小宝最大的乐趣不是娶7个一模一样的老婆好吧!要的是周一醒来,嗯!子怡。周二醒来,哟!冰冰。周三醒来,哇哦!志玲。周四醒来,耶!玉凤。这才刺激好吧?何况这种工业美再靓,也终究会让人疲劳!"当工业美产生出一个个长相一模一样的美女时,唐唐又开始提倡女性的自然美,认为这些"人造美女"根本满足不了男性的审美需要,然而从未意识到女性之所以选择这种性感、美丽的女性特征,正是为了迎合当下的流行标准和男性期待模式。于是,我们不难看到在这种性别审美关系中,男性轻松地借助眼睛的观看和审美就实现了对女性身体的塑造和内在驯化,女性在这种审美暴力下进行的身体改造,并未改变其第二性的从属地位,反而使其地位变得更加低下和客体化。

---

[1] 李银河:《两性关系》,华东师范大学出版社2005年版,第149页。

于是这里便产生了一个非常有趣的现象,当女人不符合男性的审美标准时会遭到谴责吐槽,遭到社会的排斥;当女人通过整容塑身、精心打扮,穿着似裸非裸、半遮半掩的性感时装迎合了男性的审美标准时,也会遭到严厉的吐槽批判。因此,不难看出《唐唐Big笑工坊》表达的正是男性对女性的审美诉求,其含混性的吐槽态度正是男权社会中男性对女性的典型态度,既需要女人性感美丽来满足男性的审美欲求,又对女性穿着暴露、矫揉造作的美施以最严厉的道德批判,似乎女性无论做什么都无济于事,都无法摆脱其被动地位。

2. 作为欲望对象的身体

《唐唐Big笑工坊》对女性的吐槽及女性身体画面的呈现,不仅彰显出男性在整个审美文化和性别关系中所处的主体性位置,而且在此过程中男性对女性身体的审美观照也并不总是纯粹的审美,尤其是在性、色情与美之间,女性身体不复为完整之身,更多地成为一种承载着欲望的无主体的空洞能指。正如劳拉·穆尔维所说:"在一个由性的不平衡所安排的世界中,看的快感分裂为主动的/男性和被动的/女性。起决定性作用的男人的眼光把他的幻想投射到照此风格化的女人形体上。女人在她们那传统的裸露癖角色中同时被人看和被展示,她们的外貌被编码成强烈的视觉和色情感染力,从而能够把她们说成是具有被看性的内涵。"[①] 正是基于这种传统的观看方式,《唐唐Big笑工坊》中的女性经常作为欲望对象而被展示,甚至成为其视觉奇观的主旋律。

如《唐唐神吐槽》的每一期在开始时都会展示一副唐唐与美女共存图(如图8—1),画面右侧通常是一位是妩媚动人、性感妖娆的美女,左侧是戴着墨镜一副尽情享受模样的唐唐,尽管画面中唐

---

① [美]劳拉·穆尔维:《视觉快感和叙事性电影》,载李恒基、杨远婴主编《外国电影理论文选》,生活·读书·新知三联书店2006年版,第643—644页。

唐与美女并未有明显的看与被看的关系，尤其是唐唐几乎总是直视镜头，面向观看者，似乎总是处于被观看的位置，但我们再仔细品味一下，便会发现这些画面中暗含着典型的性别视觉，即看/男性与被看/女性的关系，且观看主体就是唐唐，我们不难看出唐唐那副垂涎欲滴、酣畅淋漓的模样，正是其看到美女之后的感情流露，更确切地说，他代表着的正是广大观看者看到美女之后的普遍反应。所以，虽然唐唐直视镜头、面向观看者，处于被观看的位置，但其本质上是与广大观看者处于同一位置，即处于主动看的位置，而在整个观看过程中始终处于被观看位置的只有美女。除此之外，唐唐对美女的观看已然超出纯粹审美的范畴，从其表情上不难看出他对美女的注视不免夹杂着欲望和性的成分，但他还在竭力掩饰自己投入情欲的注视，此处墨镜就极好地诠释了他矛盾复杂的心境，唐唐戴墨镜不仅可以用来耍酷，更可以利用它的遮光性从表面上看可以直视一切。墨镜不像普通的眼镜，是为了清晰地观看到外在事物，重要的是它具有一种掩饰性，避免了眼神的交流，让人不知道观看者在想些什么，并且能够在不被发现的情况下一直看下去。唐唐正是借助墨镜完美地实现了其窥视癖的快感（即观看中的性快感），满足了其仔细观看女性身体的欲望。

图 8—1

按照弗洛伊德的说法，视觉领域里的身体不可避免地联系着窥视癖，尽管这个说法同样适用于男性和女性的身体，"但是，在对于两种性别的特定的处理之中,有着意义深远的不对称。在父权制社会里,男性的身体俨然是不成问题的,免于成为好奇心或表现的对象,从而也得到了更为彻底的隐藏……正因为男性的身体是标准,它就得以免于追究,被当作认知的动因,而不是对象:注视是'阴茎崇拜的',而它的对象并非如此"[1]。因此,充满情欲投入的注视是属于男性视线的,女性的身体只能被动承受男性观看者的视线,成为其欲望对象。《唐唐 Big 笑工坊》在吐槽影视剧时视线主要聚焦于那些穿着暴露、性感妩媚的女性,且视频频繁地呈现影视剧中那些穿着极少、作着挑逗性姿态的女性形象,以此来迎合观看者的欲望,可见,《唐唐 Big 笑工坊》建构的视觉领域中,其观看本质上是与男性性欲相关的性行为,而女性身体只是作为欲望的认识和作为认识的欲望的对象而已。

弗洛伊德在《性学三论》中曾阐述过,观看的本能与追逐知识的本能是密切联系着的,在观看中的情欲投入,从一开始就不可避免地跟认知中的情欲投入捆在一起,按照弗洛伊德的说法,小孩的认知动力起源于对性的好奇心,以及给世界和父母提出的难以应付的问题:小孩是从哪里来的?又由于小孩子性别上的好奇和对性欲的探究早于生理上的性成熟很多年(即弗洛伊德所谓的人类性的"二相起点"),这就决定了认识的欲望从一开始就会受挫,因此在视觉领域里,也绝不会把握到身体的整体和意义。尤其是男性那充满情欲投入的注视,因为男性的认知动力往往表现于他在其中投入了情欲的注视,并且经常受后者的指引,在被欲望指引的注视中不可避免地产生了想象的发挥和欲望的幻想,导致其被欲望指引所看到的身体通常是局部的,或者是投射着恋物癖的大量细节。如《唐唐神吐槽》第 124 期"最要命的情人"吐槽电影《白日杀机》时,

---

[1] [美]彼得·布鲁克斯:《身体活:现代叙述中的欲望对象》,朱生坚译,新星出版社 2005 年版,第 19—20 页。

影片中男主角出轨男是一名建筑设计师，计划将乡下旧工厂改建成度假村，因此出轨男出差去了，然而一出去"出轨男二话不说，一边约来了情人妖艳妹，一边打电话给自己的老婆圆脸妹！实在是撒谎、约炮两不误啊！他对老婆圆脸妹说，自己要去旧工厂找找童年美丽的画面，说要去那儿看看小时候爬过的两座小山"，此时视频画面聚焦于影片中妖艳妹那白皙娇嫩、丰满且富有弹性的乳房特写的镜头，唐唐："当然这山很白啊！"还说要去看看小时候经过的两条小溪，视频画面此时又聚焦于影片中妖艳妹那光滑修长的美腿，唐唐："当然这两条小溪也很白啊！"此时妖艳妹不仅是影片中出轨男的欲望对象，更是唐唐乐此不疲的注视对象，且在欲望的指引下看到的只是妖艳妹丰满的乳房和修长的美腿，并且将其与小山和小溪联系起来。此处不得不说妖艳妹作为注视和欲望的对象，并没有自己的身体，而是被反复"转喻化"，破碎成了一组附属的细节，她不会因其作为对象或主题获得完整性。因为作为欲望对象的女性，她的身体往往是观看她的男人们社会性、幻想性的建构。

男性观看者除了在被欲望指引的注视下产生想象的发挥和欲望的幻想之外，其观看和认识最重要的企图就是实现统治的企图，在这种观看中所暗示的通常是侵占性的、使之裸露的、粗暴的阴茎崇拜的注视。如《唐唐神吐槽》第89期"最要命的初恋"吐槽电影《碟仙诡谭》："一行三人来到了别墅，老同学聚会自然是十分欢快啊。露露一下车就问：'你们在干嘛？barbecue（烧烤）啊，我最喜欢吃barbecue了'，唐唐：'你最爱吃barbecue，就你在后排座上的表现（该表现只不过是与男友亲热而已），八成爱吃的是banana（香蕉）吧？'"接着视频跳跃到露露吃香蕉的画面，并且将此画面定格，唐唐又接着吐槽："呐！你们看看，我没瞎掰吧！这家伙的技术一看就是裹脚老太太亮小脚，顶尖！"由于香蕉时常被隐喻成男性生殖器，故由此联想到露露有着顶尖的口交技术，能够更好地为男性服务。《唐唐Big笑工坊》中类似这样的画面有很多，因此我们不难看出其视频画面的表现总是在有意地流露出捕捉和固定观察对象的非分之想,且这种注视每每指向视频画面中的女性所作出的种种表现之中的"裂缝";它寻求各种线索,使观看者对她们一览无余,让她们显得毫无防备,而且满怀情欲地投身于它将要揭露出来的隐私领域。

因此,《唐唐 Big 笑工坊》在满足观看者窥视癖的同时,也造就了相应的女性身体裸露癖,尤其是在对女性身体的表现中日益呈现出侵犯隐私的特征,其往往注视女人在亲热、在沐浴、在梳妆或者裸露于床笫时的种种表现,视频中常常呈现出美女形象,纯情的与妖艳的、整体的与局部的等,让观看者应接不暇。此时此刻,女性的身体并不属于自己,而是观看她的男人们社会性、幻想性的建构,于是,女性的身体成为一种欲望的复制,且在这种欲望之下,"身体已成碎片,不复为完整之身,成为承载欲望的无主体的空洞能指"[1]。

二 对违背社会伦理行为的批判——父权制的维护

由于吐槽本身是针对社会生活中不符合常识、不符合逻辑的行为或事情进行犀利、简洁明了的评说,再加之目前,中国正处于社会转型期,在一味地追求社会经济利益的同时,也产生了许多前所未有的社会问题和道德问题,如贫富差距的迅速扩大、教育医疗危机、离婚率大幅增加、婚前婚外性混乱等,因此这些问题不可避免地引起吐槽者的吐槽,进而引起社会大众的关注,同时这也意味着网络吐槽视频一大特性就是批判性,但其吐槽批判的对象并非是严肃的时政事件,而是违背了与人们日常生活息息相关的社会伦理(即社会行为规范,指在处理人与人、人与社会相互关系时应遵循的

---

[1] 唐健君:《审美伦理视域中的身体问题研究》,博士学位论文,陕西师范大学,2011 年。

道理和准则）的行为。如《唐唐神吐槽》中吐槽批判"都是公交惹的祸/咸猪手的那些事儿""最拜金的女人"等；《唐唐脱口秀》中吐槽批判"日本男子压力过大，向女高中生泼尿解压""大妈公交车上剪脚趾甲""冒牌富二代骗财骗色""小伙同时交17个女友""女厕惊现变态狂""展会美女惊现洗澡舞"等违背社会伦理的行为，其以一种自由开放、公正平等的精神批判社会公德心缺失和道德滑坡现象，为社会弱势群体争取生存权利，在一定程度上可以说网络吐槽视频具有规范社会秩序和促进社会和谐发展的积极意义。然而在其吐槽涉及性别关系时，虽然自称以自由平等的姿态对待女性、同性恋、忘年恋等，但它是否在维护处于边缘地位的性别群体呢？

这里网络吐槽视频主要表现在以下两个方面：对男性性欲的强烈肯定和对性别消解现象的反感排斥。

1. 对男性性欲的强烈肯定

正如福柯所说："现代社会的特点不是把性隐藏起来，而是在强调性是'秘密'的同时，热衷于一直谈论性。"[1] 网络吐槽视频在进行吐槽批判时就总是乐此不疲地谈及两性话题，性问题更是其热衷的话题，谈论起来滔滔不绝，如在本章第一节我们就展示过《唐唐脱口秀》的每一期都会涉及两性话题，主要对那些违反了当今社会主流文化中被大众认可的规范的性行为进行吐槽批判，如婚外情、忘年恋、性虐待、性变态等。

如《唐唐神吐槽》第55期"都是公交惹的祸"吐槽公交上咸猪手的那些事儿时说："唐唐教你如何对付咸猪手：'首先是穿，性感是女人的权利，但毕竟容易引起注意！所以想尽可能地规避咸猪手最好多穿点！其次，妹子会觉得凭什么啊？怎么穿是我的权利，

---

[1] ［法］米歇尔·福柯：《性经验史》，佘碧平译，上海人民出版社2002年版，第26页。

摸我那是犯法。本人完全赞同，因为都穿得多了，我们这些正人君子也就没的看了！'"看似是在为女性着想，关心女性的人身安全，然而我们不能被这一表象所蒙骗，只需要进一步思考就会发现这一表象下遮蔽的性别权力失衡现象，其认为女性受到性骚扰是因为受害者穿得太少，而不是直指男性施暴者对女性的侵害，只是认为女性露胳膊、露脊背引起了男性的邪念，挑起了男性的性欲，所以受害者会遭到侵害。这一理由成功地将女性受到骚扰归结为是着装不当的个别女性问题，而不是女性会普遍遇到的问题，成功地为男性施暴者开脱了罪责。因此，我们可以看到在父权制的社会文化中，男性的欲望合法性从未遭到过质疑，且父权制文化常将男性的性欲望建构为"自然的""攻击性的"，视其为"天赋人权"及"就是忍不住"的欲望。反之，如果男人性冷淡或者性无能，则会因其没有强烈的性欲遭到嘲笑甚至鄙视。如《唐唐神吐槽》第84期"最无节操的名妓"吐槽电影《绣春刀》中冷峻男的表现时说："不过冷峻男是真的不睡她，从来都是花钱和她聊天。打算等凑足了钱把她赎出去，娶了，再睡她！对于这样花了钱不睡觉、有原则、有情义的男人，我只想说三个字：神经病。"这里不难看出这明显是父权制下性关系的主导思想，即认为性实践、性欲望和人类的亲密形式是"自然而然的"，如若男性不受性驱使或不及时宣泄性欲的冲动和能量，则是不正常的行为。

正如著名的女权主义理论家露丝·伊丽格瑞所观察到的："人们对阴茎勃起的关注是唯我独尊的，而且是高度焦虑的；该关注证明了，统率阴茎勃起的那些想象，在很大程度上与女性是不相干的。"[1] 在这个性想象当中，女人只是帮助男人实现性幻想的比较便利的助推器而已。如《唐唐神吐槽》第76期"最性感的魔女"吐

---

[1] ［法］露丝·伊丽格瑞：《此性不是同一性》，载［美］佩吉·麦克拉肯主编《女权主义理论读本》，艾晓明、柯倩婷译，广西师范大学出版社2007年版，第343页。

槽电影《白发魔女传之明月天国》时说："这也教育了我们广大男同胞，妹子愿意带你回家了，嘴上再冷淡也是假的！一定要'趁其不备、趁热打铁、趁火打劫、趁人之危'。"男性的性行为可以完全不考虑女性的感受、不考虑感情因素，一切以身体为中心，满足自己肉体的需要就可以了；而女人被要求维持与恢复男人的欲望时，女人甚至不知道自己的欲望，至少不明确地知道自己的欲望，这并不能说女性没有欲望、是非性的，而是女性自身的欲望价值在菲勒斯秩序下被忽略了而已，就如福柯所说，"只要有性欲的地方，那里就会有权力关系"。

其实"性就像性别一样，也是政治的。它被组织在权力体系之中，这个体系奖赏和鼓励一些个人及行为，惩罚和压制另一些个人和行为"[1]。男权社会为了贬低和压抑女性的性表达、剥夺女性的性权利而有意制造了这样一种观念：男性的性欲望比女性更强，对性事的兴趣更大，对性伴侣数量的需求也更多。《唐唐神吐槽》第89期"最要命的初恋"吐槽电影《碟仙诡谭》时说："男人嘛，家里娶个贤惠的，外面有个温柔的，远方摆个相思的，心里藏个怀念的！"男人即使违背了一夫一妻制的社会行为规范，如婚外情、包二奶等行为，他也不会得到严厉的斥责，一句"男人嘛"瞬时就为男性的不道德性行为（其中包括剥削和伤害女性的行为）开脱了罪责；男性不仅不用承担责任，而且一个男人如果拥有多个性伴侣，那是成功、性感的标志，而相反地，如果一个女人有多个性伴侣，却是无耻、堕落的标志。

可见，其吐槽批判的出发点是基于男权社会男女性的双重道德标准立场的，即"要求女性更收敛、压抑自己的需要，甚至对自己的性欲感到羞耻、惭愧，而男性却不必如此"[2]。网络吐槽视频中对

---

[1] ［美］盖尔·卢宾：《关于性的思考：性政治学激进理论的笔记》，载［美］佩吉·麦克拉肯主编《女权主义理论读本》，艾晓明、柯倩婷译，广西师范大学出版社2007年版，第442页。

[2] 李银河：《两性关系》，华东师范大学出版社2005年版，第158页。

男性性欲的强烈肯定，对女性性欲的否认与排斥的想象，"无疑使得女性获得一种破碎的体验，把自己体验为主流意识形态中的渺小边缘结构中的废物或剩余物，是镜像的残留物，该镜像是被（男性）'主体'赋予，来反射和复制他自己的"① 欲望。

2. 对性别消解现象的反感排斥

《唐唐Big笑工坊》在对违背社会行为规范的吐槽批判中，几乎始终是以一种自由开放、公正平等的精神为社会弱势群体争取生存权利，如《唐唐脱口秀》第27期吐槽"初中女生因喜欢明星不同遭围殴被扒衣"事件时说："我想说的是喜欢谁不喜欢谁都是个人的权利，而这些年因为个人爱好的不同去排除异己，甚至付诸暴力去强迫他人认同自己的行为屡见不鲜。从甜咸豆腐脑再到玉林狗肉节……你喜欢不喜欢的自己保持就可以，不要去干涉别人，你可以劝导可以发表你的观点，但不该去强制去暴力实施。世界要的是人人平等，不是人人一样，更不是人人和你一样……"我们可以看出其批判是基于一种自由、开放、宽容的鲜明立场。然而在对偏离性/性别规范的行为进行吐槽时却看不到这种立场了，其态度不仅非常苛刻，还会对那些性别消解现象进行丑化和揶揄，毫不掩饰其反感排斥的态度。

性别消解现象是指那些性别认同和性倾向认同"异常"的行为，如易装、易性、中性风格、同性恋、双性恋等，由于其挑战了主流文化中二元对立的性别规范和异性恋体制，跨越了性别的两分结构，对现存的两性关系社会结构有着消解作用，所以这些行为被称为"性别消解"。《唐唐Big笑工坊》对性别消解现象的反感排斥主要表现在以下三个方面。

---

① ［法］露丝·伊丽格瑞:《此性不是同一性》，载［美］佩吉·麦克拉肯主编《女权主义理论读本》，艾晓明、柯倩婷译，广西师范大学出版社2007年版，第348页。

(1) 中性风格者

中性风格者是指那些既不易装也不易性但是喜欢像另一个性别的人那样生活的人,他们在行为举止上打破了两性气质(即男性应具有阳刚、独立、理性、主动等气质;女性应具有温柔、依赖、感性、被动等气质)的严格界限。虽然网络吐槽视频也一直在响应当今社会主流文化的倡导,包容接受社会上非主流的边缘群体,可以说其在一定程度上也促使了这些边缘群体有了较为宽松的生存空间,但同时也不得不看到这些"前卫、激进"的性别身份从未免于被质疑。

(2) 易装者

国内著名性学家李银河将易装倾向定义为"一种不喜欢自己生理性别的服饰的持续感觉,一种放弃自己生理性别的服饰穿戴另一种性别的服饰的持续愿望"①。因此,易装者简言之就是指喜欢穿着异性的服装,打扮成异性模样的人,有女扮男装和男扮女装两类模式,现代社会易装者一般多为男性,这类人也是《唐唐Big笑工坊》中所要严厉斥责的对象。

(3) 同性恋

同性恋者是指对同性而非异性产生性冲动的人群,与大多数人性取向不同的人群。《唐唐Big笑工坊》中对同性恋的态度相较于中性风格者、易装者要和缓很多,虽然唐唐总是试图以一种宽容的精神谈论同性恋,但其吐槽话语却无法掩饰其对同性恋者难以接受的态度。如《唐唐脱口秀》第34期说:"近年来,人们对同性恋似乎越来越宽容和谅解了,网络上例如'基友'、'小受'等词汇已经成为了网友间的一种逗趣调侃。不过说实在的,每当一些名人突然曝出自己是同性恋者,还是会引起不小的轰动。最近,澳大利亚前奥运冠军,'飞鱼'索普出柜了!这人可牛了,是一位澳大利亚天才游

---

① 李银河:《两性关系》,华东师范大学出版社2005年版,第234页。

泳运动员，共获得过五枚奥运金牌，而他被曝的'另一半'就更让唐唐菊花一紧了！竟然是流行音乐巨星，拉丁美洲音乐风潮的标志性人物瑞奇·马丁，别的不说，他有一首歌你一定听过，是1998年世界杯足球赛主题曲《生命之杯》。我不知道此时此刻，视频前的你是什么心情，我反正觉得怪怪的。"

《唐唐Big笑工坊》中不但将同性恋看成是一种难以接受的怪异行为，更有甚者表现出对同性恋排斥、厌恶乃至恐惧的情绪，即同性恋恐惧症。如《唐唐神吐槽》第116期"最狗血的盗墓"吐槽网络剧《盗墓笔记》时说："吴邪与小哥两人一个对视，一句对话，充满了浓浓的基情，当时就把雇佣兵们给震住了！幕后老大冒出一头冷汗，唐唐为幕后老大惊道：'他妈的有基佬，快跑！'"随着社会的发展，同性恋早已洗清了"精神疾病"的污名（1973年从精神疾病诊断手册中被删除），且同性恋群体对人们并不构成威胁，为什么见到"基佬"就要快跑？为什么如此恐惧他们？正如福柯指出的："非同性恋者最烦恼的是同性恋生活样式，而不是同性恋行为本身。"[①] 尤其是在现代社会，一夫一妻制成为唯一合法、唯一符合行为规范和唯一合乎社会道德伦理和价值观的性关系的情况下，同性恋关系的存在对人们认为唯一正确的生活方式造成了冲击，甚至"害怕同性恋者会建立一种强烈而令人满意的关系，虽然他们并没有遵从别人认可的关系法则。但人们最不能容忍同性恋者去创造一种未曾有过的关系"[②]。

从以上论述可知，《唐唐Big笑工坊》无论是对中性风格者、易装者还是对同性恋者的吐槽批判，其始终坚持着二元对立的性别规范和异性恋性规范的定见，然而，事实上根本不存在完全"恰当的"或"正确的"社会性别规范，美国女权主义学者朱迪斯·巴特勒就

---

① 严锋：《权力的眼睛——福柯访谈录》，上海人民出版社1997年版，第134页。
② 同上书，第135页。

曾说过没有一种社会性别是"真实的"社会性别，甚至所谓的生理性别差异也是一种社会建构行为，她认为："对生理性别的'命名'是一种掌控和强制的行为，是制度化的操演，它要求依照性差异的原则对身体做话语/感知的建构，从而创造并制定社会真实。"①《唐唐 Big 笑工坊》基于性别二分结构立场的吐槽批判，与其说是坚持一种恰当的社会性别规范，不如说正是将异性恋自身在生理性别、社会性别和欲望之间天生化和自然化的结果用来当作人类性行为的基础，更不如说是基于异性恋霸权观念来维护父权制统治。

三 对商业化庸俗化的抵制与沦陷

1. 对商业化庸俗化影视剧的批判

"商业化"是相对艺术化而言的，艺术化是指有个性且能够自由表达个人情感的文化，而商业化是指文化的发展像商业一样，趋向以提供商品为手段，以营利为主要目的。"庸俗化"也是一种文化现象，庸俗文化是相对于高级文化而言，是指带有诙谐、媚俗、颓废、无聊、低级趣味等气息的文化现象。尤其是近年来，随着电影电视产业化、集团化迅速发展的同时，影视剧的商业化、庸俗化倾向也愈演愈烈，在影视剧文化中深刻和理性不断受到嘲弄与冷落，媚俗和浅薄却博得了认同与喝彩。因此，影视剧的商业化和庸俗化逃不过网络吐槽视频的吐槽批判，如上文所说，网络吐槽视频的一大特性就是批判性，除了对背离社会伦理道德的行为进行批判之外，其批判的矛头也指向了商业化庸俗化的影视剧。

如《唐唐神吐槽》第 105 期"最诱惑的尖叫"吐槽电影《孤岛惊魂 2》的宣传海报时说："邓家佳穿着热裤，露着深沟，肩扛一把战斧威风凛凛地站在一辆卡车前面。海报正上方洋洋洒洒地写着八个大字，

---

① ［美］朱迪斯·巴特勒：《性别麻烦——女性主义与身份的颠覆》，宋素凤译，上海三联书店 2009 年版，第 50 页。

'我就喜欢你的尖叫!'结果自打电影开始到结尾,里面的演员就不停地尖叫……而且要是剧情正常,需要你们叫也就算了,全是没事儿找事儿的叫。"电影中安排女主角妹妹沐浴更衣,唐唐接着吐槽:"洗澡露大背秀美腿基本是每部电影里必备的露肉好戏了。"又如在第73期"最凶残的狼人"中解说英国小成本电影《闪灵战士》时说:"中国现在的电影啊,太浮躁,只像是圈钱的工具,找两三个大咖,炒作点头条,弄个蹩脚的剧本撑足90分钟,玩完观众还收钱!懂我意思吗?我们都被人玩了,还收我们钱,我们比妓女还不如么!"其中认为电影《闪灵战士》"总体来说在剧情和节奏上还是掌握得很棒,当然这也是演员们卖力演出的功劳。所以即使是小成本电影,即使很多道具都很粗糙,但它用心地讲着故事,它终归还是可以称作'制作粗糙的好电影'。反之就算你花了大量的金钱,找来再多的型男靓女,你们的着装再美轮美奂甚至到了奢华的地步,如果没有故事的依托,这也始终不能称为电影,至多是一次奢华的走秀罢了……"

唐唐解说吐槽影视剧时,面对日益趋向商业化庸俗化的影视剧时表现出深切的忧思,面对这些铺天盖地的炒作噱头、植入广告满天飞、大明星阵容、粗糙低俗和狗血烂梗的剧情的影视剧时,唐唐表现出严重的不满,于是对那些脱离生活、题材雷同、剧情狗血、人物模式化的影视剧以及挂羊头卖狗肉的宣传海报都进行了深恶痛绝的吐槽,痛斥其只考虑经济盈利而不考虑这些影视剧是否值得一看或是否能够给观众带来回味;痛斥其一味地追求收视率和票房而忽视影视文化的思想价值和艺术价值。然而,有趣的是,《唐唐Big笑工坊》在吐槽批判影视剧日益趋于商业化庸俗化的同时,其自身也难以从商业大潮中脱身,为了提高点击率而走上了拼命媚俗的商业化庸俗化道路。

2. 陷入商业化庸俗化的境地——欲望叙事

《唐唐Big笑工坊》从标题、内容甚至所选择的摄影镜头画面都充满着情色气氛和肉体欲念,且欲望消费的观念取向十分强烈,这些在作为叙事文本的吐槽视频中随处可见。由于作为叙事文本的吐槽视频也是由两个部分组成,即"一个是故事,内容或一连串事件(行为、事件)加上我们可以称之为存在的东西(人物、环境);另一个是话语,即表达,使内容得以传达的手段。简单地说,故事就是叙事描述什么,话语则是如何去描述"①。可见,作为叙事文本的吐槽视频是一种话语的建构。从吐槽题材的选择到标题的选取、批判角度的切入、画面的组合等,无不是网络吐槽视频进行"建构"的材料,其每一部分都内在地蕴含了吐槽者的选择,这种选择表层呈现出的是具有色情诱惑的标题、似裸非裸的女性身体画面以及暗含"性"要素的内容,但其深层意义正是吐槽者利用表层叙事将男性的潜在欲望整合进吐槽视频中,使之成为网络吐槽视频中常见的审美文化现象,进而达到刺激和诱发观看者进行欲望消费的目的。

如《唐唐神吐槽》第 88 期"最圆润的女神"对《新神雕侠侣》中的一段对话的吐槽:

> 李莫愁:"师父,男人真的有这么可怕吗?"
> 师父:"当然,他们是洪水,是猛兽,是一切痛苦的根源。"
> 唐唐:"你这个当师傅的就不诚实,男人都像洪水,像猛兽了,你还不满意?那你让那些短小快怎么活啊?"
> ……
> 孙婆婆:"你师父闭关修炼《玉女心经》了。"
> 唐唐:"我说呢!你们师父这么高杆,连洪水猛兽都满足不了她,搞半天原来是练了《'欲'女心经》呀,女孩子家家没事儿练这么'好客'的武功!哎……看样子也只有我这个练了《'救'阴真经》的大师才能帮帮她,快快带我去见她吧!"

---

① [英]奥利费·博伊德·巴雷特:《媒介研究的进路》,汪凯、刘晓红译,新华出版社 2004 年版,第 590 页。

第八章　网络吐槽视频的性别分析　＊＊　311

　　唐唐的吐槽总是想方设法地往"性"方向联想，如把"洪水猛兽"联想为威力十足的阳具；此外，在联想的过程中编织了一个承载着男性欲望的阳具崇拜神话，通过性暗示、身体画面等形式建构出一个欲望叙事的本体，这种欲望叙事的本位观念，使"性"的文化意义不再受到遮蔽，而且使"性"暗示不断穿梭于欲望叙事的吐槽中，如"练了《'欲'女心经》这么'好客'的武功的女孩子，只有我这个练了《'救'阴真经》的大师才能帮帮她"，完全将女性置于男性视角的控制之下，以其"欲女""救阴"等能指的语言游戏来满足男性的性刺激和性幻想，从而制造出可供男性消费的意义空间。在《唐唐Big笑工坊》中这种语言游戏比比皆是，如常用"黄瓜、萝卜、茄子、深海巨鳗、黑木耳、东非大裂谷、旺仔小馒头"等词语来隐喻男女的性器官，隐喻和暗示甚至成为其常用手法，常常通过借助隐喻修辞和转换机制来实现性暗示和情色画面的生产，从而将观看者的视线引向激发欲望的去处。于是，在整个吐槽叙述过程中可以看到由男性视角、男性欲望、男性心理和男性意识共同织成的一张大网，在这张大网下女性的话语权和主体意识被泯灭、被欲望的饕餮所吞没，女性成为这种欲望叙事下阳具崇拜神话的客体。

　　其实，我们不难看出这些俗不可耐的情色标题的采用也是其男性欲望叙事的一种手段：首先，这些标题本身就是以男性视角设置的，即通过对"性"行为或女性身体的叙述，来表达男性主体的"欲望"。然而在男性的欲望视角下，性暗示和被色情化的女性身体成为男性观看的唯一确定对象，此时不难看出父权制观念对于情色气氛和肉体欲念的呈现与消费时代大众的感性消费存在着一定的合拍性，甚至其不断生产出的男权秩序所需要的性文化为大众传媒推广欲望消费模式提供了观念上的文化资源。其次，这些标题是以吸引和诱惑消费者的眼球而设置的，即通过文字符号和心理意象的严密组织和有序安排对"性"行为或女性身体进行叙述，以此来点燃消费者心中的欲望之火。然而这些情色标题的设置，无疑能够在商业消费主义的参与和帮助下，在媒体和媒介的操作和运转下，以能指的形式来偷运和贩卖集体无意识的性别偏见，并以此示意于消费者内心，从而引导和刺激消费者的肉体欲望并在观念上实现其欲望主体的地位。

第三节　网络吐槽视频受众的性别解读

一　男性受众的建构

网络吐槽视频虽然有着较高的点击率和关注度，但其受众的性别比例却显出明显的差异。如将点击率较高的网络吐槽视频《唐唐Big笑工坊》《暴走大事件》《何仙姑夫》《天津妞犀利吐槽》《小黄人吐槽》等分别在百度指数、好搜指数、优酷指数上搜索，可以看到其受众的性别比例有明显的差异，且都是男性受众占很大比例，以下以百度指数的数据为例。

表8—2①

性别比例	视频名称	唐唐Big笑工坊	暴走大事件	何仙姑夫	天津妞犀利吐槽	小黄人吐槽
	男	89%	91%	77%	61%	100%
	女	11%	9%	23%	39%	—
年龄层次	19岁以下	7%	24%	16%	13%	—
	20—29岁	48%	51%	47%	46%	100%
	30—39岁	45%	17%	26%	30%	—
	40岁以上	—	8%	11%	11%	—

---

① 表中数据来自百度指数网站，百度指数是以百度海量网民行为数据为基础的数据分享平台，在这里可以研究关键词搜索趋势、洞察网民兴趣和需求、监测舆情动向、定位受众特征；且在中国，百度搜索引擎市场占有率最高，通常占一半以上，因此百度指数可以说是中国大数据分析的代表。

第八章　网络吐槽视频的性别分析　❋❋　313

从以上数据来看，在网络吐槽视频的受众中，男性占据了很大的比例，且年龄以 20 岁到 29 岁之间的受众为主。但是，从网络吐槽视频的初衷来看，网络吐槽视频是以诙谐幽默的话语风格对社会热门话题、奇葩新闻以及商业化庸俗化的影视剧进行吐槽批判，其在表达吐槽内容的同时达到使受众情感宣泄、释放压力的娱乐功能。此外，生活在消费社会中的人们（尤其是年轻人）都热衷于追求个性，以追求个性为时尚，但是随着影视剧、新闻资讯的铺天盖地而来，使得人们单纯地看一部影视剧或了解一些新闻信息已经不能区分出其身份、地位和个性的差异，于是人们开始在影视剧和新闻资讯之外寻找能够区分身份、彰显个人价值的符号，而这时网络吐槽视频及时地给了观众这个机会，使观众在享受吐槽的过程中，能够重新确立自己的身份和个性，实现其消费社会符号价值上的消费目的。以此为基础，网络吐槽视频的理想观众应是广大男女青年网民，其所要达到的目标应该是：广大男女青年网民不仅能在娱乐的过程中获得海量信息，而且能在享受吐槽的过程中完成自己社会身份的认同和个性化的差异。然而，从创作主体所展示的屌丝情怀、节目"建构"的材料上看，网络吐槽视频实际上建构的是男性观众的位置。

其一，从创作主体所展示的屌丝情怀来看。我们从表中可以看到网络吐槽视频的创作主体主要是男性，尽管也有女性，如《天津妞犀利吐槽》，其吐槽者即为女性"天津妞"，然而，"天津妞"的吐槽就如法国女权主义学者克里斯蒂娃所指出的那样，女性若想在男权话语体系下言说，"只有两种途径，要么，她借用他的口吻、承袭他的概念、站在他的立场，用他规定的符号系统所认可的方式发言，即作为男性的同性进入话语；要么，用不言来'言说'，用异常语言来'言说'，用话语体系中的空白、缝隙及异常的排列方式来

'言说'"①。我们不难从《天津妞犀利吐槽》中看到，其不管是从主题、题材的选择，还是从画面的剪辑呈现、标题的设置等方面，都是站在男性的立场、以男性的话语表达方式进行吐槽批判。

其二，从网络吐槽视频的"建构"材料来看，网络吐槽视频所建构的是男性观看者。我们在前文中曾提到过作为叙事文本的网络吐槽视频是一种话语的建构。不论是网络吐槽题材的选择、批判角度的切入，还是标题的选取、画面的组合，无不是网络吐槽视频进行加工和话语建构的材料，其每一部分的呈现皆旨在吸引男性观看者的眼球。如《唐唐Big笑工坊》在吐槽影视剧时视线主要聚焦于那些穿着暴露、性感妩媚的女性，且视频频繁地呈现影视剧中那些穿着极少、做着挑逗性姿态的女性形象，且使她们的身体以方便男性观看的样子呈现，以此来迎合男性观看者的欲望，由此可见，《唐唐Big笑工坊》所建构的视觉领域，其观看实际上是与男性性欲相关的性行为，男性在整个观看过程中占据着主体地位。网络吐槽视频除了以暴露的女性身体画面吸引男性观看者的眼球之外，其充满色情意味的标题和暗含"性"要素的吐槽内容也旨在吸引男性观看者，所以这些"建构"材料的设置和加工早已将男性的潜在欲望整合进去，并且使文本的呈现假定观看者可以而且应该按照男权消费方式进行消费。此外，从网络吐槽视频的商业性来看，其为了短期的经济利益，而将"迎合市场、提高点击量"与"以女性为卖点""牺牲女性主体性"进行关联，进而达到刺激和诱发男性观看者进行欲望消费的目的。

总之，网络吐槽视频不论是从创作主体所展示的屌丝情怀上看，还是从节目"建构"的材料上看，它都在迎合男性观看者的趣味，并借由男性性欲至上和性别刻板意识的主宰，让节目在男性受众群体中产生高度的信任感，以此将受众的主体定位为男性观看者。

---

① 孟悦、戴锦华：《浮出历史地表》，河南人民出版社1989年版，第14页。

二 对男性受众的影响

网络吐槽视频既然将观众定位在男性身上,那么它对男性观众必将造成不同程度、不同方面的影响。尽管当今媒介文本对于受众来说不再是单一的封闭整体,而是能够被受众进行多元解读的多义性文本,就如荷兰传播学学者凡·祖伦所言:"受众不再被视为由媒介定义或是召唤的被动臣服于别有用心的特定权力与意识形态的意图;相反,受众是主动的意义生产者,按照自己的日常生活与文化来阐释、容纳媒介文本的意义。"[①] 英国当代文化研究之父斯图亚特·霍尔也曾指出受众会依据自己的社会背景和教育程度对文本进行主动解读,还提出了三种解读模式,即霸权式解读、协商性解读和抵抗性解读。然而,"尽管受众的被动性观念已经被'倾向性'、'协商性'和'对抗性'解读模式取代,但是,这些模式的应用仍然旨在建构一种电视信息意识形态统一性面前表现出无助的受众形象"[②]。霍尔虽然提出了三种解读模式,但是对霍尔来说,在传播过程中起决定作用的仍然是经意识形态编码的文本,认为媒介文本在进行编码的过程中始终存在一种主导意义或优势意义,而大众传播媒介下的受众在面对电视信息的意识形态时仍然是软弱无力的,此时的受众无异于法兰克福学派所认为的工业社会所制造的"大众",即是一群没有理性批判能力且易受操纵的乌合之众,在面对电视话语所传达的意识形态时毫无辨别是非的能力,反而会按照他们在媒体中看到的思想和行为来行动。于是,根据霍尔提出的媒介"主导意义"和受众"倾向性解读"这一观点来看,《唐唐Big笑工坊》对男性受众的影响主要表现在以下两个方面。

[①] [荷] 祖伦:《女性主义媒介研究》,曹晋、曹茂译,广西师范大学出版社2007年版,第4页。

[②] 位迎苏:《伯明翰学派的受众理论研究》,中国传媒大学出版社2011年版,第158页。

1. 加剧了男性受众对自我性别角色的认同

朱迪斯·巴特勒认为:"自我既不在性别化之前,也不在性别化之后,而是产生于性别关系的模式之中。"①《唐唐Big笑工坊》对男女角色的吐槽批判始终遵循着性别两极化的思维模式,其不仅强调男女两性存在明显的性格差异,而且将男性性格气质特征置于优越的位置,如在《唐唐神吐槽》第67期"最无节操的教授"中,唐唐就曾说:"借此机会我要给广大男同胞一个忠告!男人千万不要和女人理论,因为我们男人是讲道理的!你跟女人有什么可理论的呢?理论到最后,反正她们就是一句话'你不爱我了',猛一点的直接'你TM不想过啦?'基本流程就是:明知故问,装傻充愣,强词夺理,大闹离婚!"这里不仅劝诫男性不要和女性理论,反而将女性污名化,给其贴上无理取闹、不讲理的标签。然而事实上,在所有公平和公正的科学实验中,男女两性在理性思辨和感性认知上的表现并没有什么差别,两性同样兼有理性和感性。差别只存在于男女两性中的个体之间,就两性整体而言,并没有什么差别。而媒介在这里肯定两性气质的差异必然会产生权力之分,因为男性气质总是与理性、自律和工具性行为的能力相关,女性气质总是与感性、失控和表达性行为的能力相关,而前者总是显得更为重要,拥有这一气质的人在社会中享有更高的地位和权力。所以当男性受众在观看吐槽视频时,必然会自觉地认可和内化这些"优越"的男性气质特征,并且理所当然地把这些"优越"的气质特征作为男性统治女性的基础。

除此之外,《唐唐Big笑工坊》在彰显男女性别气质差异的同时,必然避免不了宣扬传统社会性别角色的分工模式,即其通过认可男女性别气质的差异来肯定劳动性别分工的合理性,如《唐唐神吐槽》第107期"最致命的妹子"在吐槽电影《致命请柬》时,当

---

① 李银河:《两性关系》,华东师范大学出版社2005年版,第251页。

影片中染发仔去找出轨的女友萌萌时：

>萌萌："你就是个废物。"
>染发仔："你这种女人就不应该活着。"
>唐唐："你这种男的我就看不起了！人家就是喜欢钱，和别人走了！你有什么权力去阻碍别人的追求呢？再说她追求了有钱的老板，你自己也可以拼口气、自己拼事业啊！"

这里表面上看似乎吐槽者包容萌萌的出轨行为，对染发仔恶言伤人的行为表现出严重的不满和批判。然而事实上，与其说是表现了对染发仔素质低的不满，不如说是表达了对染发仔"哀其不幸，怒其不争"的同情。因为在传统的社会性别角色分工下，"男人挣钱，女人花钱"是自然而然的事情，男人如若养不起女人，那女人另寻高枝也是可以理解的，所以男人拥有成功的事业才是至关重要的，这实质上是再次号召回归传统的社会性别角色分工，即男主外女主内的性别分工模式。这一模式将男性固定于公共领域中，将女性固定于家庭私领域中，从而男性成为家庭经济的支柱和经济积累的重要力量，女性则往往需要依附男性生活，因此女性常被定型为从属男性的依附者、装饰品或性对象等。尽管网络吐槽视频所宣扬的这种"男人挣钱，女人花钱"的性别分工模式也许并不符合男性屌丝受众的心理需求，男性屌丝受众甚至表现出对这种性别角色预设的排斥和厌恶，但即便如此男性受众也会依据这种性别角色分工来要求自己。因为节目已经直白地告诉了男性受众，什么样的男性才会拥有甜蜜的爱情、拥有幸福美满的生活。媒介的这种性别管控策略促进了男性对自我的认识与阐释，并使其朝着主流意识形态的方向继续发展，因此，男性对自我性别角色的认同进一步加剧了两性的二元对立，维护了男性中心主义的统治地位，因为"男女两性在社会中自我和身份确立的方式是不一样的，男人的自我和社会身份主要由自身所确立,女性的地位则往往并不由自身所确定,而是更多地由她将要联系在一起的男子(丈夫或孩子)所决定"①。

2. 加固了男性在两性关系中的主体地位

《唐唐Big笑工坊》中对女性外表的评判已成为其吐槽的一个主题,其基于"女性被认为必须好看"的社会观念,一味地追求美女神话,甚至以美为中心,认为只有那些肤白貌美、身材苗条、前凸后翘、婀娜多姿的女人才是漂亮的女人,才是可供欣赏的对象,凡是不符合这一标准的女性都应遭到吐槽批判。这一吐槽标准无疑会影响到男性受众对现实生活中女性的审美观念,男性对女性外表的关注也由先前各持己见的私下评论转向当下以一种苛刻的审美标准随意地对女性外表品头论足,这种对女性外表过分强调的男权话语,必然会导致女性对自己外表的过分关注,因为在男权社会,女性不仅认知男性权力,而且认知男性权力所认知和作用的对象(即她们自身),她们自身认知为男性权力所认知的那种样子,进而将男性的凝视"内化"为自我监视与自我管理的准则,将一种外在的"改造期待"内化为"自我需求"。于是很多女性常常陷入自恋般的自我管制的形象世界中无法自拔,她们甚至为了迎合当下流行的审美标准和男性期待模式,不惜以牺牲自己的身体健康为代价去瘦身、整容、隆胸、塑臀、削骨等,只为塑造一个苗条性感、美丽时尚的女性身体形象。男性受众在这种性别审美关系中,成为品评女人和认定美女的权威评判者,其轻松地借助眼睛的观看和审美就能够实现对女性身体的塑造和内在驯化,女性在这种审美暴力下进行的身体改造,并未改变第二性的从属地位,反而使其地位变得更加低下和客体化,于是男性受众在性别审美关系中的主体地位却得到凸显和加固。

更为严重的是,《唐唐Big笑工坊》赤裸裸地流露出以男性为中

---

① 郑丹丹:《女性主义研究方法解析》,社会科学文献出版社2011年版,第56页。

第八章 网络吐槽视频的性别分析

心的传统性别观念,它通过利用父权制意识形态来诱惑男性受众,并对其产生潜移默化的影响,正如传播学中"皮下注射"理论所认为的那样,"压制性的观点和意识形态可以被直接注射到大众的头脑中,而大众会依据这些观念做出相应的行为上的反应"[1],以此来强化男性受众头脑中的男权文化观点。如《唐唐神吐槽》第71期"最狗血的床戏"在吐槽电影《恐怖旅馆》中男主杨晨因怀疑女友欣雅出轨和女友生气时,激动的欣雅赌气地承认自己和别人上床了:

欣雅:"我是跟他上床了,怎么样?他比你强!"

唐唐:"完了,天塌地陷,男人最受不了这个,你出轨了就算了,还说给我戴绿帽的男人比我强!从杨晨的眼神里,我要给广大妹子一个忠告!不管你以前有几个前男友,不管他们牛不牛,千万不要和自己现任说实话,就算你现任是个秒男,你都只能说:老公你是最棒的!还一定要说得真诚可信,眼神里带着仰慕的泪珠更佳,不能让他觉得你在欺骗他!"

在男尊女卑的男权社会中,男性自然不会承认自己的弱点,更不允许女性直指或揭穿他的弱点,因为男性占有话语权,有话语权的人才能任性,才不用理会别人的批评和指责;而处于弱势地位的女性却一直缺乏强有力的话语和相互支持,沉默和顺从已经成为她们的常态,如若拒绝和反抗就要付出昂贵的代价,就要受到男性统治的惩罚和规训,譬如会失去建立异性亲密关系的机会,不能拥有幸福美满的生活等。这里看似是善意地教导女性如何做能够保持稳定的情侣关系,然而它要维持的并不是两性平等的情侣关系,实质上站在既得利益群体即男性群体的立场上来维持男性占统治地位的

---

[1] [英] 利萨·泰勒:《媒介研究:文本、机构与受众》,吴靖、黄佩译,北京大学出版社2005年版,第140页。

这样一种关系,且目的是使这一传统的秩序永不改变。

结　语

　　网络吐槽视频所兼具的娱乐消遣与批判意义是其盛行的重要原因,《唐唐Big笑工坊》作为网络吐槽视频的代表,不仅以一种娱乐化的方式传播内容,而且敢于冲破平日体制的束缚,积极争夺话语权,为社会弱势群体争取生存权利,这不得不说其具有较强的社会批判性。尽管吐槽的娱乐化倾向会使网络吐槽视频中的抵抗、批判精神被消解,但网络吐槽视频能够使个人的吐槽成为一个群体观点的表达,进而发挥对社会现象舆论监督的作用,这一点是不可忽视的,甚至可以说网络吐槽视频在一定程度上具有规范社会秩序和促进社会和谐发展的积极意义。尽管网络吐槽视频试图以开放、自由、平等的精神批判社会问题,但节目所反映出的对传统社会性别文化的承袭仍不可忽视。本章正是从女性主义视角出发,以社会性别建构理论、鲍德里亚消费理论、福柯话语权力理论等为理论基础,对《唐唐Big笑工坊》进行了文本、媒介、受众等方面的解读,从而得出节目所传达的性别观念仍然是旨在彰显男权中心以及加剧两性二元对立模式等结论。

　　《唐唐Big笑工坊》不管是对违背社会行为规范的批判,还是对其自身的娱乐化,它的吐槽体现出的仍是以男性为中心的男权标准,这与其欲推进自由、民主社会建设的初衷自相矛盾。这里不得不意识到网络吐槽视频的局限性,一方面是网络吐槽视频创作者的观念局限性,他们并没有认识到一个自由民主的社会,应该是每一个生活在其中的人都应感到自由、轻松和愉悦的社会;没有认识到"只有越来越多的个人,男人和女人,愿意和能够作出自己个性化的选择与抵抗,规训的强制性力量就会被削弱以至于最终被瓦解掉,一个在身体与美的问题上个体化、多元化和民主化的社会才最终出现"①。另一方面是网络吐槽视频自身发展的局限性，尤其是在当今媒体全面产业化、资本化的时代，新媒体的批判性在现实中是难以实现的。因为"媒介生产公司是否挑战社会取决于它资源的来源。即来自主流社会，如政府、大广告商、有权力的组织、大部分受众等，还是来自边缘社会，如非政府机构、特定发行商和播出商、小众同质群体、小广告商等"②。而网络吐槽视频的资源收益正是源于主流社会下受众的点击率和广告商，因此其作为社会既得利益集团，是倾向于维护现有政治、经济和文化体制的合法性的，即使它反映和表现出社会生活中的冲突与紧张，也只不过是给人们提供了一个发泄的对象和指责的标靶，并没有给人们提供真正的解题思路。

因此在面对日益商业化、资本化的网络吐槽视频时，已不能简单地寄希望于网络吐槽视频一种乌托邦式的发展理念，即建立在"性别平等""尊重主体和多元"等社会性别观念上的基本理念；也不能再单纯地思考女性或是性别问题，而应当去思考商业化资本化语境下的经济发展、政治结构和传统的权威形式等各种问题之间的关系，换言之，性别议题已无法被视为一种单一问题了，必须将性别议题跟其他议题相联结，才能更好地理解问题的形成。这也正是本研究的不足之处，由于笔者的理论功底有限，所以在涉及全球商业化资本化发展及其如何运作这一方面理论深度不足，期待后来者在面对商业化资本化语境下的女性解放问题时，能够破除单一议题的思维方式，去分析在全球父权制的商业化资本化进程下，不同环境之间的问题是如何产生联系的，然后再去思考进行女性主义行动与介入的可能。

---

① 李银河：《两性关系》，华东师范大学出版社2005年版，第150页。
② 胡正荣：《媒介寻租、产业整合与媒介资本化过程》，《媒介研究》2004年第1期。

参考文献

卜卫：《媒介与性别》，江苏人民出版社2004年版。

蔡子谔：《中国服饰美学史》，河北美术出版社2001年版。

蔡子谔：《中国服饰美学史》，河北美术出版社2001年版。

曹兵武：《记忆现场与文化殿堂——我们时代的博物馆》，学苑出版社2005年版。

曹大林：《中国传统文化探源——先秦儒墨法道比较研究》，吉林人民出版社1998年版。

晁福林：《夏商西周的社会变迁》，北京师范大学出版社1996年版。

戴雪红：《女性主义对资本主义的批判：立场、观点和方法》，光明日报出版社2010年版。

杜芳琴：《中国社会性别的历史文化寻踪》，天津社会科学院出版社1998年版。

高春明：《中国服饰名物考》，上海文化出版社2001年版。

龚群：《社会伦理十讲》，中国人民大学出版社2007年版。

贺国建：《昊天厚土——米脂人文探微》，陕西人民出版社2005年版。

黄华：《权力，身体与自我——福柯与女性主义文学批评》，北京大学出版社2005年版。

黄强：《中国内衣史》，中国纺织出版社2008年版。

金丹元：《电视与审美——电视审美文化》，学林出版社2005年版。

金惠敏、赵士林、霍桂桓等：《西方美学史》（第四卷），中国社会科学出版社2008年版。

金维一：《电视观众心理系》，复旦大学出版社2005年版。

李恒基、杨远婴主编：《外国电影理论文选》，生活·读书·新知三联书店2006年版。

李衡眉：《先秦史论集》，齐鲁书社1999年版。

李立：《伦理与审美：后现代语境下的追寻与反思》，中国社会科学出版社2013年版。

李琦：《传媒与性别：女性媒介的传播社会学阐释》，湖南师范大学出版社2008年版。

李银河：《两性关系》，华东师范大学出版社2005年版。

李银河：《性的问题·福柯与性》，文化艺术出版社2003年版。

李泽厚：《新版中国古代思想史论》，天津社会科学院出版社2008年版。

刘百吉：《女性服装史话》，百花文艺出版社2005年版。

刘利群：《社会性别与媒介传播》，中国传媒大学出版社2004年版。

罗钢、王中忱主编：《消费文化读本》，中国社会科学出版社2003年版。

孟悦、戴锦华：《浮出历史地表》，河南人民出版社1989年版。

米脂县志编纂委员会：《米脂县志》，陕西人民出版社1993年版。

潘知常、林玮：《大众传媒批判理论》，新华出版社2002年版。

祁林：《电视文化的观念》，复旦大学出版社2006年版。

屈雅君：《执着与背叛——女性主义文学批评理论与实践》，中国文联出版社1999年版。

沈从文：《中国古代服饰研究》（增订本），上海书店出版社1997年版。

宋镇豪：《中国春秋战国习俗史》，人民出版社1994年版。

陶东风、徐丰蕊：《当代中国的文化批评》，北京大学出版社2005

年版。

汪晖、陈燕谷:《文化与公共性》(第 2 版),生活·读书·新知三联书店 2005 年版。

汪民安、陈永国编:《后身体:文化、权力和生命政治学》,吉林人民出版社 2003 年版。

王晖:《商周文化比较研究》,人民出版社 2000 年版。

王子今:《古史性别研究丛稿》,社会科学文献出版社 2004 年版。

位迎苏:《伯明翰学派的受众理论研究》,中国传媒大学出版社 2011 年版。

吴树:《谁在收藏中国》,山西人民出版社 2008 年版。

吴小英:《回归日常生活:女性主义方法论与本土议题》,内蒙古大学出版社 2011 年版。

徐复观:《中国人性论史》,华东师范大学出版社 2001 年版。

徐瑞青:《电视文化形态论:兼议消费社会的文化逻辑》,中国社会科学出版社 2007 年版。

许兆昌:《夏商周简史》,福建人民出版社 2002 年版。

严锋:《权力的眼睛——福柯访谈录》,上海人民出版社 1997 年版。

姚汉铭:《新词语·社会·文化》,上海辞书出版社 1998 年版。

张岱年、方克立:《中国文化概论》,北京师范大学出版社 2004 年版。

张敬婕:《性别与传播:文化研究的理路与视野》,中国传媒大学出版社 2009 年版。

赵超:《霓裳羽衣:古代服饰文化》,江苏古籍出版社 2002 年版。

赵东玉、李健胜:《中国历代妇女生活掠影》,沈阳出版社 2003 年版。

郑丹丹:《女性主义研究方法解析》,社会科学文献出版社 2011 年版。

郑世明:《权力的影像:权力视野中的中国电视媒介研究》,中国传媒大学出版社 2006 年版。

周安华、陈兴汉:《电视广告美学》,江苏文艺出版社 1998 年版。

周汛、高春明:《中国古代服饰大观》,重庆出版社 1996 年版。

诸葛铠:《文明的轮回——中国服饰文化的历程》,中国纺织出版社 2007 年版。

[美] M. 辛普森:《表征的创造:后殖民时代的博物馆》,纽约 Routledge 出版社 2001 年版。

[英] S. 麦克唐纳等编:《将博物馆理论化:在变化的世界里展现身份与多样性》,Blackwell 出版社 1996 年版。

[奥地利] 弗洛伊德:《精神分析引论》,郭本禹译,译林出版社 2014 年版。

[奥地利] 弗洛伊德:《性学三论·爱情心理学》,林克明译,太白文艺出版社 2004 年版。

[法] 鲍德里亚:《论诱惑》,张新木译,南京大学出版社 2011 年版。

[法] 鲍德里亚:《消费社会》,刘成富、全志钢译,南京大学出版社 2014 年版。

[法] 露西·伊利格瑞:《他者女人的窥镜》,屈雅君等译,河南大学出版社 2013 年版。

[法] 罗兰·巴特:《神话修辞术·批评与真实》,屠友祥、温晋仪译,上海人民出版社 2009 年版。

[法] 米歇尔·福柯:《性经验史》,佘碧平译,上海人民出版社 2002 年版。

[法] 让-克鲁德·考夫曼:《女人的身体 男人的目光》,谢强、马月译,社会科学文献出版社 2001 年版。

[法] 让·波德里亚:《消费社会》,刘成富、全志钢译,南京大学出版社 2000 年版。

[荷] 祖伦:《女性主义媒介研究》,曹晋、曹茂译,广西师范大学出版社 2007 年版。

［加］麦克卢汉：《理解媒介》，商务印书馆 2001 年版。

［美］D. J. 谢尔曼、I. 曼格夫编：《博物馆文化：历史、话语、展览》，明尼苏达大学出版社 1994 年版。

［美］E. H. 格林希尔：《博物馆与知识塑造》，Routledge 出版社 1992 年版。

［美］J. K. 吉布森－格雷汉姆：《资本主义的终结——关于政治经济学的女性主义批判》，陈冬生译，社会科学文献出版社 2002 年版。

［美］R. 罗森、［美］C. 布莱尔：《留下她们的标记：女性进入主流》，纽约 Abbeville 出版社 1989 年版。

［美］S. 雷希：《绘制领域：公众艺术新风格》，海湾出版社 1995 年版。

［美］T. 贝内特：《博物馆的诞生：历史、理论、政治》，Routledge 出版社 1995 年版。

［美］阿·托·威尔科克斯：《西方服饰大全》，邹二华、刘元译，漓江出版社 1992 年版。

［美］贝尔·胡克斯：《激情的政治：人人都能读懂的女权主义》，沈睿译，金城出版社 2008 年版。

［美］彼得·布鲁克斯：《身体活：现代叙述中的欲望对象》，朱生坚译，新星出版社 2005 年版。

［美］道格拉斯·凯尔纳：《媒体文化：介于现代与后现代之间的文化研究、认同性与政治》，丁宁译，商务印书馆 2004 年版。

［美］马克·波斯特：《第二媒介时代》，范静哗译，南京大学出版社 2000 年版。

［美］玛里琳·霍恩：《服饰：人的第二皮肤》，乐竟泓、杨治良译，上海人民出版社 1991 年版。

［美］佩吉·麦克拉肯主编：《女权主义理论读本》，艾晓明、柯倩婷译，广西师范大学出版社 2007 年版。

［美］斯蒂芬·李特约翰：《人类传播理论》（第 7 版），史安斌译，

清华大学出版社 2004 年版。

[美] 约翰·菲斯克:《解读大众文化》,杨全强译,南京大学出版社 2001 年版。

[美] 约翰·费斯克:《理解大众文化》,王晓珏、宋伟杰译,中央编译出版社 2001 年版。

[美] 朱迪斯·巴特勒:《性别麻烦——女性主义与身份的颠覆》,宋素凤译,上海三联书店 2009 年版。

[美] 朱丽安·西沃卡:《肥皂剧、性和香烟——美国广告 2000 年经典范例》,周向民、田力男译,光明日报出版社 1999 年版。

[英] 尼克·史蒂文森:《认识媒介文化》王文斌译,商务印书馆 2005 年版。

[英] A. 弗拉米斯:《泰特美术馆的女性艺术家》,伦敦泰特艺术馆 2004 年版。

[英] R. 帕克:《颠覆性缝合:刺绣与创造女性气质》,伦敦女性出版社 1984 年版。

[英] S. 海德:《展览性别》,曼彻斯特大学出版社 1997 年版。

[英] 奥利费·博伊德·巴雷特:《媒介研究的进路》,汪凯、刘晓红译,新华出版社 2004 年版。

[英] 奥利弗·博伊德-巴雷特、[英] 克里斯·纽博尔德编:《媒介研究的进路:经典文献读本》,汪凯、刘晓红译,新华出版社 2004 年版。

[英] 多米尼克·斯特里纳蒂:《通俗文化理论导论》,阎嘉译,商务印书馆 2001 年版。

[英] 迈克·费瑟斯通:《消费主义与后现代主义》,译林出版社 2000 年版。

[英] 尼克·史蒂文森:《认识媒介文化:社会理论与大众传播》,王文斌译,商务印书馆 2001 年版。

[英] 斯图尔特·霍尔:《表征——文化表象与意指实践》,周宪、许

钧译，商务印书馆 2005 年版。

［英］斯图亚特·霍尔编：《表征——文化表征与意指实践》，徐亮、陆兴华译，商务艺术馆 2013 年版。

［英］泰勒、威利斯：《媒介研究：文本、机构与受众》，吴靖、黄佩译，北京大学出版社 2005 年版。

［英］约翰·伯格：《看的方法》，陈志梧译，明文书局 1989 年版。

［英］约翰·伯杰：《视觉艺术鉴赏》，戴行钺译，商务印书馆 1999 年版。

［英］约翰·斯道雷：《文化理论与通俗文化导论》，杨竹山、郭发勇、周辉译，南京大学出版社 2001 年版。

蔡骐、谢莹：《受众视域中的网络恶搞文化》，《新闻与传播研究》2008 年第 3 期。

陈理慧：《爸爸去哪儿热播背后的大众文化心理机制探析》，《电影评介》2014 年第 3 期。

董金平：《话语与女性气质的建构——二十世纪以来中国女性气质变迁分析》，《江淮论坛》2007 年第 2 期。

杜芳琴：《华夏性别制度的形成及其特点》，《浙江学刊》1998 年第 2 期。

桂昕翔：《爸爸去哪儿：文化的权力隐及其传播》，《影视镜像》2013 年第 12 期。

花下：《吐槽狂欢日》，《数码影像时代》2013 年第 10 期。

黄强：《云想衣裳花想容——回看百年女性内衣秀》，《社团之友》2001 年第 5 期。

贾平凹：《米脂婆姨》，《新西部》2003 年第 2 期。

李红：《爸爸去哪儿成功的受众心理解读》，《大众文艺》2014 年第 4 期。

李礼：《网络亚文化的后现代逻辑：对"屌丝"现象的解读》，《青年研究》2013 年第 2 期。

李蓉:《唐代前期妇女服饰开放风气》,《中国典籍与文化》1995年第1期。

李小江:《我们用什么话语思考女人——兼论谁制造了话语并赋予其内涵》,《妇女研究》1977年第4期。

李悦:《网络脱口秀的消遣与批判》,《全媒体时代》2015年第11期。

李子云、陈惠芬:《关于百年中国女性形象之变迁》,《中国文化研究》2001年第3期。

刘冰:《爸爸去哪儿受众数据解析》,《青年记者》2014年第2期。

刘伯红、卜卫:《我国电视广告中女性形象的研究报告》,《新闻与传播研究》1997年第1期。

刘黎:《爸爸去哪儿的文化影响力》,《西部广播电视》2014年第2期。

马未都:《吐槽》,《新西部》2015年第1期。

宁白瑞普:《亚文化视阈下网络吐槽式影评短片的抵抗性初探》,《东南传播》2014年第7期。

陶东风:《消费文化语境中的身体美学》,《马克思主义与现实》2010年第2期。

王长宏:《浅谈中国古代内衣文化》,《哈尔滨学院学报》2004年第3期。

王芳、吴君:《仪式的抵抗:网络"吐槽文化"的传播研究》,《现代传播》2015年第5期。

王虹艳:《解构"母亲神话"与重建"母性关怀"——切入女性文本的一种视角》,《辽宁大学学报》(哲学社会科学版)2003年第2期。

吴雨蓉:《一次真实感与戏剧感交错共生的收视体验——浅析亲子真人秀节目爸爸去哪儿的虚实建构特色》,《电视研究》2014年第2期。

杨井峰：《"吐槽"时代》，《文学报》2013年第7期。
杨森：《"婆姨"称谓的源起》，《中原文物》2008年第1期。
翟瑞青：《二十世纪中国女性主体意识的演变轨迹》，《山东师范大学学报》（人文社会科学版）2006年第5期。
张恒君：《"吐槽"正流行》，《语文博览》2013年第4期。
郑晓敏：《中国内衣的演变及内衣文化》，《消费导刊》2009年第3期。
昌道励：《网络原创视频的青年亚文化研究》，硕士学位论文，暨南大学，2012年。
陈秋名：《作为父亲的明星——亲子类综艺节目爸爸去哪儿研究》，硕士学位论文，兰州大学，2014年。
范莹莹：《从权力/身体看福柯与女性主义》，硕士学位论文，安徽大学，2007年。
黄强：《变化中的时尚风景——百年女性服饰回放》，《江苏科技报》1999年4月5日。
刘嘉：《鲍德里亚：消费社会语境中的身体理论》，硕士学位论文，华中师范大学，2013年。
柳志鹏：《湖南卫视爸爸去哪儿节目研究——基于发展传播学视角》，硕士学位论文，华中师范大学，2014年。
米脂政协编：《米脂婆姨：文史资料第二辑》，2004年。
欧环：《明星亲子互动真人秀节目探析——以韩国〈爸爸！我们去哪儿?〉为例》，硕士学位论文，华中师范大学，2014年。
孙燕：《女性形象的诞生》，硕士学位论文，郑州大学，2003年。
孙有霞：《中国古代内衣文化探源》，硕士学位论文，苏州大学，2007年。
唐健君：《审美伦理视域中的身体问题研究》，硕士学位论文，陕西师范大学，2011年。
王希颖：《真人秀节目收视体验、体验价值与行为意向的关系研究——以爸爸去哪儿为例》，硕士学位论文，厦门大学，2014年。

徐晓慧：《中国服饰史上的"内衣外穿"现象》，《兰台世界》2009年第19期。

张乃瑜：《爸爸去哪儿的叙事学分析》，硕士学位论文，西北大学，2014年。

赵静：《从古代胸衣看中西审美文化的差异》，硕士学位论文，天津师范大学，2009年。

赵丽妍：《论女性内衣的功能》，硕士学位论文，苏州大学，2002年。

赵卫东：《妇女身体：作为"性"符码的生产和消费》，博士学位论文，首都师范大学，2012年。

周伟婷：《爸爸去哪儿大挖宝》，《成功营销》2014年1月15日。

Gill Perry, *Gender and Art*, New Haver & London: Yale University, 1999.

Hilde Hein & Carolyn Korsmeyer, *Aesthetics in Feminist Perspective*, Bloomington: Indiana University Press, 1993.

Victoria Grace, *Baudrillard's Challenge: A Feminist Reading*, London & New York: Routledge, 2000.